샤먼이 되는 길

샤먼은 신 또는 죽은 자의 영혼과
살아 있는 사람을 연결하는 중개자다.
진짜 샤먼은 보통 사람과는 다르다.
샤먼은 아무나 되는 것이 아니다.
하기 싫다고 안 할 수 있는 것도 아니다.
신이나 영혼과 소통하는 신비한 능력을 가지려면
심한 무병을 앓고 신내림이 있어야 한다.
그런 사람이 운명적으로 샤먼이 된다.

샤먼이 숭상하는 신들

신내림을 받은 샤먼이라면 수많은 신과 영(靈) 가운데
자신의 몸에 깃들었던 특정한 신을 숭상하고
그의 도움을 받는다.
그에 따라 샤먼마다 숭상하는 신이 다르고
주술의 대상도 다를 수밖에 없다.
또한 헤아릴 수 없이 많은 영들 가운데
어떤 영은 샤먼을 소유하거나 샤먼을 돕는다.
또 어떤 영은 샤먼의 의식세계를 지배하는 것이 아니라
샤먼에게 복종하기도 한다.

샤먼이 신과 교신하는 방법

샤먼이 신과 소통하고 교신하는 방법은 두 가지다.
격렬한 의식을 통해 자신의 혼이 빠져나가
초자연계로 비상하는 엑스터시(ecstasy) 상태에서 접신을 하거나
혼령이 자신의 몸에 빙의하게 하는 방법이다.

샤먼의 대표적 제례의식 굿

굿은 샤머니즘의 예배의식이며 그 종합적인 표현이다.
신이나 혼령은 인간이 부르지 않으면 나타나지 않는다.
인간은 병이 나거나 우환이 있어야 무당(샤먼)을 통해 신과 혼령을 부른다.
무당이 신의 노여움을 풀어주고 잘 달래고 구슬리면
인간의 요청을 들어주고 얌전히 본래의 제자리로 돌아간다.
신들이 인간보다 우위에 있지만
인간들이 얼마든지 조종할 수 있다는 뜻이다.
인간이 신과 혼령을 조종하는 제례의식이 바로 무당이 주재하는 굿이다.

알아두면 잘난 척하기 딱 좋은
샤머니즘의 세계

알아두면 잘난 척하기 딱 좋은
샤머니즘의 세계

초판 1쇄 인쇄 · 2022년 10월 1일
초판 1쇄 발행 · 2022년 10월 5일

지은이 · 이상화
펴낸이 · 이춘원
펴낸곳 · 노마드
기 획 · 강영길
편 집 · 온현정
디자인 · 블루
마케팅 · 강영길

주 소 · 경기도 고양시 일산동구 무궁화로120번길 40-14(정발산동)
전 화 · (031) 911-8017
팩 스 · (031) 911-8018
이메일 · bookvillagekr@hanmail.net
등록일 · 2005년 4월 20일
등록번호 · 제2014-000023호

ISBN 979-11-86288-58-0 (03900)

알아두면 잘난 척하기 딱 좋은

샤머니즘의 세계
The world of the shamanism
A Perfect Book for Humblebrag

이
상
화
지음

nomad
노마드

우리나라에서 샤머니즘은 미신 또는 무속으로 폄하돼 외면당하고 은근히 천대받아왔다. 그러나 눈부신 첨단과학 시대인 오늘날에도 무당이나 굿은 사라지지 않았다. 오히려 우리나라의 무당 숫자가 세계 1위라고 한다. 왜 그럴까?

시대가 발전할수록 우리의 삶은 더욱 복잡다단해지고 각박해졌다. 치열한 경쟁사회에서 낙오에 대한 두려움, 어떡해서든 이겨야 한다는 강박관념에 짓눌리면서 정신적 방황이 깊어지고 있기 때문이다. 아울러 삶이 너무 힘겨워서 무엇엔가 의지하고 싶은 욕구는 강해진다.

이 세상에는 인간의 힘으로는 어쩔 수 없는 초자연·초능력 현상이 무척 많다. 자연재해를 비롯한 각종 재앙과 사고, 뜻하지 않은 질병과 죽음, 무엇인가 이루고 싶고 원하는 욕망은 강하지만 뜻대로 되지 않는 일이 너무 많다. 그래서 때로는 운(運)이라고 체념하기도 한다. 인간의 능력으로는 분명한 한계가 있는 갖가지 초현상은 왜 생기는 것일까?

이는 일찍이 인류가 정착생활을 하기 시작한 이래로 갖게 된 의문이었으며 두려움이었다. 그리하여 인간의 능력을 넘어서는 어떤 초월적 존재가 있다고 생각했으며, 그것을 신 또는 정령으로 정의하기에 이르렀다. 그러한 집단의식에 따라 애니미즘·토테미즘이 탄생했지만, 신이나 정령은 형체를 알 수 없고 볼 수도 없는 관념적인 존재에 불과했다.

　그런데 뜻밖의 상황이 벌어졌다. 신이나 정령과 직접 소통하고 교신하는 사람이 나타난 것이다. 그가 바로 샤먼(무당)이다. 더욱이 그는 제례의식(굿)을 통해 죽은 자의 영혼과도 소통했다. 이렇게 신석기시대에 이르면 무당과 굿을 필수요소로 하는 샤머니즘이 탄생했다.

　특히 고대사회에서 가장 절실했던 병 치료에서 무당은 신이나 정령 또는 죽은 자의 영혼과 소통하면서 병의 원인을 알아내고 굿을 통해 이를 치료하는 가시적이고 구체적인 접신(接神)의 증거를 보여줌으로써 한층 더 신뢰를 얻었다. 이러한 현상은 전 세계 거의 모든 종족과 민족에게 보편적이었다. 물론 이러한 현상은 집단의식에 의해서 또는 자연발생적인 요인에 의해서 일어나기도 했지만, 샤머니즘은 그렇게 고대사회의 절대적인 원시종교 형태의 토속신앙·민간신앙이 됐다.

　지금도 무당을 불러 굿을 한다. 신통한 능력을 지닌 무당이 온갖 초월적 존재를 잘 다스려 인간을 이롭게 하고 원하는 것을 성취하게 해주기 때문이다. 그에 따라 무당의 역할과 기능은 현대의학으로는 원인을 밝혀내지 못하는 병의 치료에도 있지만, 죽은 자의 영혼을 저승의 좋은 곳으로 인도하기도 하고 굿을 의뢰한 사람의 모든 우환과 불행을 초월적 존재들의 힘을 빌려 해소해주는 데 있다. 또한 의뢰인이 간절히 원하는 행운과 복을 빌어준다.

사실 자신과 가족의 복을 비는 기복(祈福)과 세상을 떠난 부모나 조상을 숭배하는 것은 인간의 본성이다. 샤머니즘은 이 같은 본성에 충실한 삶의 수단이기도 하다. 정통 종교도 신을 숭배한다. 다만 샤머니즘은 다신(多神)을, 정통 종교는 유일신을 숭배하는 차이가 있을 뿐이다. 신자들이 의지하는 신만 다를 뿐, 결과적으로 자신의 복을 비는 기복신앙이라는 점에서는 마찬가지다. 조상숭배와 기복신앙이 변함이 없는 한 샤머니즘 그리고 무당과 굿은 결코 사라지지 않을 것이다.

그뿐 아니라 무당이 굿판에서 펼치는 춤과 노래는 민속적으로 가치가 매우 크다. 특별한 기록이 없이 무당의 입에서 입으로 구전되고 계승되는 주술, 사설, 무가 등은 구비문학으로서 가치가 매우 크다. 그것들에는 각 민족의 정체성, 사유(思惟), 집단의식, 신앙에 대한 관념, 인간의 욕망과 소망 등이 모두 담겨 있어 전통성을 지닌 복합문화이기도 하다. 그 때문에 우리나라에도 중요무형문화재로 지정된 무당과 굿이 적지 않다. 그만큼 반드시 보존해야 할 가치가 큰 것이다.

이 책이 그동안 소홀히 여겼던 샤머니즘의 이해에 도움이 되기를 기대한다. 되도록 쉽고 흥미 있게 쓰려고 노력했다. 영리를 떠나서 어려운 결정을 해주신 '책이있는마을'의 여러분에게 진심으로 감사드린다.

2022년 8월
이상화

차례

Part 2

죽은 자의 영혼과 소통하는 사람들

Part 4

세계의 샤머니즘

Part 1

샤머니즘의 이해

Part
1

샤머니즘이란 ——————————— 무엇인가

　'샤머니즘(shamanism)'이라고 하면 흔히 미신으로 폄하해버린다. 하지만 그렇지 않다. 지금도 많은 지역의 많은 민족에게 샤머니즘은 정통 종교 못지않은 영향력을 지니고 있다. 그들에게 샤머니즘은 실질적인 실존철학이며 생존의 수단이다. 다시 말하면 '이즘(ism)'이라고 해서 샤머니즘이 무슨 이념이나 이데올로기의 '주의(主義)'가 아니며 신념이나 개념도 아니다. 그것은 하나의 실질적인 삶의 방식이다.

　샤머니즘의 정치·사회적 맥락과 의의를 연구한 저명한 학자 루이스(Ioan. M. Lewis)는 『망아의 종교(Ecstatic Religion)』에서 "누가 진짜로 '신들림'이 됐고 누가 그렇지 않은지를 가리는 것은 우리의 몫이 아니다. 만약 어떤 사람이 자신의 문화적 환경 속에서 신들린 상태에 있다고 일반적으로 간주된다면, 그때 그는 신들려 있는 것이다"라고 지적했다. 그는 샤머니즘을 인간의 한계상황과 본질적인 종교성을 서술하기 위한 범주가 아니라 사람들이 살아가는 사회적·정치적 상황과 종교적 삶을 서로의 맥락 속에서 서술하기 위한 범주로 삼은 것이다.

샤머니즘을 한마디로 정의하면 초자연현상을 믿는 것이다. 인간의 능력과 한계를 벗어나 초능력이나 초자연현상을 일으키는 신(神)이 있으며, 살아 있는 동식물에는 정령(精靈), 죽은 자에게도 혼령(영혼)이 있어서 살아 있는 사람에게 많은 영향을 미친다고 믿는 것이다.

이러한 신, 정령, 죽은 자의 영혼과 소통하고 교신하면서 살아 있는 사람과 중재하는 인물이 샤먼(shaman)이며, 샤먼이 주재하는 주술과 모든 의례와 의식이 곧 샤머니즘이다. 따라서 당연히 샤먼이 없으면 샤머니즘은 존재할 수 없다.

그러면 눈에 보이지 않고 만질 수도 없으며 형체가 없는 신 또는 신령, 생물의 정령, 죽은 자의 영혼은 과연 존재하는 것일까? 그들이 과연 인간의 능력으로는 어쩔 수 없는 초자연현상을 일으키고 초능력을 발휘하는 것일까?

상식적인 이야기지만 우리 몸은 정신과 육체, 두 가지로 나눠 볼 수 있다. 정신으로 무엇인가 느끼고 생각하고 판단하고 선택과 결정을 한다. 그에 따라 육체로 동작과 행동을 한다. 그렇다고 정신과 육체가 반드시 일치하는 것은 아니다. 어떤 돌발사태에 느끼고 판단할 겨를도 없이 본능적인 반응으로 육체가 갑작스럽게 움직이기도 하고, 생각 따로 몸 따로 움직이기도 한다. 어떻게 보면 사람의 몸은 하나지만 정신과 육체는 서로 분리된 두 개의 존재인 것 같다.

우리가 자주 듣고 쓰는 '유체이탈(幽體離脫)'이라는 말은 사전적으로 '영혼이 육체에서 벗어나 분리되는 일'로 풀이할 수 있다. 누군가 사실과 전혀 다르거나 현실과 동떨어진 엉뚱하고 황당무계한 말을 할 때 유체이탈이라고 표현한다. 때로는 말과 행동이 크게 다를 때도 이 표현을 쓴다.

영혼이 육체에서 벗어나 분리되는 유체이탈은 학술적으로도 증명됐다. 정신적 외상(트라우마) 또는 지각 상실, 뜻하지 않은 가사(假死) 상태의 체험, 정신분열을 일으키는 환각성 마약 복용, 뇌의 전기적 자극 등에 의해 유체이탈이 일어날 수 있다고 한다. 실제로 적지 않은 사람이 그런 경험을 한다는 것이다.

고대 신화나 전설 등에 죽은 자의 영혼(귀신, 유령)이 어떤 형태로든 자주 등장하는 것을 보면 죽은 자에게 영혼이 없다고 단호하게 부인하기는 어렵다. 비록 육체는 죽었지만 영혼은 살아 있는 것이 아닐까? 살아 있다고 표현하지만, 생명이 있는 물체가 아니라 어떤 기운(에너지) 같은 것 아닐까?

사실 기존의 정통 종교에서 숭배하는 하느님(하나님)이나 알라도 형체가 있는 것은 아니다. 그런 가상의 신을 설정해놓고 인간이 어떤 초능력이나 초자연적 현상을 기대하며 정신적으로 의지하는 것이다. 정통 종교의 성직자들이 그들의 신과 소통하는 것처럼 말한다. 어떤 의미에서 샤먼은 그들과 크게 다를 바 없다.

그리하여 많은 전문가가 샤머니즘이 종교현상이자 원시 형태의 종교이며 정통 종교의 탄생 배경이라고 말한다. 정통 종교는 거의 모두 사람들이 여러 이유로 혼란과 고통을 겪으며 구세주(救世主)가 나타나기를 염원하던 시기에 등장했다. 샤머니즘도 크게 다르지 않다.

아시아 북부의 거대한 땅 시베리아▪는 사람이 살기에 이 세상에서 가장 열악한 지역이라고 할 수 있다. 무엇보다 자연조건이 가혹하고 열

시베리아는
우랄산맥에서 극동의 캄차카반도에 이르는
북위 50도 이북의
아시아 대륙 북부의 광대한 지역이다.

악하다. 기후가 혹독해서 겨울철에는 영하 30도 아래로 내려가고 땅은 항상 얼어 있는 툰드라의 동토다. 또한 여름철에 땅이 녹으면 질펀하고 수렁이어서 걸어 다니기도 힘들다.

농사는 거의 불가능하다. 그 광활한 얼어붙은 황량한 땅에 사람들이 드문드문 흩어져 살았다. 그곳으로 살려고 온 것이 아니라 수만 년 전, 어쩌다 그곳까지 흘러들어 정착한 사람들의 후손이며 소수민족이다. 그들에게는 먹거리가 크게 부족했다. 순록을 사육하기 위해 풀과 이끼를 찾아 끊임없이 이동해야 했고, 얼어붙은 강에서의 낚시, 많지 않은 짐승을 찾아야 하는 사냥 등이 고작이었다.

그들이 먹거리를 구하고 생명을 이어가기 위해서 가장 민감했던 것은 당연히 자연조건이었다. 날씨 변화가 그들의 삶을 좌우했다. 하지만 그것은 인간의 능력으로는 어떡하지 못한다. 초자연적인 존재, 이를테면 신의 도움이 있어야만 했다.

더욱이 그들은 질병으로 큰 고통을 겪어야 했다. 어쩌다 병이 나거나 크게 다치면 대책이 없었다. 왜 병에 걸렸는지, 그리고 어떤 병인지도 몰랐다. 알 수 없는 질병에 걸린 사람은 스스로 이겨내야 했다. 그렇지 못하면 죽음뿐이었다. 사람은 질병에 걸리지 않더라도 언젠가는 죽는다. 그것 또한 인간의 능력으로는 어쩔 수 없는 일이었다. 열악한 환경에서 평생 고생만 하다가 죽은 노인이나 부모가 너무 불쌍하고 안타까울 뿐이었다.

이러한 고난과 고통의 삶이 이어지다가 수천 년 전 신석기시대에 이르러 뜻밖의 인물들이 시베리아 곳곳에 나타나기 시작했다. 바로 샤먼이었다. 그들은 석가모니, 예수, 무함마드 같은 성인도 성자도 아니었다. 그들은 성자나 선지자가 내세우며 설파하는 어떤 이념이나 올바른 인간의 도리를 주장하지 않았다. 그들은 씨족이나 부족사회에 함께 사는 사람이었다.

하지만 그들은 평범하지 않았다. 샤먼은 온갖 신과 소통하고 죽은 자의 영혼과 소통했다. 신의 도움을 받아 질병을 치유할 뿐만 아니라 죽은 자의 영혼을 편안하게 좋은 곳으로 인도하는 등 죽은 자와 소통했으며, 살아 있는 자와 죽은 자 사이를 중재했다. 그렇다고 그들이 사이비 종교의 교주처럼 사기행각을 벌이거나 자신을 과대 포장해서 선전한 것은 아니었다.

그런데 아무나 샤먼이 될 수 없었다. 샤먼이 되려면 원하든 원치 않든 알 수 없는 열병을 심하게 앓아야 했다. 신이 깃든다는 신내림이었다. 그와 함께 온몸이 갈기갈기 찢어지는 듯한 심한 자기학대와 고통을 극복해야 했으며, 북·꽹과리 등을 미친 듯이 두들겨대는 격렬하고 흥분된 분위기 속에서 엑스터시(ecstasy, 몰아지경)에 빠져들어 신 또는 죽은 자의 영혼과 소통하고 교신할 수 있어야 했다.

시베리아의 혹독한 환경과 고통 속에서 살아가면서 초자연적 현상과 초능력을 갈망하던 사람들에게 그러한 샤먼의 등장은 구세주나 다름없었다. 그러나 처음에는 샤먼의 신비한 능력을 쉽게 믿지 않았다. 하지만 갑자기 병이 나거나 질병으로 고통받으면 도움을 받기 위해 당장 찾아갈 수 있는 사람은 샤먼뿐이었다. 더구나 신의 도움을 받는다는 샤먼의 치료를 받으면 실제로 병이 낫는 경우가 많았다. 또한 가족 가운데 누가 죽으면 죽은 자의 영혼과 소통한다는 샤먼을 찾아갈 수밖에 없었다. 원혼을 달래주고 좋은 곳으로 안내해줄 사람은 샤먼뿐이었다. 샤먼은 특히 조상의 신을 믿고 존중했기에 많은 사람의 마음을 사로잡았다.

이처럼 질병의 치료나 장례 등의 제례를 주재하는 일이 샤먼이 처음으로 가치와 능력을 인정받은 영역이었다. 그리하여 영험하기로 소문난 샤먼은 시베리아 주민의 생업이었던 목축·사냥·낚시 등이 잘되고 사고가 없기를 기원하고, 공동체의 풍요와 안녕을 기원하며 큰 의식을 주재하는 사제(司祭) 역할까지 맡게 됐다.

이처럼 샤먼의 역할과 기능이 커지면서 그들이 거행하는 각종 주술·의례의식 등의 틀이 차츰 잡혔으며, 약 3천~4천 년 전의 청동기시대에 이르러서는 완전히 체계화되고 정착했다. 그것이 바로 샤머니즘이다. 물론 처음에는 샤머니즘이라는 명칭이 없었다. 중세에 와서 유럽인이 그런 명칭을 붙인 것이다.

시베리아에서 처음 발원한 샤머니즘은 드넓은 시베리아와 북아시아의 여러 종족에게 전파됐고, 동서양으로 퍼져나가 유럽·아메리카 대륙 등 거의 전 세계로 전파됐다. 하지만 그 과정에서 변질되고 왜곡되기도 했다. 최남선은 『살만교차기(薩滿敎箚記)』에서 '샤머니즘'을 동북아시아를 포함한 광범위한 지역에 공통으로 나타나는 원시종교를 일컫는 것으로 파악하고, 조선의 무속을 그것과 연관시켰다.

시베리아에서 가까운 북아시아와 중앙아시아 등은 가장 완전한 형태라는 시베리아 샤머니즘의 원형을 비교적 유지했지만, 그 밖의 지역에서는 여러 요인으로 불가피하게 원형이 변질된 측면이 있다. 가장 큰 요인은 각 지역에서 기나긴 세월 동안 이어진 토속신앙이다. 사람이 모여 사는 곳에는 어디나 오랜 전통을 지닌 그 종족의 토속신앙·민간신앙이 있는데, 샤머니즘이 그것들과 결합하는 과정에서 변질될 수밖에 없었던 것이다. 특히 수많은 소수민족과 고립된 생활을 하는 고산족(高山族)이 많은 중국과 동남아시아에서 더욱 그러했다. 그들은 독특한 습속과 토속신앙이 있었기 때문에 샤머니즘의 변질은 어쩔 수 없었다.

아울러 정통 종교가 탄생하고 여러 지역에서 큰 영향력을 미치면서 샤머니즘과 결부되고 타협했다. 정통 종교도 신을 숭배하며 사후세계를 존중하고 강조하기 때문에 샤머니즘을 외면하기는 어려웠다. 정통 종교의 기도와 샤머니즘의 주술, 예배의식과 샤머니즘의 의례의식은 본질적으로 다르지 않다고 볼 수 있다. 아프리카의 부두교와 같은 종교는 샤머니즘에서 파생됐다고 할 수 있다.

그런가 하면 샤머니즘이 일반화되면서 끼어든 부류들도 있었다. 예컨대 점술가, 예언가, 관상가, 민간요법 치료사 등이다. 샤먼의 점술이나 길흉사의 예언은 격렬한 엑스터시 상태에서 신 또는 죽은 자의 영혼과 소통하면서 이루어지지만, 점술가나 예언가 등은 그들만의 어떤 불확실한 근거로 샤먼 비슷한 무속적 행위를 행하는 전문직업인이기 때문에 샤머니즘에서 제외된다.

거듭 이야기하지만 다양한 신의 존재를 믿으며 죽은 자에게도 분명한 기운(에너지)을 지닌 영혼 즉 혼백·귀신·유령 등이 있다고 믿는 것이 샤머니즘이다. 그리고 신 또는 죽은 자의 영혼과 강렬한 엑스터시 상태에서 소통하고 교신하면서 살아 있는 사람과 중개하는 인물이 샤먼이다. 샤먼이 없으면 샤머니즘은 존재할 수 없다. 정통 종교에는 숭배하는 그들만의 신이 있으며 창시자가 있어서 그 종교를 믿고 의지하지만, 샤머니즘은 샤먼이 있어서 존재하는 것이다.

하루가 다르게 과학이 눈부신 발전을 거듭하고 인간의 지적 수준이 높아져 누구나 합리적 사고를 하는 오늘날, 한때 절대적인 종교현상이었던 샤머니즘은 별다른 관심을 끌지 못하고 크게 쇠락했다. 그러나 아직도 세계 곳곳에는 현대 문명과 동떨어져 고립된 생활을 하는 부족이 많다. 또한 자신만의 정체성을 고집하며 독특한 습속과 관습을 고수하는 소수민족도 많다. 적어도 그들에게 샤머니즘은 여전히 절대적이다. 아울러 샤먼은 그들의 전통과 민속문화를 계승하는 수호자이기도 하다.

샤머니즘의

기원

    앞에서 땅은 매우 넓지만 자연환경이 몹시 열악한 시베리아에서 가
장 먼저 샤먼이 등장했으며 그들에 의해 샤머니즘이 발원했다고 설명했
다. 여기서는 좀 더 나아가 내면적인 즉 샤머니즘의 정신적인 기원과 근
원적인 배경을 살펴보자.

    시베리아는 드넓고 황량한 지역이다. 얼마나 넓은지, 오늘날 러시아
의 5분의 4를 차지한다. 그러나 자연환경이 좋지 못해 인구는 무척 적
다. 오늘날에도 그 넓은 지역에 3천만 명이 조금 넘는 인구가 살고 있
다. 그것도 몇몇 핵심 도시에 몰려 있다.

    일찍이 시베리아 지역에 중국과 몽골 등이 침입했으며 중세 이후 러
시아인들이 유입되면서 18세기경에는 러시아의 식민지가 됐다. 그러나
그 누구도 시베리아에서 제대로 지배적인 영향력을 발휘하지 못했다.
아니, 지배력을 발휘할 수도 없었다. 광활한 지역에 수많은 소수민족이
흩어져 살고 있어서 체계적이고 조직적인 통치가 불가능했기 때문이다.

약 6만 년 전 현생인류(호모사피엔스)가 그들이 발원한 아프리카 대륙을 떠나 이동하기 시작했다는 것은 잘 알려진 사실이다. 그들은 약 2천 명에 불과했다. 그것도 한꺼번에 동시에 이동한 것이 아니라 20~30명 규모의 혈연집단이 오랜 세월에 걸쳐 저마다 뿔뿔이 흩어져 이동했다.

그들은 크게 세 갈래로 이동했다. 한 무리는 지금의 중동지역을 거쳐 서쪽으로 이동하여 오늘날의 유럽에 이르렀다. 또 한 무리는 중동지역을 거쳐 동쪽으로 이동했는데, 조개 따위의 먹거리를 구하기 쉬운 해안을 따라 이동하면서 지금의 동남아시아, 인도, 중국의 남부 등으로 이동했으며 일부는 지금의 인도네시아, 오세아니아까지 이동했다. 그리고 다른 또 한 무리는 중동지역에서 북쪽으로 이동했다. 그들 중 일부는 중앙아시아에 머물렀고, 일부는 동북쪽으로 이동을 계속했다. 동북쪽으로 계속 이동한 무리는 '세계의 지붕'이라는 드높은 파미르고원, 우랄산맥, 톈산산맥 등 험준한 지형과 갖가지 악조건으로 큰 고난을 겪으며 해가 뜨는 동쪽으로 더욱 이동해서 2만~3만 년 전에 시베리아까지 진출했다.

그들이 아프리카에서 시베리아까지 이동하는 데 수만 년이 걸렸다. 그들은 쉬지 않고 이동한 것이 아니라 어느 곳에서 머물다가 먹거리가 부족해지면 또다시 이동하는 식으로 수백·수천 세대에 걸쳐 이동했기 때문이다. 시베리아까지 이동한 무리 가운데 또 일부는 얼어붙은 베링해를 건너 아메리카 대륙으로 진출해, 마침내 지구 전역으로 이동했다는 것은 잘 알려진 사실이다.

아무튼 시베리아에 머문 무리들은 가혹한 자연환경으로 더 이상 이동하기 어려웠다. 여러 무리가 멀리 흩어져 살았기 때문에 무리끼리 서

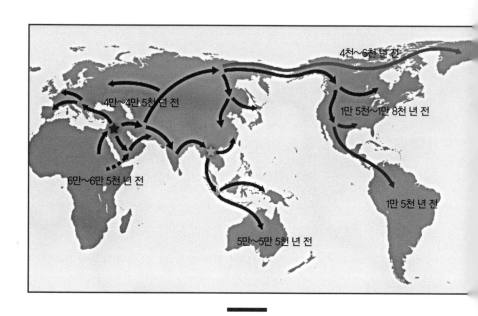

4천~6천 년 전

4만~4만 5천 년 전

1만 5천~1만 8천 년 전

6만~6만 5천 년 전

1만 5천 년 전

5만~5만 5천 년 전

호모사피엔스의 이동 경로

로 마주칠 일도 없었다. 그렇게 무리마다 거의 고립된 생활을 하면서 끊임없이 후손을 낳아 마침내 씨족사회·부족사회를 형성했다. 그들이 오랜 세월을 거치면서 소수민족이 된 것이다.

오늘날 시베리아에 100여 개의 소수민족이 있는 것으로 볼 때 석기시대에는 그보다 더 많았을 것이라고 짐작할 수 있다. 그들은 서로 멀리 떨어져 있었고, 교통수단뿐만 아니라 길조차 없어서 서로 소통과 교류는 없었다. 오직 그들만의 완전히 고립된 생활을 이어갔다. 우랄알타이어, 튀르크어, 퉁구스어 등 당연히 말(言)도 다양하고 서로 달라서 소통이 더욱 어려웠다. 그와 같은 상황에서 자기 씨족이나 부족의 결속력은 한층 더 강화됐으며, 자신만의 정체성과 고유하고 독특한 민속·관습·풍속 등이 자연스럽게 만들어졌다.

그렇더라도 수많은 소수민족에게 한 가지 공통점이 있었다. 인종이나 민족에 상관없이 사람이라면 어쩔 수 없이 갖가지 질병에 걸리기도 하고 언젠가는 죽는다. 또한 종족의 보호와 번성, 공동체의 번영 등에 대한 기원은 어디에 살든 모두 같았다. 특히 질병과 죽음은 인간의 능력으로는 어쩔 수 없는 일이었다. 소수민족의 씨족·부족사회에는 체계적인 통치 행정기구나 교육·의료 등이 있을 수 없었다. 그들을 대표하는 나이 많은 부족장은 있었지만, 그가 직접적으로 삶에 관여하는 것은 아니었다.

그런데 시베리아의 어느 소수민족의 집단에 샤먼이 나타난 것이다. 그가 어떻게 해서 수많은 신과 교신할 수 있고 죽은 자의 영혼과 소통할 수 있는지는 아무도 모른다. 특별히 밝혀진 것도 없다. 개인의 피나는 노력 때문인지, 강신무(降神巫)가 그러하듯 숙명적으로 신이 내려 샤먼이 됐는지 정확하게 알 수 없다.

인류학자나 민속학자는 국가가 세워지고 지배층과 피지배층의 계급이 발생하기 이전인 인류가 수렵·채집생활을 하던 시기에 샤먼이 나타났으며 원초적인 샤머니즘이 생성되고 발달하게 됐다는 학설을 지배적으로 주장한다.

이렇듯 샤머니즘이 시베리아를 포함한 북아시아의 여러 종족 사이에서 태동했기 때문에 많은 학자가 그곳에 기원을 두고 있다. 시베리아와 북아시아에 수많은 소수민족이 있지만 크게 간추리면 퉁구스계, 우랄·알타이계, 고아시아계, 몽골계 등으로 나눌 수 있다. 무당을 뜻하는 '샤먼'이라는 말은 퉁구스어에서 비롯됐으며 샤머니즘은 샤먼에서 파생된 것이다.

더욱 신기한 일은 비슷한 시기에 여러 소수민족에서 샤먼이 등장한 것이다. 이러한 현상을 학문적으로 '문화의 보편성'이라고 한다. 이를테면 서로 연계성이 있었던 것도 아닌데 거의 비슷한 시기에 메소포타미아, 인더스강, 이집트, 황하, 그리스 등에서 문명이 탄생했다. 또한 소크라테스, 석가모니, 공자 등과 같은 성인도 비슷한 시기에 인간의 가치있는 삶에 대해 성찰한 것처럼 문화에는 보편성이 있다. 인류가 모두 한 어머니(미토콘드리아 이브)▪의 자손이기 때문에 어디에 살든 어느 인종이든 비슷한 시기에 집단의식이 발현하는 것 같다.

인간의 집단의식·집단지능은 대단히 중요하다. 인류의 주식인 쌀과 밀이 처음으로 경작된 곳은 중동지역이다. 그런데 비슷한 시기에 지구 곳곳에서 농사를 시작했다는 것이다. 그것이 이른바 '농업혁명', 농경시대의 시초였다. 샤먼이나 샤머니즘도 이처럼 집단의식과 문화의 보편성에 의해 거의 비슷한 시기에 탄생한 종교현상이다.

- 호모사피엔스는 약 20만 년 전 아프리카에서 출현했다. 이것이 '현생인류의 아프리카 기원 설'이다. 뇌용량은 1,200㎤ 정도로 현재의 인류와 별다른 차이가 없을 정도로 지능이 높았고 생김새나 형질도 현대인과 그리 차이가 없었다. 그들은 이전보다 훨씬 세련되고 정교한 도구 와 불을 사용하며 아프리카에서 수렵과 채집 생활을 이어갔다.
  그들 가운데 '미토콘드리아 이브(mitochondria Eve)'로 부르는 모든 인류의 어머니가 있었다. '미토콘드리아'는 거의 모든 진핵세포에 들어 있으며 세포가 활동하는 데 필요한 에너지를 생산하는 아주 작은 기관이다. 남성의 정자나 여성의 난자에도 당연히 미토콘드리아가 들어 있다. 그런데 수정이 이루어질 때 정자의 머리 부분에 있는 미토콘드리아는 난자에 의해 모 두 파괴된다. 따라서 모든 생명체는 암컷(여성)의 미토콘드리아만 남아 딸에서 딸로 이어지 는 모계 유전을 한다. 이러한 특성에 따라 미토콘드리아를 역추적하여 약 20만 년 전에 살 았던 모든 인류의 어머니까지 거슬러 올라간 것이다. 그 조상 어머니를 '미토콘드리아 이브' 라고 한다.

시베리아 여러 소수민족에서 샤먼은 서로 연계성이 없는데도 비슷한 시기에 나타났다. 초자연적 현상 또는 초능력을 목마르게 갈망하던 소수민족에게 샤먼은 하늘이 내린 인물이었다. 어느 사회나 실질적인 삶에서 부딪치는 갖가지 자연적인 재앙과 재난이 있기 마련이다. 또한 죽음, 질병, 사고 등 개인적 고난은 피하기 어렵다. 지적 수준이 높지 못한 구성원들은 오직 그들 문화의 토속신앙·민간신앙에 의지할 수밖에 없었다. 그와 함께 샤먼이 자연스럽게 절대적인 영향력을 발휘하게 됐다.

하지만 샤먼이 똑같은 날짜에 여러 소수민족에서 동시에 나타난 것은 아니며, 서로 시차가 있을 뿐만 아니라 능력에도 차이가 있었다. 정말 영험한 샤먼이 있는가 하면 초보적인 샤먼도 있었다. 숙명적으로 신이 내린 샤먼도 있었고, 스스로 고행을 통해 샤먼이 된 사람도 있었다.

열악한 환경에서 서로 단절된 채 살아가는 소수민족 사이에 단 하나의 연결고리가 있었다면 물물교환이다. 목축, 낚시, 사냥 등 생업이 매우 단조로워 서로 부족한 생활필수품이 많았다. 그에 따라 서로 왕래하기 힘든 상황에서도 장사꾼들이 나타났다. 그들은 여러 부족을 찾아다니며 물물교환을 했다.

그들이 어느 부족을 방문했을 때 아무도 못 고치는 심한 병을 앓고 있는 환자를 치료하기 위해 또는 죽은 자와 소통하기 위해 샤먼을 찾는 것을 보고, 얼마만큼 떨어진 곳의 다른 부족에게 아주 용하고 유능한 샤먼이 있다고 소개했다. 그리하여 신 또는 죽은 자의 영혼과 소통하는 뛰어난 샤먼이 여러 소수민족에게 알려지게 됐다.

그리고 영험한 샤먼이 신 또는 죽은 자의 영혼과 소통하고 접신하는 방식, 신을 불러내는 의식, 죽은 자의 영혼과 교감하는 의식 등을 미숙한 샤먼들이 배우고 익혀 그와 똑같이 실행하게 됐다. 그것이 차츰 체계화되고 일원화되면서 마침내 '샤머니즘'의 원형이 기원하게 된 것이다. 그뿐 아니라 샤머니즘은 당시로서는 분명한 종교현상이었으며 원시종교 형태로 자리를 잡아갔다. 그만큼 영향력이 컸다. 더욱이 훗날 정통 종교가 탄생하기 전, 샤머니즘은 수많은 민족이 의지하지 않을 수 없는 절대적인 종교였다.

앞서 밝힌 대로 문화의 보편성에 따라 시베리아가 아닌 다른 곳에도 샤먼 또는 그와 비슷한 역할과 기능을 하는 존재가 있었다. 그에 따라 샤머니즘은 빠르게 동쪽과 서쪽·남쪽으로 전파됐다. 하지만 이미 설명했지만 각 지역의 고유한 토속신앙·민속신앙과 결합하면서 여러 형태로 변질될 수밖에 없었다.

무엇보다 제각기 다른 민족의 특성·정체성·습속 등이 크게 달랐고,

그에 따른 토속신앙·민간신앙에도 차이가 있었다. 샤먼은 그러한 자기 민족의 특성을 외면할 수 없었다. 어쩔 수 없이 샤머니즘은 각 민족의 특성과 결부됐다. 샤머니즘의 원형이 가장 잘 보존된 지역은 시베리아의 바이칼 호수 일대이며, 그곳에 사는 소수민족 부랴트족은 샤머니즘의 원형을 가장 잘 보존하고 있다. 어쩌면 바이칼 호수에서 최초로 샤먼·샤머니즘이 기원했을지도 모른다.

아무튼 시베리아의 정통 샤머니즘이 몽골, 중국 동북부, 만주 일대 등으로 전파되고 우리나라와 일본에까지 전해졌다. 물론 우리나라와 일본의 샤머니즘은 시베리아의 그것과는 상당히 다르다. 그러나 그 원형은 시베리아의 정통 샤머니즘이다.

시베리아와 북아시아에서 원시종교 형태의 샤머니즘이 보편적인 현상이 되면서 서쪽으로는 중앙아시아와 유럽의 스칸디나비아반도까지, 동쪽으로는 베링해를 건너 북아메리카, 남아메리카 그리고 오세아니아까지 이동했다. 샤머니즘은 그렇게 세계 전역에서 단순한 무속(巫俗)이 아니라 원시종교, 하나의 종교 형태로서 자리 잡게 됐다.

훗날 불교, 유교, 기독교, 이슬람교, 힌두교 등 정통 종교가 탄생하면서 샤먼은 자기가 사는 지역의 지배적인 정통 종교와 충돌을 피해 부분적으로 그들을 결부시켰다. 정통 종교도 교세 확장을 위해 일찍부터 절대적인 영향력을 지녔던 샤머니즘을 외면할 수 없었다. 서로 묵시적으로 타협했다. 이후 이렇게 변질된 샤머니즘과 본질적인 샤머니즘은 핵심적인 의례와 의식 등에서 큰 차이를 갖게 됐다.

샤머니즘의
——————————————————— 종교성

아프리카를 떠나 수렵과 채집으로 생존하면서 세계 전역으로 이동하던 현생인류의 삶은 오직 생존본능에 의한, 동물과 다름없는 삶이었다. 홍수·가뭄·추위 등과 같은 자연재해나 죽음은 어쩔 수 없는 운명이었다. 있는 그대로 받아들일 수밖에 없었다. 이러한 인류의 삶이 획기적으로 바뀐 것은 약 1만여 년 전 농경을 시작하면서부터였다.

어쩌다가 야생에서 말라 죽었다고 여겼던 밀이 해가 바뀌자 다시 알곡을 맺는 것을 발견하고, 야생 밀의 씨앗을 심으면서 엄청난 변화가 시작됐다. 말 그대로 농업혁명이었으며, 인류가 드디어 정착생활을 하게된 것이다. 그러나 농경시대가 열리면서 주식이 되는 밀을 심고 인류가 정착하게 된 것은 놀랄 만한 발전이며 획기적인 변화였지만, 숱한 문제들이 야기됐다.

이동생활을 하던 인류가 거의 한곳으로 몰려들어 정착하면서 차츰 도시화현상이 생겨났다. 그에 따라 부족 사이 또는 개인끼리의 시비와 갈등이 끊이지 않았다. 또한 농사가 잘되는 비옥한 땅을 놓고 쟁탈전이 일어났으며, 서로 다른 혈연이나 집단 간에 갈등과 전투가 쉴 새 없이 벌어졌다.

자신이 차지하고 농사짓는 농지를 후손에게 물려주는 일도 쉬운 게 아니었다. 자신의 순수한 혈육(아들)에게 물려주어야 했기에 배우자를 구하는 일도 만만치 않았다. 순결한 처녀여야 순수한 혈통을 이어갈 수 있다고 여겼기 때문이다. 그에 따라 남성 중심의 남성 우월 사회가 태동했다. 게다가 신체도 많이 허약해졌다. 이동생활을 할 때는 각종 육류를 섭취하며 잡식했는데 농경생활을 하면서 주식이 된 곡식을 편식할 수밖에 없었다.

하지만 더 큰 문제는 홍수, 가뭄, 태풍 등과 같은 자연재해였다. 자연재해가 닥치면 농사를 망칠 수밖에 없었다. 자연재해는 속수무책의 재앙이었다. 그로 인해 식량난을 겪게 되면 부족 전체가 이동하면서 식량과 노동력을 얻기 위해 농사가 잘된 부족을 공격해서 약탈하고 침략하는 전쟁이 일어났다. 이것이 끊임없었던 정복 전쟁의 시초였다.

비옥하고 풍요로운 지역에 살든 척박한 지역에 살든 자연재해에 대한 두려움은 같았다. 한결같이 자연재해가 없기를 기원했지만, 인간의 능력으로는 어쩔 수 없는 일이었다. 오직 자연재해가 일어나지 않기를 바라는 마음에서 어떤 초자연적인 능력, 인간의 한계를 넘어서는 초능력이 나타나 도와주기를 기원했다. 그것은 막연하고 환상적인 그들의 소망이었다.

그들은 간절했다. 하지만 초자연·초능력을 염원하고 의지할 가시적인 대상이 없었다. 처음에 그들은 누구나 어디서나 볼 수 있는 태양을 믿고 숭배했다. 태양이 떠 있으면 모든 것이 순조로웠다. 더구나 태양은 영구불멸이다. 아침에 떠오르고 저녁에 지지만 그다음 날 아침이면 어김없이 다시 떠올랐다. 그리하여 태양은 태양신이 됐다.

인간은 비록 언젠가는 죽지만, 태양처럼 영구불멸하는 영생(永生)을 기원하고 믿었다. 하지만 좀 더 깊이 생각해보니 영구불멸하는 것은 태양뿐이 아니었다. 달과 별도 불멸이었으며, 불(火)도 꺼졌다가 다시 살아날 수 있었다. 그러한 집단의식이 '애니미즘(animism)'■을 출현시켰다.

'애니미즘'은 모든 생명체와 사물에 생명이 있다고 믿는 것이다. 애니미즘은 태양과 달·별은 물론 폭풍우, 번개, 불, 계절의 변화 등과 같은 모든 자연현상 그리고 무생물에도 영혼(정령)이 있으며, 그 정령은 인간과 똑같이 욕구도 있고 의식(意識)도 있다고 믿는 원시신앙이다. 세상의 모든 생명체와 현상·사물에는 눈에 보이지는 않지만 어떤 영적인 존재 또는 에너지가 있다고 믿는다.

초자연과 초능력 등 인간의 능력으로 어쩔 수 없는 어떤 기적적인 현상에 대한 간절한 염원이 인류에게 그와 같은 집단의식·원시신앙을 탄생시킨 것이다. 그 흔적은 오늘날의 삶에도 남아 있다. 시골의 마을에는 솟대와 장승이 서 있다. 모두 무생물이지만 그들의 혼령이 마을을 지켜준다고 믿는 것이다. 또한 마을 입구에 서 있는 수령이 오래된 은행나무나 느티나무를 당산(堂山)나무, 마을의 수호신으로 모시고 마을주민이 그 나무에 제사도 지낸다. '당산'은 수호신이 있다고 믿는 마을 근처의 산이나 언덕을 일컫는 말이다. 서울 영등포의 당산동(堂山洞)이라는 지명도 여기에서 연유한다.

애니미즘이 인류의 원시신앙이 된 것은 한결같이 인간의 한계를 넘어서는 초자연, 초능력, 기적적인 현상 등에 대한 기원과 막연한 기대감 때문일 것이다. 하지만 그것은 염원이며 환상일 뿐, 실질적인 생활에 직접적으로 큰 영향을 미치지는 못했다. 그러한 상황에서 탄생한 것이 '토테미즘(totemism)'이다.

'토테미즘'은 '토템(totem)'에서 비롯된 말이다. 토템은 가족이나 씨족 등의 혈연관계를 가리키는 어느 부족의 말이라고 한다. 씨족사회는 오늘날의 집성촌처럼 일반적으로 한 지역에 모여 사는 혈연관계의 공동체이다. 자신의 정체성이나 습속 등에 따라 그 씨족만 숭배하는 신이나 영혼(정령)이 있을 수 있다. 그것이 다른 씨족들과 서로 다를 수 있다.

토테미즘에서는 혈연관계가 중요하며, 그런 점에서 애니미즘과 차이가 있다. 생물과 무생물을 가릴 것 없이 이 세상의 모든 사물에 영혼이 있으며 그 영혼의 기운(에너지)이 삶에 큰 영향을 미친다는 애니미즘에서 한 걸음 나아간 것이다. 다시 말하면 모든 사물에 영혼(정령)이 있다는 포괄적 개념의 애니미즘이 혈연관계에 의해 범위가 좁혀지고 구체화된 것이 토테미즘이다. 모든 물체에 영혼이 있다고 믿지만 씨족사회에 따라서 자기들만 굳게 믿고 숭배하는 구체적인 영혼이 있는 것이 토테미즘이다.

이러한 토테미즘을 '토템 신앙'이라고도 한다. 자기 씨족만의 고유하고 특별한 신앙이기 때문에 자신들만 숭배하는 동식물이 있으며 여러 가지 터부와 금기사항이 있다. 이를테면 우리나라 고조선 건국 신화에서 우리 민족의 근원인 예족과 맥족을 보면 농경이 생업이었던 예족은 호랑이, 목축과 사냥이 생업이었던 맥족은 곰을 숭상했다. 호랑이와 곰이 동굴 속에서 쑥과 마늘만 먹으며 100일을 버티면 사람이 될 수 있었다. 하지만 호랑이는 중간에 포기하고 곰은 끝까지 견뎌 마침내 여자로 변신해 웅녀(熊女)가 됐다. 그녀가 하늘에서 내려온 환웅과 혼인해서 단군을 낳았다는 것이 고조선 건국 신화, 단군신화의 골자다.

이처럼 토테미즘에서는 동물이 인간으로 변신할 수 있다. 그리스·로마 신화에서 신들이 동물로 변신하고, 우리나라 전설에도 여우나 늑대가 여자로 변신하는 이야기가 많다. 모두 토테미즘에 근거한 것이다. 그러한 변신 이야기는 토테미즘이 한창일 때 만들어졌을 것이다.

시베리아나 북아시아의 샤먼은 의례·의식을 진행할 때 전통적인 복장을 한다. 이와 같은 샤먼 복장은 동물의 모형·유골·뿔·뼈, 새의 깃털 등 동물과 관련되거나 상징적인 의상과 장식으로 되어 있다. 바꿔 말하면 샤먼은 동물과 깊은 관계가 있다고 볼 수 있다.

여기에는 두 가지 의미가 있다. 하나는 수렵·채집시대 동물을 사냥해서 먹거리와 피복을 확보하던 수렵과 관련 있는 상징으로 그 시대에 샤먼이 등장했음을 암시한다. 또 다른 하나는 신석기시대에 등장한 애니미즘·토테미즘과의 관련성이다.

훨씬 뒤늦게 탄생한 정통 종교 대부분의 탄생 배경에는 애니미즘과 토테미즘이 있다. 많은 학자의 견해가 엇갈리는데, 일부 학자들은 애니미즘을, 또 다른 학자들은 토테미즘을 종교 탄생의 배경으로 주장하고 있다. 어찌 됐든 정통 종교도 눈에 보이지 않고 형체를 알 수 없는 신(神) 그리고 사후세계를 믿는다. 다만 정통 종교는 대부분 하나의 신, 유일신(唯一神)을 숭배한다. 그에 비해 샤머니즘은 생명체·사물·물체 등에 신이 깃들어 있고 죽은 자에게 영혼이 있다고 믿는 차이가 있을 뿐, 분명한 종교현상이며 종교 형태라고 할 수 있다. 결국 정통 종교와 샤머니즘은 뿌리가 같다고 할 수 있다.

살아 있는 사람들은 사후세계가 있는지 매우 궁금하게 여긴다. 정통 종교나 샤머니즘, 모두 사후세계가 있다는 것을 인정한다. 그러나 정통 종교에서는 자신의 유일신을 통해서만 사후세계로 연결되며, 샤머니즘에서는 샤먼을 통해 죽은 자의 영혼과 소통하고 그 영혼을 현실세계로 불러온다.

특히 샤머니즘에서는 죽은 자의 영혼 가운데서도 조상신을 정중하게 모신다. 혈연관계를 근거로 하는 토테미즘과 깊은 연관이 있음을 보여준다. 어느 민족 어느 가족이든 자신의 조상에 대해서는 남다른 애착심을 갖는다. 조상신이 후손의 삶에 큰 영향력을 미친다고 믿는다. 따라서 샤머니즘의 의례·의식에는 무당의 굿이 그러하듯이 죽은 조상의 영혼과 관련된 것이 많다.

샤머니즘이 세계 곳곳으로 전파되는 과정에서 현지의 토속신앙 그리고 정통 종교와 어쩔 수 없이 서로 결부되고 타협하면서 원형이 많이 변질됐다고 이미 설명했다. 그렇더라도 자신의 조상에 대한 애착심과 경외감은 어디서나 변함이 없다.

문명과 동떨어진 원시 부족, 외딴 지역에 사는 소수민족, 심지어 선진 국가의 보통 사람들 사이에서 오늘날에도 여전히 샤머니즘이 사라지지 않고 종교 또는 무속으로 남아 있다. 그것은 샤머니즘의 조상 숭배가 밑거름이 됐기 때문이라고 할 수 있다. 혈연을 중요시하고 조상의 혈통과 관련된 족외혼이나 배우자 선택에 신중한 것은 샤머니즘의 모태가 된 토테미즘의 영향이다.

현대사회는 매우 복잡·다양하다. 과학이 발달하고 인간의 지적 수준이 높아져 복잡·다양할 수밖에 없다. 하지만 그 때문에 욕구도 다양해지고 재앙과 위기와 위험 따위가 크게 늘어났다. 갖가지 자연재해는 여전히 위협적이다. 그에 따라 삶의 질을 향상시키려는 욕구뿐만 아니라 무사안전이나 복을 비는 기복사상이 여전히 위세를 떨치고 있으며, 과학의 발달에도 불구하고 신적인 존재에 의지하려는 경향이 확산되고 있다. 이처럼 팽배한 인간의 염원과 조상 영혼에 대한 숭배가 보편화된 현실에서 종교성을 지닌 샤머니즘은 결코 사라지지 않을 것이다.

샤먼의
역할과 기능

    샤먼에 대해서는 이미 앞에서 설명했지만, 다시 한번 구체적으로 샤먼의 역할과 기능을 자세히 살펴보려고 한다.

    샤먼과 샤머니즘은 기원한 곳에만 머물지 않았다. 인간이 초능력을 갈망하는 애니미즘이나 토테미즘이 태동한 이래로 전 세계 어느 곳에나 신과 소통하고 죽은 자의 영혼과 교신한다는 샤먼이 존재했다. 어찌보면 인간의 능력을 넘어서는 초능력에 대한 염원이 인간 세상의 어느 곳에서나 필연적으로 자연스럽게 샤먼을 탄생시켰을 것이다.

    샤먼의 역할과 기능을 한마디로 요약하면, 신 또는 죽은 자의 영혼과 살아 있는 사람을 연결하는 중개자라고 할 수 있다. 샤먼이 인간사회에 가장 먼저 나타났다는 시베리아·북아시아에는 튀르크족을 비롯해서 알타이족, 야구트족, 예벤크족, 부랴트족, 몽골족 등 100여 민족이 흩어져 살고 있다.

    이들이 많이 사용하는 퉁구스어로 '무아지경(無我之境)'·'몰아지경(沒

- **샤만** _'샤먼'이라는 용어는 시베리아 원주민 대다수가 공유하는 단어가 아니라 유럽인의 거칠고 편의적인 명명법에 따라 선택된 것이었다. 퉁구스인(예벤크족)이 '동요, 흥분, 고양 등의 상태에서 영적 실천을 하는 전문가'를 가리킬 때 사용하는 말을 듣고, 러시아인이 šaman이라고 기록했다. 이것을 유럽인이 게르만어로 발음하기 좋은 Schaman으로 표기하면서 '샤먼'이라는 단어로 널리 퍼졌다.

我之境)'·'망아지경(忘我之境)' 상태에서 지식을 얻는 사람을 '사만(saman)'
이라고 한다. 샤먼은 이 '사만'에서 유래했다. 물론 샤먼이 인도 고어 산
스크리트어에서 유래했다는 설 등 여러 견해가 있지만 퉁구스 토착어
라는 견해가 가장 지배적인 학설이다.

샤먼은 신과 소통하고 교신하면서 많은 것을 중개한다. 죽은 자의
영혼과 살아 있는 사람, 인간과 동물, 자연과 인간, 현재와 미래 등 눈
에 보이지 않고 볼 수도 없는 죽은 자의 세계, 미지의 세계 등을 신의
힘을 빌려 중개하는 것이다. 보통 사람은 신·정령·영혼 등 형체가 없는
것을 볼 수도 없고 만질 수도 없지만, 인간의 한계를 넘어서는 신비한
능력을 지닌 샤먼은 그것들의 힘을 빌려 중개하므로 공동체 구성원의
삶에 절대적인 도움을 줄 수 있다.

샤먼이 신과 소통하고 교신하는 방법은 두 가지다. 격렬한 의식을
통해서 자신의 혼이 빠져나가 초자연계로 비상하는 엑스터시 상태가 되
거나 혼령을 자신의 몸에 빙의하게 하는 방법이다. 이것 또한 신비스러
운 현상이다. 샤먼은 아무나 되는 것이 아니라고 말했다. 하기 싫다고
안 할 수 있는 것도 아니다. 죽은 자의 영혼이 어떤 특정한 사람에게 빙
의하는 것 자체가 신비스러운 숙명이다.

네덜란드의 외교관이자 탐험가인 니콜라스 빗선(Nicolaes Witsen)이 쓴
『북부 및 동부 아시아 지리지(Noord en Oost Tartarye)』에 묘사된
시베리아 샤먼. 이것은 시베리아 샤먼을 묘사한 최초의 그림이다.
빗선은 'shaman'이라는 용어를 이 책에서 처음 사용했는데,
그는 샤먼을 '악마의 사제'로 표현했다.

까닭 없이 원인을 알 수 없는 심한 열병을 앓게 되고, 그것이 무병(巫病) 즉 죽은 자의 영혼이 자신에게 빙의하는 신내림이라는 사실을 알게 된다. 그리하여 신이 내린 강신무라는 숙명적인 샤먼이 된다. 왜 수많은 사람 가운데서 특정한 그에게만 신이 내릴까? 굳이 그 까닭을 따지자면, 죽은 자의 영혼과 그가 서로 어떤 파장이나 기운이 통하기 때문이라고 할까? 그렇다면 인간의 육체는 죽더라도 영혼은 여전히 존재한다는 사실을 증거하는 것이다.

샤먼의 혼이 빠져나가 초자연계로 비상하는 엑스터시 상태에 이르러 신 또는 혼령과 교신하는 방법이 있다고 말했다. 어떤 사람이 어떻게 그런 상태에 이를 수 있을까? 우선 샤머니즘의 의례와 의식, 샤먼의 주술 등에 익숙한 사람이어야 한다. 그런 사람이 오랜 시간 자기 수련과 뼈를 깎는 자기 극복의 과정을 견뎌내야 샤머니즘의 격렬한 의식을 통해 엑스터시 상태 즉 신 또는 죽은 자의 영혼과 소통할 수 있는 접신 상태를 체험할 수 있다.

그뿐만 아니라 강신무 샤먼인 조부모나 부모로부터 신내림을 받아 세습무 샤먼이 되기도 한다. 즉 샤먼의 가문에서 대를 이어 샤먼을 세습하는 것이다. 또한 영험한 강신무 샤먼 밑에서 그를 스승으로 모시고 샤먼의 기능을 충분히 습득한 뒤 때가 되면 스승의 신내림을 통해 샤먼이 되는 습득무 또는 학습무도 있다. 다시 말하면 샤먼이 되는 것은 신이나 죽은 자의 영혼이 어떤 특정한 사람에게 자신과 소통하고 교신할 수 있는 기능과 역할을 숙명적으로 부여한 것이라고 볼 수 있다.

그러한 거부할 수 없는 숙명의 샤먼은 신 또는 영혼과 소통하고 교신하면서 자신에게 주어진 역할과 기능을 수행한다. 샤먼의 주요 역할은 특정 개인의 질병 치료, 꿈풀이와 운명에 대한 예언, 외적으로부터 공동체를 지키는 것, 공동체의 안녕과 안전을 신에게 기원하는 것 등이었다. 말하자면 가족이나 씨족·부족사회를 지키는 수호령의 역할을 한다.

이렇게 샤먼은 의사나 약사가 없던 시절 민간 치료요법의 전문가로서 거의 모든 병을 치료했다. 아울러 그는 앞날에 대한 예언자였으며 수렵·채집시대 사냥꾼들에게는 동물을 잡게 해달라는 주술사였고, 구성체의 자연재해를 막아주고 풍요를 비는 갖가지 기원제에는 제물을 바치는 사제였다. 샤먼은 그야말로 전지전능한 인물이었으니 샤머니즘을 존중할 수밖에 없었다.

『알타이 샤머니즘』에서는 샤먼이 주재하는 의례를 치병의례, 점복의례, 집을 짓거나 새로운 일을 시작할 때의 정화의례, 풍요와 안녕을 비는 축원의례 등 네 가지로 구분했다.

샤먼은 자연스럽게 공동체에서 전지전능한 절대적인 존재일 수밖에 없었다. 의사, 약사, 심리상담사, 길흉사를 점치고 예언하는 점술가, 공동체의 풍요와 안녕을 비는 사제 등의 역할을 도맡아했으니 모든 구성원이 일상생활에서 많은 부분을 샤먼에게 의지하는 것이 당연했다.

인간이 모여 사는 곳에는 어디에나 의견 차이가 있고 분란이 있기 마련이다. 퉁구스족 사회에서는 공동체를 이끄는 지도자나 주도 세력의 능력이 부족해서 공동체에 온갖 갈등과 대립이 심화하고 이런저런 재난과 분란이 빈번하면 샤먼이 나서 지도자와 주도 세력을 비판하며 책임을 물었다. 샤먼에게는 그처럼 정치적 영향력도 있었다. 특히 샤먼이 처음으로 나타났다는 시베리아, 북아시아 등지의 퉁구스족 사회에서는 더욱 그러했다.

핀란드의 종교학자 우노 하르바가 쓴 『샤머니즘의 세계』에는 퉁구스족은 사람이 죽으면 1년 동안 집에 안치했다가 장례를 치르는데 사자의 영혼을 저승으로 보낼 때 샤먼을 불러 의식을 주재하게 했으며, 크고 작은 질병으로 고통받을 때 으레 샤먼을 찾아가 치료를 맡기고 전적으로 그의 처방에 의지했다고 기술되어 있다.

사람들은 생업인 사냥이 신통치 않아도 샤먼에게 사냥이 잘되도록 기원해줄 것을 의뢰했으며, 알 수 없는 우환이나 불행한 사태가 일어나면 멋대로 떠돌며 많은 해악을 끼치는 객귀의 탓이라고 생각했다. 이때 사악한 객귀를 쫓아내고 다스리는 것은 마땅히 샤먼의 몫이었다.

샤먼은 조직이나 공동체를 만들지 않았다. 샤먼은 자신이 거주하는 지역을 중심으로 각자 개별적으로 활동했다. 하지만 영험하기로 소문난 샤먼이나 오랜 경험을 가진 나이 많은 원로 샤먼에게는 먼 곳에서도 많은 사람이 찾아왔다.

오늘날 과학과 의학, 각종 새로운 기술 등의 눈부신 발달로 샤먼의 기능과 역할이 크게 위축된 것이 사실이다. 그렇지만 샤먼은 사라지지 않는다. 인간사회에서 오랜 역사를 이어온 민간신앙은 위축되더라도 결코 사라지지 않는다. 우리나라만 보더라도 여전히 무당이나 점술가가 적지 않고 경제적으로 잘사는 무당도 많다. 그만큼 무당을 찾아 신점(神占)을 치는가 하면, 액땜하고 재난을 막기 위해 굿을 하는 사람이 많다는 증거이기도 하다.

샤먼이
되는 길

앞에서 샤먼이 되는 방법을 이야기했는데, 이와 관련해서 한 가지 더 알아두어야 할 것이 있다. 샤먼은 모두 똑같은 샤먼인가 하는 점이다. 특히 샤먼이 기원한 시베리아나 북아시아에는 수많은 샤먼이 있고 남녀의 구별 없이 샤먼이 될 수 있는데, 그들의 역할과 기능이 모두 같은지 살펴볼 필요가 있다.

앞에서 샤먼이 되는 길을 대충 서술했지만, 아직 해소하지 못한 두 가지 의문이 있다. 하나는 최초의 샤먼은 어떻게 샤먼이 될 수 있었을까 하는 의문이다. 또 다른 하나는 자주 꺼내는 의문이지만, 과연 죽은 자의 영혼은 분명히 존재하는 것일까 하는 것이다. 죽은 자에게도 영혼은 존재하고 그 영혼과 소통하고 교신해야 샤먼이 될 수 있기 때문이다.

샤먼은 모두 같을까? 시베리아나 북아시아의 샤먼은 모시는 신에 따라 차이가 있다. 그 차이에 따라 '백(白)샤먼'과 '흑(黑)샤먼'으로 나눈다. 전문가들은 북방의 샤먼은 신 가운데 착한 신이 55위, 악한 신이 45위가 있다고 믿는데, 백샤먼은 착한 신을 모시고 흑샤먼은 악한 신을 모신다고 한다.

착한 신은 행운을 가져다주고 악한 신은 불행을 불러오는데, 선신과 악신은 서로 치열하게 대립하며 인간의 삶에 큰 영향을 미친다. 그런데 샤먼이 마음대로 신을 선택하는 것이 아니라, 샤먼이 되려는 신내림을 받을 때 선신·악신 가운데 어느 신과 소통하느냐에 따라 백샤먼이 되거나 흑샤먼이 된다는 것이다.

샤먼이 되려는 사람이 신과 소통한다는 것을 다시 한번 생각해볼 필요가 있다. 왜 어떤 사람은 착한 신과 접신하고, 또 어떤 사람은 하필 악한 신과 접신하게 될까?

사실 이것은 대단히 중요한 문제다. 선신이든 악신이든 신이 있어야 접신할 것이며, 왜 특정한 사람에게만 신내림·빙의가 있는지, 궁금하지 않을 수 없다. 그와 관련된 설명으로는 신 또는 죽은 자의 영혼은 분명히 존재하며 그것에 일정한 파장(波長) 또는 기운(에너지)이 있다는 것이다. 이러한 파장은 살아 있는 사람에게도 있는데 혼령의 파장이 그와 비슷한 파장을 가진 살아 있는 사람과 교감한다는 것이다. 이를테면 주파수 같은 것이다. 주파수가 맞아야 교신이 가능한 것처럼 말이다.

샤먼을 찾는 개인이나 공동체는 당연히 착한 신을 모시는 백샤먼을 찾을 것 같지만 반드시 그런 것은 아니다. 악한 신을 모시는 흑샤먼은 악신이 질병과 죽음을 부르는 악한 짓을 못하도록 정성껏 모시고 달래서 불행을 막아주는 의식(굿)을 주재하기 때문에 결과적으로 마찬가지라는 것이다.

백샤먼은 여자가 많고 흑샤먼은 남자가 많다고 한다. 어느 샤먼이냐에 따라 의식(굿)에도 차이가 있다. 신에게 제물을 바칠 때도 백샤먼은 살아 있는 짐승을, 흑샤먼은 죽어서 피 흘리는 짐승을 바친다고 한다.

그다음, 샤먼이 시베리아에서 발원했다고 하지만 갑자기 한꺼번에 수많은 샤먼이 쏟아진 것이 아니라 최초의 샤먼이 있었을 것이다. 그는 어떻게 샤먼이 됐을까?

아주 먼 옛날에도 오늘날처럼 생각이 많은 사람이 있었다. 대개는 좋은 환경에서 별다른 걱정 없이 사는 사람보다 열악한 환경에서 온갖 걱정에 휩싸인 고통스러운 사람이 더 많은 생각을 했다. 특히 그 시대 나름으로 남들보다 지식이 풍부하고 삶의 경험이 많은 사람은 온갖 세상사에 생각이 많을 수밖에 없었다.

혹독한 추위, 계속되는 폭설로 멀리 사냥을 떠난 사람들이 돌아오지 못하고 식량이 떨어져 굶주려야 했던 최북단지역 시베리아에서 뜻하지 않은 자연재해와 재앙은 왜 일어나며, 왜 인간은 이것을 막지 못할까? 왜 인간은 질병에 걸리며 왜 죽는가? 왜 꿈에 죽은 가족의 모습이 나타날까?

이런 온갖 생각을 하던 사람이 불현듯 초자연·초능력을 생각했을 것이다. 무엇인가 인간의 한계를 벗어난 어떤 신비로운 힘이 있어서 천지조화를 일으키고 만물과 인간의 삶에 큰 영향을 끼친다고 생각했을 것이다. 그러면 그것은 무엇인가? 막연했지만 눈에 보이지 않는 초월적 존재를 훗날 이름을 붙였지만 '신(神)'이라고 했다.

그리고 그는 신의 존재를 믿었다. 신이 존재한다면 죽은 자에게도 영혼이 존재한다고 믿었다. 그렇다면 어떻게 그들과 만날 수 있고 서로 소통하면서 그를 통해 모든 재앙과 질병과 죽음을 막아내고 죽은 자의 영혼을 편안한 곳으로 인도할 수 있을까?

이런 생각을 하게 된 사람은 더욱 생각에 몰두하면서 신 또는 죽은 자의 영혼과 실질적인 소통을 위해 갖가지 노력을 했을 것이다. 자신을 죽음 직전에 이를 만큼 심하게 학대하며 자신의 한계를 넘어서고자 노력했으며, 특별한 약초를 구해 환각 상태에 빠져보기도 했을 것이다. 그러다가 갑자기 원인 모를 병을 심하게 앓으며 아무도 알아들을 수 없는 잠꼬대 같은 헛소리도 했을 것이다. 물론 그 원인을 모르는 열병이 신내림이라는 것을 몰랐으며, 헛소리 즉 방언(方言)이 주술이라는 것도 몰랐을 것이다.

그런데 그의 병이 씻은 듯 낫더니 사람이 크게 달라진 것이다. 가족이나 이웃 사람의 길흉사를 알려주고 앞날을 예언하는가 하면 나름의 의식을 통해 환자의 질병을 치료했는데 뜻밖에 적중하는 경우가 많았다. 그리하여 그에게 특별한 이름을 붙여 '샤먼'이라고 했다.

이런 현상은 어느 한 사람에게만 일어난 것이 아니라 인간의 집단의식과 문화의 보편성에 의해 거의 비슷한 시기에 여러 지역에서 일어났다. 따라서 최초의 샤먼이 누구인지 특정할 수 없다. 최초의 샤먼이 카도(Khado)라는 사람이었다는 속설이 있지만, 샤머니즘의 창시자는 없다.

가장 중요한 의문이 있다. 샤먼이 과연 정말로 신과 소통하고 죽은 자의 영혼을 불러낼 수 있을까? 그의 주술과 행위가 진실일까 거짓일까? 진실이라면 신과 죽은 자의 영혼이 어떤 형태로든 존재해야 한다. 이와 관련해서 충격적인 사건들이 있다. 실제로 있었던 사건들이다.

1993년 10월 '스콜 실험(Scole Experiment)'이 있었다. 죽은 자의 영혼이 정말 존재하는지 실험한 것이다. 영국 동남부 런던 북쪽의 서퍽주에 있는 스콜(Scole) 마을에 오래전부터 귀신이 자주 출몰한다는 소문이 있었다. 그 근원지는 17세기에 지은 무척 오래된 농가주택이었다. 소문이 끊이지 않자 1993년 4명의 조사팀이 죽은 자의 영혼 즉 사후세계가 있는지 실험을 시작했다.

그들의 실험은 무려 5년 동안이나 계속됐는데 참으로 놀라운 결과들이 나타나 세계적인 화제가 됐다. 죽은 자의 영혼과 접촉을 시도하는 실험에서 빛을 차단하고 촬영한 카메라에 어떤 형체들이 춤을 추듯 움직이는 모습이 찍혔고, 더욱 놀라운 사실은 죽은 자들의 얼굴까지 찍힌 것이다. 그것도 누구인지 알 수 있을 정도로 명확했다. 그뿐만 아니라 그 영혼들의 목소리도 녹음됐는데 누구의 목소리인지 충분히 구별할 수 있었다. 정말 충격적인 사실이었다.

이러한 실험 결과가 세계적인 화제가 되자 실제로 그런 일은 있을 수 없다며 조작설이 크게 나돌았다. 그러자 과학자·심령학자들로 구성된 검증팀이 현장 조사에 나섰다. 그들은 직접 준비한 폴라로이드 사진기를 상자 안에 넣고 굳게 잠갔다. 그런데 얼마 뒤에 상자를 열어보니 손도 대지 않은 사진기가 작동해서 의문의 얼굴들이 선명하게 찍혀 있었다. 또한 실험실에 있던 라디오에서는 죽은 자들의 목소리가 흘러나왔다.

그런데도 조작설이 끊이지 않았다. 그에 맞서 처음의 실험팀은 라디오 부품을 모두 제거하고 전원까지 꺼버렸으나 결과는 마찬가지였다. 죽은 자들의 목소리가 들렸고, 심지어 라디오 원리를 설명하는 메모까지 있었으며 전기를 발명한 에디슨의 서명까지 있었다. 저명한 오디오 분석가가 녹음된 죽은 자의 목소리를 분석했다. 자신의 이름을 밝힌 영혼의 목소리를 분석했더니 생전 그의 목소리와 97%가 일치했다. 그에 따라 과학자·심령학자들로 구성된 검증팀은 죽은 자의 영혼이 존재한다는 사실을 인정할 수밖에 없었다.

이런 사실이 전 세계에 알려지자 영국은 물론 세계 곳곳에서 수많은 사람이 죽은 가족의 영혼과 만나기 위해 스콜로 몰려들었다. 그중 일부는 죽은 가족의 목소리를 듣기도 해서 인간의 육체적인 죽음이 결코 끝이 아니라는 사실을 입증했다.

그런데 스콜 실험은 5년 뒤인 1998년에 갑자기 중단됐다. 그 이유에 대해서 갖가지 소문이 나돌았다. 조작이 들통났다느니, 더 이상 조작할 수 없었다느니, 온갖 루머가 나돌자 실험팀이 중단 이유를 밝혔다. 너무 많은 죽은 자들의 영혼이 몰려들었고 그들의 요구사항이 많았기 때문이라는 것이다. 또 온갖 악령까지 몰려들면서 사악한 기운이 포착돼 만약의 사태에 대비해 중단할 수밖에 없었다고 했다. 아무튼 스콜 실험은 20세기 최고의 실험이었으며, 이후 인간의 사후세계, 죽은 자의 영혼이 있다는 사실을 섣불리 부인할 수 없게 됐다.

스콜 실험뿐만 아니라 죽은 자의 영혼, 사후세계가 있다는 사실을 보여주는 또 다른 사건들도 있었다. 다음은 미국에서 실제로 있었던 사건이다. 미국 시카고의 어느 가정에 남자아이가 태어났다. 부모는 그의 이름을 '루크'라고 지었는데, 아이가 성장하면서 말을 할 수 있게 됐다. 그런데 엄마가 "루크야!" 하며 이름을 부를 때마다 자기 이름은 루크가 아니라 '파멜리아'라고 말하는 것이었다.

엄마는 어이가 없었다. 파멜리아는 여자 이름인데 그것이 왜 네 이름이냐고 물었다. 그랬더니 자기는 큰 화재가 발생한 높은 빌딩에서 뛰어내리다가 죽었다는 것이다. 엄마가 이런 사실을 알아봤더니 파멜리아는 정말 고층빌딩의 대형화재로 뛰어내리다가 사망한 30세의 흑인 여성이었다. 루크가 태어나기 훨씬 전의 일이었다. 다시 말하면 죽은 파멜리아가 남자아이로 환생한 것이다.

이 사실이 언론을 통해 널리 알려지고 루크가 보통 아이가 아니라는 등 화제가 끊이지 않았다. 환생을 두고 논쟁이 벌어지기도 했다. 그러자 사람들은 루크의 엄마가 돈을 벌기 위해 조작한 것이라고 했다. 그럴 즈음 지역의 한 TV 방송사가 사실을 확인하기 위해 죽은 파멜리아와 루크 엄마가 어떤 관계인지 조사했다. 하지만 아무런 관계도 없었다. 다른 지역에 살았으며 서로 전혀 알지도 못하는 사이였다.

TV 제작진은 죽은 파멜리아를 포함해서 그녀와 비슷하게 생긴 얼굴 사진 30장을 준비해 루크에게 내놓았다. 그리고 파멜리아의 얼굴이 있느냐고 묻고 있다면 골라보라고 했다. 루크는 잠시 망설이더니 죽은 파멜리아의 얼굴을 정확하게 지적했다.

정말 죽은 자의 영혼은 있는 걸까? 또 죽은 자가 환생할 수 있는 걸까? 또한 어떤 증거를 내세워 이런 사실을 부인할 수 있겠는가? 신의 존재와 죽은 자의 영혼이 있다는 사실을 굳게 믿는 샤먼을 비난하기는 어려울 것이다. 거듭 강조하지만, 샤먼이 있는 한 샤머니즘은 결코 사라지지 않을 것이다.

샤먼의
_____ 고향

샤머니즘이 시베리아와 북아시아에서 기원했다고 설명했다. 하지만 시베리아는 드넓은 지역이다. 그 광활한 지역의 어느 곳에서 샤머니즘이 탄생했을까? 그곳은 곧 샤먼의 고향이기도 하다. 그 해답은 결코 어렵지 않다. 바로 바이칼 호수 일대, 특히 바이칼 호수에 있는 올혼섬이라는 견해가 지배적이다.

시베리아 동남부에 있는 바이칼 호수는 바다처럼 어마어마하게 넓고 깊은 호수다. 호수 남북의 길이가 636km, 평균 너비가 48km, 면적이 무려 3만 1,500㎢로 남한의 약 3분의 1이나 된다. 호수지만 워낙 넓어 파도까지 치니까 그야말로 바다나 다름없다. 풍광도 아름다워 자연보호구역이며 유네스코 세계유산으로 등재돼 있다. 바이칼은 '풍요롭다'는 뜻이라고 한다.

더욱이 우리 민족이 이곳에서 발원했다는 학설이 만만치 않아 한층 더 관심을 끈다. 아프리카를 떠나 이동하던 현생인류의 한 부류가 중앙아시아와 시베리아를 거쳐 남쪽으로 내려오다가 이곳에 한동안 머물며 약 8천 년 전 예족과 맥족이 형성됐다는 것이다. 또한 이들이 농사를 지을 수 있는 따뜻한 지역을 찾아 남하하면서 몽골을 거쳐 중국 북동부 만주 지역에 이르러 고조선을 세우게 됐다는 것이 바이칼 기원설의 핵심이다.

바다 같은 바이칼 호수에는 18개의 섬이 있는데 그 가운데 유일하게 사람이 사는 섬이 올혼섬이다. 올혼섬은 우리나라에서 가장 큰 섬인 제주도의 40% 정도로 서울 면적보다 더 넓은 매우 큰 섬이다. 올혼은 부랴트어로 '작은 숲' 또는 '메마르다'라는 뜻이라고 한다. 올혼섬에는 초원지대, '타이가'라고 하는 침엽수림 지대, 그리고 작은 사막이 있으며, 강수량이 매우 적다. 이곳이 바로 샤먼의 고향이다.

올혼섬이 널리 알려진 것은 이곳이 몽골제국을 세운 칭기즈칸의 고향이기 때문이다. 칭기즈칸의 어린 시절은 정확히 알려진 것이 없지만 이 섬에서 태어났으며 그의 무덤도 이 섬 어딘가에 있을 것이라는 주장이 사라지지 않고 있다.

칭기즈칸은 전쟁터에서 죽자 시신을 어디론가 옮겼으며 큰 공사를 펼쳐 무덤을 만들었지만 그 무덤이 어디 있는지 오늘날까지도 찾아내지 못하고 있는 세계적인 미스터리다. 도굴을 염려해서 야산처럼 큰 무덤을 만든 뒤 주변의 지형과 똑같이 위장했으며, 공사에 참여했던 수많은 인원을 공사가 끝난 후 모조리 죽여버렸기 때문이다.

어찌 됐든 올혼섬은 그보다 훨씬 오랜 역사를 지닌 샤먼의 고향이며 샤먼의 성지(聖地)다. '신(神)들의 고향'이라고도 한다.

바이칼 호수에 가려면 먼저 시베리아의 거의 한복판에 있는 이르쿠츠크에 가야 한다. '시베리아의 진주'라고 하는 이르쿠츠크는 큰 도시다. 연해주 블라디보스토크에서 모스크바에 이르는 세계에서 가장 긴 철도, 일주일 동안이나 계속해서 달리는 시베리아 횡단열차가 머무는 도시다. 바이칼 호수는 이 도시에서 약 300km 떨어진 곳에 있다.

이르쿠츠크에서 바이칼 호수를 거쳐 올혼섬으로 가는 여정은 많은 사람이 찾는 관광코스다. 우리나라 관광객도 많이 찾는다. 바이칼 호수에 손을 담그면 3년, 발을 담그면 5년을 더 산다는 속설도 있다. 바이칼 호수 선착장에서 올혼섬은 선박을 이용해 약 15분 정도 걸린다. 영하 30도 이하로 내려가는 겨울철에는 호수가 두껍게 얼어붙어 자동차를 타고 건너간다.

올혼섬 전체를 둘러보면 사람 보기가 어려울 정도로 황량한 섬이다. 한때는 러시아의 정치범 유배지이기도 했다. 하지만 이 섬에 석기시대부터 몽골족과 쿠르칸족 등이 목축·사냥·낚시 등을 생업으로 거주했다. 몽골이 가깝다 보니 칭기즈칸의 몽골제국 땅이기도 했는데, 17세기경에 시베리아 전역과 함께 러시아의 식민지가 됐다.

올혼섬에는 언제나 많은 샤먼이 모여든다. 샤먼의 고향, 샤먼의 성지답게 해마다 7월에는 '국제샤먼대회'도 열린다. 국제샤먼대회에는 시베리아의 샤먼은 물론 몽골 등 여러 나라에서 수많은 샤먼이 모인다. 그들은 긴 시간 동안 신이 깃든 나무로 만들었다는 북을 치며 입에 문 성수를 돌에 뿜고 살아 있는 나무에 색색의 헝겊을 묶는 의식을 진행한다. 그리하여 자신들이 더욱 신과 소통하기를 기원하는 것이다.

섬의 곳곳에는 샤머니즘의 여러 유적이 있다. 우리나라 민속과 비슷한 솟대도 있고 서낭당도 있다. 각양각색의 천(헝겊)을 감은 '세르게'라

갖가지 색의 천으로 감은
세르게

는 여러 개의 기둥이 서 있다. 신의 아들인 텡그리에게 13명의 아들이 있었는데 가운데 가장 힘이 셌던 장남이 기거하던 곳이라고 한다. 올혼섬을 찾은 사람들은 그 앞에서 경배하고 동전이나 곡식 등을 뿌린다. 또 지상의 나무 중 지상의 나무에서 무구(巫具)를 얻은 최초의 샤먼 '카도'의 생사가 달려 있다는 성스러운 나무도 있다. 그 나무에는 오색천이 감겨 있다.

샤머니즘에서는 왜 나무나 기둥, 바위 등에 갖가지 색깔의 천을 매다는 것일까? 그것은 대자연의 정령, 착한 정령에 대한 존경과 겸손의 표시라고 한다. 그와 함께 악령으로부터 보호해 달라는 염원도 담겨 있다고 한다. 헝겊의 색깔은 여러 가지인데, 색깔마다 의미가 있다. 이를테면 하얀색은 하늘을, 하늘색은 해(태양)를, 노란색은 달을, 황금색은 장수와 안녕을 뜻한다고 한다. 또한 깃발처럼 된 색색의 헝겊 모양은 사각형이기도 하고 직삼각형이기도 하다. 그것에도 각각 다른 의미가 있다고 한다.

올혼섬에는 '샤먼 바위'라는 암석이 있다. 신이 깃들어 있다는 대단히 신성한 바위로 함부로 바위에 오르거나 훼손시키면 절대 안 된다. 또한 올혼섬 가장 북쪽의 호보이곶은 샤먼들이 신과의 대화를 시도하는 장소라고 한다. 그만큼 신의 기운이 왕성하다고 여겨지는 곳이다. 샤먼들은 이곳에서 신과 소통하면 더욱 영험한 신력(神力)을 얻는다고 한다. 그야말로 샤먼의 고향다운 섬이다.

샤먼 바위(Shamanka)

서양의
——————————————— 샤머니즘

동서양을 가릴 것 없이 수천 년 전부터 사람이 사는 곳에는 초월적 존재인 신이 있었다. 서양의 신화·전설·민담 등에서 빠지지 않는 주제가 신탁(神託), 신의 저주 등이다. 어떤 일을 신의 지시(계시)에 따라 하는 것이 신탁이며, 어떤 불행이 닥쳤을 때 '신의 저주'라는 표현을 쓴다.

미국의 1달러짜리 뒷면에는 'In God We Trust' 즉 '우리는 하나님을 믿는다'라는 문구가 있다. 찰스 다윈의 '진화론'이 정설이 된 지 오래지만 아직도 미국인의 절반 가까이가 '창조론'을 믿는다. 창조론이란 우주와 세상만물은 조물주인 하나님(신)이 만들었다는 것이다. 신이 아니면 그처럼 정밀하고 정교하고 오묘한 생명체를 도저히 창조할 수 없다는 것이다. 서양에도 사람들이 모여서 산 이래로 샤머니즘이 있었다는 것을 말해준다.

일반적으로 서양은 유럽과 아메리카 대륙을 가리킨다. 하지만 아메리카는 시베리아에 살던 고아시아족 일부가 약 1만 2~3천 년 전 얼어붙은 베링해를 건너 이동한 곳이다. 이들이 미국 원주민의 선조이고, 더 남쪽으로 진출하면서 남아메리카의 원주민이 됐다.

그러나 콜럼버스가 아메리카 대륙을 발견한 뒤 에스파냐, 포르투갈, 영국 등 유럽 열강이 침략해서 원주민을 거의 절멸시키다시피 학살하고 식민지로 만들었다. 그에 따라 수많은 유럽인이 꾸준히 아메리카로 건너오면서 원주민은 오지로 밀려 겨우 명맥을 이어가고 있다. 북아메리카에는 영국과 프랑스가 진출했다. 그리하여 캐나다는 영어를 사용하는 지역과 프랑스어를 사용하는 지역이 있다. 미국은 영국 청교도가 이민(移民) 가서 끈질긴 식민지 전쟁 끝에 세운 나라다. 남아메리카의 브라질은 포르투갈어, 그 밖의 나라들은 대부분 에스파냐어를 쓴다. 그러고 보면 순수한 서양은 유럽이라고 할 수 있다.

오늘날의 유럽에는 수많은 국가와 민족이 있다. 그러나 프랑크족, 앵글로·색슨족, 고트족 등은 켈트족과 게르만족에서 분화되거나 통합된 민족이다. 다시 말하면 유럽인의 뿌리는 켈트족과 게르만족이라고 해도 과언이 아니다. 이 두 민족은 대단히 진취적이고 호전적인 유목민이었다. 이들은 끊임없는 대이동을 통해 유럽의 거의 전 지역으로 진출했다.

호전적인 켈트족과 게르만족은 불가피하게 충돌하기도 했다. 하지만 이들이 유럽 대부분을 서로 나눠서 차지했다. 이들이 어느 지역을 침략할 때 군대가 먼저 침입해서 정복하고 여자와 노인·어린이가 뒤따르는 것이 아니다. 전 부족이 가축과 생활도구, 밥그릇까지 챙겨서 대이동을 감행한다. 그야말로 부족 전체가 죽기 살기로 덤벼들었기 때문에 언제나 승리할 수 있었다. 영토를 차지하게 되면 그 지역에 정착하면서 가축을 사육하는 목축업을 주업으로 삼았다.

켈트족과 게르만족이 가장 왕성했던 시기는 약 3천여 년 전의 청동시대·철기시대 무렵이었다.

게르만족은 스칸디나비아반도 남부에서 형성됐다. 훗날 이들은 스웨덴, 노르웨이, 덴마크 등을 세웠으며 그 나라의 원주민이 됐다. 아이슬란드도 게르만족이 세웠으며, 너무 잘 알려진 바이킹의 선조도 게르만족이다.

이들은 가축을 사육하기 좋은 따뜻한 지역을 찾아 남쪽으로 진출했는데, 기원전 2~1세기에는 동남쪽의 흑해 연안과 독일의 라인강 유역까지 도달했다. 또한 4세기에는 민족 대이동을 감행해서 유럽 전역으로 진출했다. 네덜란드, 독일 등에 게르만족이 많은 것도 그 때문이다. 독일의 영어식 표기 Germany(Federal Republic of Germany)는 게르만족을 뜻한다(Germany의 라틴어 어원 Germania는 '게르만족의 땅'을 뜻한다).

켈트족의 기원에 대해서는 여러 견해가 있지만 인도유럽어를 사용하는 것으로 볼 때 중앙아시아에서 말을 타고 이동한 아리안족이 원류라는 견해가 가장 설득력을 얻고 있다. 독일의 히틀러는 순수혈통의 아리안족 민족주의를 내세우며 유대인을 학살했다.

켈트족은 지금의 프랑스 북부에서 가장 먼저 씨족사회를 형성했다. 진취적이며 강인한 그들은 차츰 세력을 확장해서 알프스산맥 쪽으로 진출하며 스위스, 독일, 오스트리아 등지로 이주하기도 했다. 기원전 390년에는 로마, 이탈리아반도, 그리스 등을 침략해서 약탈할 정도로 강력했다. 그들은 유럽의 중부를 완전히 장악했으며, 북쪽으로는 스코틀랜드와 아일랜드까지 진출했다.

오늘날의 유럽은 대부분 켈트족과 게르만족으로 이루어졌다고 해도 과언이 아니다. 지금의 여러 민족은 앞에서 밝혔듯이 이 두 민족이 분화한 민족들이다. 이 두 민족은 발원한 곳이 서로 다르지만 모두 인도유럽어를 사용했다. 그것은 근본적인 뿌리가 같다는 것을 말한다. 그 깊은 뿌리는 아리안족이다.

아리안족은 대단한 민족이다. 아주 일찍이 캅카스산맥 주변에서 발원한 이들은 키가 크고 건장하고 강인했으며, 그야말로 진취적이고 호전적인 유목민이었다. 캅카스산맥은 흑해와 카스피해 사이에 동서로 뻗어 있는데, 지금의 조지아, 아제르바이잔, 아르메니아 등이 그 주변에 있다. 캅카스 지역은 유럽과 아시아의 경계를 이루는 곳으로 서쪽으로는 유럽, 동쪽으로는 중앙아시아와 중국, 남쪽으로는 이란과 터키 그리고 인도와 맞닿아 있다.

아리안족은 거침없는 침략전쟁으로 이 지역들을 정복하며 그곳으로 이주했다. 인도에 진출한 이들은 인더스문명을 파괴하고 인도인을 크게 차별하고 계급화했고, 이란, 메소포타미아, 중동의 여러 지역 등을 장악한 이들은 그곳의 셈족과 충돌했다. 특히 서쪽(오늘날의 유럽)으로 진출한 아리안족은 켈트족과 게르만족의 모태가 됐다.

아리안족의 특징은 어느 지역을 정복한 후 정착하면 그곳의 종족과 뒤섞이며 분화했다는 점이다. 그리하여 수많은 민족으로 분화된 아리안족은 본래의 순수성이 희석돼 민족 자체의 존재감이 차츰 사라졌다. 독일의 히틀러가 아리안 민족주의를 내세우며 순수한 아리안을 찾자고 주장한 까닭도 이와 같은 특징에 연유한다고 볼 수 있다.

왜 이렇게 유럽의 민족론을 장황하게 설명했을까? 결과적으로 유럽의 민족은 몇몇 민족을 제외하면 대부분 뿌리가 같은 동질성이 있다는 점을 강조하기 위해서다. 다시 말하면 아리안족을 모태로 크게 볼 때 켈트족과 게르만족으로 나뉘었지만 공유하는 동질성으로 말미암아 사고방식, 민속, 관습 등이 서로 비슷하며 토속신앙과 민간신앙 역시 큰 차이가 없고 매우 비슷하다는 것이다.

아리안족은 스스로 천족(天族)이라고 했다. 조상이 하늘에서 내려왔다는 것이다. 따라서 당연히 신의 존재를 믿는다. 아리안족의 신은 하나가 아니라 여럿이다. 그들은 신은 전지전능하고 특별한 존재가 아니라 인간과 비슷하다고 생각했다. 인간보다 힘과 능력이 조금 더 우월하지만 인간과 똑같은 욕망을 지니고 있다고 생각했다. 이러한 아리안족의 신에 대한 관념이 켈트족과 게르만족에게 이어졌고 그리스·로마 신화 등에 수많은 신이 등장하는 배경이 됐을 것이다. 유럽의 신화를 보면 신들은 초능력을 발휘하지만 인간과 똑같은 욕망을 지닌 존재로 묘사된다.

다신을 믿는 아리안족이 세력을 확장하는 과정에서 중동의 셈족과 충돌했다. 「창세기」에 나오는 노아의 방주 이야기에 따르면, 셈족은 대홍수 때 하나님이 구원한 노아의 세 아들 가운데 장남인 셈의 후예다. 아랍어와 히브리어를 쓰는 인종이다. 하나님에게 구원받은 그들은 오직 하나님만 믿는 유일신 신앙을 가지게 됐다. 유대교·기독교·이슬람교는 유일신을 숭배한다. 따라서 아리안족(다신교)과 셈족(유일신교)의 충돌과 대립은 어찌 보면 불가피했다.

그런데 아리안족이 인도 등으로 진출한 시기는 그보다 훨씬 이전으로 그것이 크게 문제 되지는 않았다. 특히 인도를 장악한 그들은 핵심

세력이 되면서 인도인에게 정신적으로도 큰 영향을 미쳤다. 인도의 토속신앙에는 헤아릴 수 없이 많은 신이 있으며 인도의 민족종교인 힌두교도 다신교로 윤회사상(輪廻思想)을 강조한다. 인도에서 기원한 불교도 윤회사상을 내세운다.

윤회사상에 의하면 사람은 삶과 죽음의 과정(전생, 현생, 내세)을 수레바퀴처럼 끊임없이 반복한다. 다시 태어난다는 것은 인간이 죽더라도 영원히 죽어 끝나는 것이 아님을 뜻한다. 그러자면 죽은 자의 영혼은 살아 있어야 한다. 인도의 고어 산스크리트어에서 환생을 '삼사라(sam-sara)'라고 한다. 어쩌면 샤먼(shaman)과 관련이 있을지도 모르겠다.

많은 신이 존재하고 죽은 자에게 영혼이 있다는 관념이 아리안족의 믿음이었다. 더욱이 아리안족은 시베리아에서 발원한 샤머니즘의 영향을 받은 민족이었다. 그런 정신세계를 가진 아리안족이 유럽으로 진출해서 켈트족과 게르만족이 됐으니 두 민족도 자연스럽게 신의 존재를 믿었고 죽은 자에게 영혼이 존재한다고 믿었다.

유럽뿐만 아니라 세계 어느 지역에나 신의 이야기, 신화(神話)가 있다. 하지만 켈트족에게는 신들이 세상을 열었다는 창세신화가 없다고 한다. 거기에는 몇 가지 이유가 있을 것 같다. 첫째, 켈트족의 뿌리인 아리안족은 스스로 하늘에서 내려온 천족이라는 자부심이 있었으며 신과 인간을 거의 동격화했다. 둘째, 켈트족이 장악한 지역에는 이미 수많은 신이 있었기에 그 신들을 받아들였다.

어찌 됐든 켈트족은 세상에는 많은 신이 있으며 죽은 자들의 영혼이 머무는 사후세계가 있다고 믿었던 것은 확실하다. 또한 죽은 자의 영혼이 돌아오는 환생도 믿었다. 그리하여 유럽 각 지역에서 이미 오래전부터 삶을 이어온 원주민의 토속신앙·민속신앙과 켈트족의 믿음이 융합하면서 이곳저곳에 신 그리고 죽은 자의 영혼과 소통하고 교신한다는 샤먼이 많이 늘어났다. 이것은 4천~5천 년 전의 일이다.

물론 처음에는 샤먼이라는 명칭이 없었다. 유럽에서 샤먼이라는 명칭이 등장한 것은 중세에 이르러서였다. 그들은 샤먼을 성직자의 성격을 가진 마법사, 제사장 등으로 우대했는데 그 권력과 영향력은 대단했다. 계급사회였던 켈트족은 그들을 '드루이드(druid)'■라고 불렀는데 최상위 계급이었다. 인도 카스트제도에서 성직자인 브라만이 최상위 계급이었던 것과 같다.

켈트족의 드루이드는 사제, 교사, 법관 등의 역할을 한꺼번에 담당했다. 그만큼 존경받는 최고의 계급이었다. 드루이드는 공적이든 사적이든 모든 제사를 주관했고 젊은이들에게 교사로서 모든 지식을 가르쳤다. 그뿐만 아니라 갖가지 분쟁을 심판해 처벌하는 재판장이었다. 드루이드가 내세우는 삶의 철학은 '영혼불멸'이었다. 영혼불멸은 그들이 신봉하는 믿음에서 가장 핵심적인 가치관이었으며 신앙의 교리라고 할 수 있다.

켈트족은 기록을 남기지 않았다. 그들의 문화는 드루이드의 구술로 계승되고 전해졌다. 그런데 드루이드가 되는 절차와 경로에 관한 전

두 명의 드루이드
(부르고뉴에서 발견된 조각품을 재현한 판화)

승은 없다. 따라서 켈트족의 드루이드가 시베리아의 샤먼과 같이 숙명적인 신내림에 의해 된 것인지, 아니면 개인적인 피나는 노력에 의해 된 것인지 정확하게 알 수 없다.

하지만 드루이드는 고대 유럽에서 샤먼의 역할과 기능을 했다. 온갖 질병을 고치기도 했으며, 의례·의식을 통해 죽은 자의 영혼과 소통하면서 살아 있는 사람과 중개하기도 했다. 아무튼 분명한 것은 고대 유럽의 종족들에게 샤머니즘은 절대적으로 삶을 지배하는 신앙이었으며 종교였다는 사실이다.

그러나 이러한 종교적 믿음과 행위들은 정통 종교의 탄생으로 한 차례 큰 시련을 겪게 된다. 약 2천 년 전 기독교가 탄생하고 유럽에 빠르게 전파됐지만, 당시 유럽에서 가장 넓은 영토를 차지했던 강력한 로마 제국은 기독교를 노골적으로 탄압하고 박해했다. 그러다가 313년 콘스탄티누스 황제가 기독교를 공인하면서 상황이 크게 달라졌다. 물론 로마가 기독교를 공인했지만 그렇다고 어떤 특혜를 주거나 적극적으로 권장한 것은 아니었다. 하지만 기독교는 당당하게 유럽에서 전파와 종교 활동을 할 수 있게 됐다. 이에 따라 샤머니즘은 영향을 받았다. 그러나 평민에게 여전히 지배적인 신앙이었던 샤머니즘은 크게 위축되지는 않았다.

유럽 국가들 사이에 영토분쟁과 침략전쟁이 끊이지 않았다. 수많은 젊은이가 전쟁터에서 목숨을 잃었다. 그의 가족에게는 그야말로 억울한 죽음, 안타까운 죽음이었다. 그들은 샤먼(드루이드)에게 죽은 자의 영혼을 위로하고 저승세계의 좋은 곳으로 안내해달라고 부탁했다. 비록 육신은 죽더라도 영혼은 살아 있다는 영혼불멸을 믿었기 때문이다.

국가나 민족이 샤머니즘을 통제하지는 않았다. 그러는 사이 유럽에서 기독교가 빠르게 팽창하면서 그들의 유일신 신앙과 샤머니즘의 다신 숭배가 충돌했다. 그리하여 갖가지 제례의식에서도 큰 혼란이 일어났다. 이런 상황에서 뒤늦게 탄생한 이슬람교의 세력들이 자주 침략하면서 유럽은 혼란을 거듭할 수밖에 없었다. 그러나 그럴수록 평민은 샤머니즘에 의지했다.

유럽에서 켈트족이나 게르만족의 샤머니즘이 결정적인 위기를 맞은 것은 13세기경에 이르러서였다. 기독교가 유럽을 완전하게 장악·지배하게 됐다. 기독교는 보통 사람들이 절대적으로 의지하고 있는 샤머니즘을 그대로 외면하고 방치할 수 없었다. 아무리 신의 존재를 믿고 죽은 자의 영혼이나 사후세계를 믿는 것이 서로 같다고 하더라도 기독교에서 보면 샤머니즘은 미신이며 무속(巫俗)에 불과했다. 그리하여 기독교가 점차 샤머니즘을 억압하고 박해하더니 마침내 적극적이고 노골적인 공격에 나섰다. 이른바 '마녀사냥'이었다(마녀사냥 또는 마녀재판은 다른 항목에서 자세하게 다룰 것이다).

이렇게 기독교의 강력한 통제와 억압으로 샤먼과 샤머니즘은 된서리를 맞고 거의 초토화됐지만 그 본질은 쉽게 사라지지 않았다. 그 원인 가운데 하나는 민족성이다. 켈트족이나 게르만족은 모두 아리안족에서 분화된 뿌리가 같은 유목민이었다. 농경문화는 자신과 다른 문화가 유입되면 적당히 수용하고 서로 섞이는 경향이 있지만, 유목문화는 어떠한 상황에서도 근본정신은 바뀌지 않는 정체성이 있다고 한다. 따라서 아무리 상황이 바뀌더라도 그들의 정신에 스며 있는 정체성은 변함이 없었다.

켈트족과 게르만족은 수많은 신과 죽은 자의 영혼이 존재한다고 믿었다. 특히 켈트족은 독특한 내세관을 가지고 있었다. 인간이 죽으면 그 영혼이 저승으로 가게 되는데 그들이 생각하는 저승은 지옥과 같은 곳이 아니라 아주 환상적인 곳이었다. 신과 요정이 사는 곳으로 아무런 고통도 질병도 없으며 잔치가 계속되는 흥겹고 즐거운 곳이라고 한다. 어쩌면 그러한 정신적 가치관을 가졌기에 진취적이며 호전적이었을지도 모르겠다. 죽음이 두렵지 않은 것이다. 죽으면 오히려 현실보다 더 좋은 곳으로 갈 수 있다고 믿었기에 적극적으로 각종 전투에 앞장설 수 있었을지도 모른다.

오늘날까지 이어져 오고 있는 여러 가지 켈트족의 습속이나 관습 중 하나가 '핼러윈(Halloween)'이다. '핼러윈'은 매년 10월 31일에 열리는 '모든 성인의 대축일'의 전야제(All Hallows' Eve)다. 핼러윈 데이, 핼러윈 축제 등으로 부르기도 하는 이 축제는 원래 켈트족의 습속에서 유래했다.

지금의 영국과 아일랜드에 거주하던 켈트족은 해마다 네 번의 축제를 열었는데 핼러윈도 그 축제 가운데 하나였다. 그들에게 한 해의 시작은 1월 1일이 아니라 11월 1일이었다고 한다. 따라서 그들은 한 해의 마지막 날인 10월 31일 저녁에 '삼하인(Samhain)' 축제를 열었는데, 이것이 핼러윈의 원형이라고 한다. 켈트족은 이날을 시작으로 지하세계에 있는 저승의 문이 열려 죽은 자의 영혼과 악령이 이승으로 올라온다고 믿었다는 것이다.

그리하여 이날 켈트족은 조상들과 죽은 자들에게 제사를 지내고, 사람들을 괴롭히려고 나타난 악령이 그들을 구분하지 못하고 놀라게 할 목적으로 분장과 가면 등으로 기괴한 모습으로 꾸몄다고 한다. 또한 악령을 막기 위해 높은 곳에 모닥불도 피우고 죽은 자의 영혼이 집으로 들어오지 못하도록 문 앞에 음식을 놓았다고 한다. 이날을 영혼의 도움을 받을 수 있는 날이라고 생각하고 결혼·행운·죽음 등에 대해 점을 치기도 했다는 것이다.

그런데 6세기경 켈트족이 거주하는 영국과 아일랜드에 기독교(가톨릭)가 전파됐다. 기독교도 그곳의 켈트족이 즐기는 삼하인 축제를 배척할 수 없었다. 그리하여 9세기 초엽 교황 그레고리오 4세가 가톨릭에서 '모든 성인의 대축일'로 삼은 5월 13일을 11월 1일로 변경했고, 이에 따라 켈트족의 삼하인 축제도 여기에 흡수됐다. 그러나 삼하인 축제의 의미가 완전히 사라지면 켈트족이 반발할 것을 염려해서 11월을 죽은 자들을 추모하고 영혼을 위해 기도하는 '위령성월'로 정했다. 기독교와 켈트족의 샤머니즘이 융합한 것이다.

10월 31일, 핼러윈 데이의 특징은 죽은 자의 혼령을 쫓기 위한 기괴한 복장이다. 그와 함께 '잭오랜턴(Jack-O'-Lantern)'이라는 호박등을 길가나 집 앞에 만들어 놓는 것이다. 잭오랜턴은 속을 파내고 겉을 귀신의 형상으로 무섭게 파낸 큰 호박 속에 촛불을 켜놓은 등이다. 원래 켈트족의 축제에서는 호박이 아니라 순무였다고 한다. 그런데 미국으로 전해지면서 미국 어디서나 쉽게 구할 수 있는 호박으로 바뀌었다고 한다.

잭오랜턴은 영국 북부와 아일랜드의 민담·전설에 등장하는 구두쇠 '잭(Jack)'에서 비롯됐다고 한다. 민담에서 그는 생전에 너무 많은 악행을 저질러 저승세계에 가지 못하고 떠도는 객귀가 됐다고 한다. 이날 어린이들이 마녀·유령 따위로 분장하고 호박등을 켜놓은 집을 찾아가면 사탕을 주는 풍습이 있다. 핼러윈은 20세기 초 미국으로 전파돼 페스티벌

순무로 만든
아일랜드 전통의 잭오랜턴

로 자리 잡았다. 미국은 영국인이 건너가 세운 나라이어서 영국이나 아일랜드에서 이민 온 주민이 매우 많다. 그들에 의해 핼러윈도 전해진 것이다.

핼러윈 이외에도 영국이나 아일랜드를 비롯한 유럽에 켈트족의 습속이 많이 남아 있는데, 대부분 신의 존재와 죽은 자의 영혼을 믿는 샤머니즘과 관련된 것이다. 오늘날 우리나라에 무당·무속이 남아 있듯이 유럽에도 샤머니즘이 남아 있는 것이다. 또한 정통 종교의 기세에 눌려 주술사, 마법사, 심령술사, 퇴마사(구마사) 등의 이름으로 샤먼의 역할과 기능을 하는 사람들도 많다. 가톨릭이 죽은 자에게 영혼이 있음을 인정하고, 고위 성직자(신부)가 정식으로 올바르고 능력 있는 퇴마사 역할과 죽은 자의 영혼을 다스리는 퇴마(구마) 행위를 하는 것도 그 본질에서 샤머니즘과 무관하지 않다.

동양의

——————————— 샤머니즘

동양의 샤머니즘은 매우 복잡하다. 동양은 서양과 대비되는 표현이어서 서양이 아닌 곳 대부분을 포함하므로 몇 개의 권역으로 나눠봤다. 대략 샤머니즘이 발원한 시베리아와 북아시아, 몽골과 만주 지역, 우리나라와 일본에 이르는 동북아시아, 중앙아시아와 중국·인도를 비롯한 동남아시아, 필리핀·인도네시아 등 태평양·인도양의 섬나라들, 이란과 이라크 등의 서남아시아로 나눌 수 있다.

이 권역들은 민족, 역사, 문화, 습속, 토속신앙 등이 서로 크게 다르고 전통성이 강하기 때문에 각 권역의 샤머니즘에도 많은 차이가 있다. 따라서 그곳에 전파된 샤머니즘은 뿌리 깊은 그 지역의 정체성 또는 특성과 융합하면서 변형과 변질을 피하기 어려웠다.

앞서 샤머니즘은 시베리아에서 기원했으며, 그곳의 샤먼과 샤머니즘이 원형이며 본질이라고 자세하게 설명했다. 아울러 시베리아에서도 바이칼 호수 주변이 샤머니즘이 가장 먼저 태어난 본고장이라는 설명도 있었다.

시베리아는 우랄알타이어 계통의 퉁구스족, 부랴트족, 예벤크족 등이 일찍부터 살아온 곳이다. 시베리아 서쪽, 중국과 몽골, 중앙아시아에 걸쳐 있는 험준한 우랄산맥과 알타이산맥 부근에 살았던 인류 집단이 쓰던 말이 우랄알타이어다. 이들이 오랜 세월에 걸쳐 바이칼 호수 주변, 동북아시아까지 이동한 것으로 보인다.

우랄알타이어 계통의 언어는 무척 다양하다. 몽골어, 튀르크어, 퉁구스어, 만주어 등이 모두 여기에 포함된다. 그 가운데서도 퉁구스어를 사용하는 민족이 가장 많다. 이를 퉁구스족이라고 한다.

퉁구스는 '아홉 부족'을 뜻하는 '도쿠즈'라는 말에서 유래했다고 한다. 아홉이 퉁구스어를 사용하는 많은 민족을 의미하는지, 아니면 정말 아홉 개의 민족을 뜻하는지는 정확히 알 수 없다. 한국어도 계통적으로는 알타이 어족에 속한다고 보는 것이 일반적이며, 독자적으로 발전한 고립어라는 견해도 있다.

아무튼 바이칼 호수 주변에서 기원한 샤머니즘은 지리적으로 가장 가까운 몽골과 만주를 거쳐 한반도와 일본에까지 전파됐다. 나중에 다시 설명하겠지만, 크게 변형된 일본을 제외하면 샤먼과 샤머니즘의 원형이 그대로 전파되고 유지된 곳이다. 따라서 앞에서 자세히 설명했기 때문에 별도의 설명은 필요 없을 것 같다.

중앙아시아는 대부분 초원지대로 여러 민족이 전통적으로 유목생활을 이어온 곳이며 실크로드의 중심 지역이기도 하다. 또한 서(西)시베리아와 가까운 곳이기도 해서 일찍이 샤머니즘이 전파됐다. 샤머니즘이 시베리아의 유목민에서 발원했기 때문에 그것을 받아들이는 데 전혀 거부감이 없었다. 중앙아시아에서 샤먼은 대부분 여성이었으며 남성 샤먼은 '박시'라고 했다. '박시'는 우리나라에서 남성 무당을 '박수'라고 부르는 것과 깊은 관련이 있다. 여성 샤먼은 중앙아시아에서 샤먼이라기보다 주술사로 불렸다.

중앙아시아에는 헤아릴 수 없이 많은 크고 작은 민족이 있다. 그들은 대부분 유목민으로 우랄알타이어계의 언어를 사용했으며, 이동하며 생활하는 특성 때문에 다른 민족들과도 접촉이 많았다. 따라서 중앙아시아에 사는 여러 민족에게는 공통점이 많다. 특히 음악이나 춤이 서로 비슷하다.

그들의 음악과 춤은 예술적인 것과 오락적인 것도 있지만 대부분 샤머니즘과 관련된 것이다. 샤먼(주술사)이 의례·의식을 거행할 때 사용되는 음악은 주술적 기능을 한다. 또한 샤먼이 몰아지경에 빠져들어 신과 죽은 자의 영혼과 소통하고 교신할 때의 음악은 격렬한 분위기를 만들어준다. 춤은 우리의 '초혼무'처럼 죽은 자의 영혼을 불러오거나 위로하는 주제가 대부분이라고 한다. 카자흐스탄에서는 이때 사용하는 악기인 마두금(馬頭琴)을 대개 남성 무당인 '박시'가 연주한다고 한다.

또한 실크로드의 중심 지역인 중앙아시아에는 많은 종교가 흘러들었다. 마니교, 불교, 조로아스터교, 기독교 등이 전파되어 신도가 늘어났지만 오래전부터 폭넓게 자리 잡은 샤머니즘에는 큰 영향을 주지 못했다. 적어도 이슬람교가 들어오기 전까지 샤머니즘은 중앙아시아 여러 민족의 절대적인 신앙이었다.

하지만 이슬람교는 달랐다. 그들은 성직자를 파견해서 포교활동을 하는 것이 아니라, 투쟁적인 이슬람 군대가 정복전쟁을 벌여 그들이 목표했던 국가나 지역을 장악한 후 주민에게 이슬람교를 믿도록 강요했다. 그리하여 중앙아시아 국가들은 결과적으로 이슬람 국가가 됐다. 중앙아시아 유목민에게도 토속신앙이 있었으며 샤머니즘이 그들의 삶을 지배했는데 어쩔 수 없이 이슬람교와 섞이게 됐다. 이후 샤머니즘은 순수성을 잃었다.

더욱이 20세기 초 러시아가 볼셰비키 혁명으로 사회주의 국가가 된 후 중앙아시아 국가들은 강압적으로 소련(소비에트 사회주의 공화국 연방)에 복속됐다. 사회주의·공산주의에서는 종교나 무속을 인정하지 않는다. 따라서 이 지역에서 이슬람교도 유명무실해졌으며 샤머니즘도 겉으로는 거의 자취를 감췄다. 하지만 20세기 말엽 소련이 해체되고 중앙아시아의 국가들이 독립하자 상황이 크게 달라졌다. 이슬람교와 러시아 정교회 등이 표면화됐고, 샤머니즘은 민속으로 되살아나 오늘에 이르고 있다.

아시아의 중앙에 자리 잡은 중국은 인구가 세계에서 가장 많은 나라(14억 명 이상)이자 광활한 영토를 가진 나라다. 아시아의 중심에 있어서 동서남북으로 다른 나라들과 국경을 맞대고 있다. 또한 현재 중국 내에도 50여 개의 소수민족이 살고 있다. 소수민족이라고 하지만, 좡족(壯族)은 약 1,600만 명, 만주족(滿族)·후이족(回族)·먀오족(苗族)·위구르족(維吾爾族) 등은 약 1,000만 명에 이를 정도로 규모가 커서 웬만한 나라보다 인구가 많다. 조선족은 약 200만 명으로 50여 소수민족 가운데 열네 번째로 인구가 많다.

중국은 한족(漢族)의 나라로 한족의 우월성을 내세우며 중국을 둘러싼 동서남북의 국가와 민족을 오랑캐라며 업신여겼다. 특히 북방 민족을 경멸하며 아홉 오랑캐 즉 구이(九夷)라고 했다. 한민족(韓民族)도 여기 포함된 동이족(東夷族)이었다. 하지만 오랜 세월에 걸쳐 만리장성을 쌓아야 할 정도로 북방 민족의 끊임없는 침략을 받았다.

중국의 역사는 전설적인 삼황오제의 황제(黃帝)로부터 시작한다. 그런데 중국의 역사학자들은 황제가 동이족이라는 사실을 밝혀냈다. 그 당시의 동이족은 현재의 한민족을 뜻한다기보다 동쪽의 오랑캐 즉 북방 민족을 뜻하는 것 같다. 사실 중국의 역사에서 한족이 세운 나라는 얼마 되지 않는다. 몽골족, 흉노족, 거란족, 돌궐족, 여진족, 만주족 등이 중국에 원나라, 요나라, 금나라, 청나라 등을 세웠다.

어찌 됐든 중국과 한족에게 가장 큰 영향을 미친 것은 동북쪽의 여러 민족이다. 국가의 운명이 이들에 의해 좌우됐다고 해도 과언이 아닐 정도다. 특히 북방 민족들은 중국을 물리적으로 침략했을 뿐만 아니라 자신들의 신앙이었던 샤머니즘을 전파했다. 이러한 사실은 『사기(史記)』, 『한서(漢書)』 등과 같은 중국 역사서에도 분명하게 기록되어 있다.

따라서 역사시대 이전부터 샤머니즘이 중국 전역에 전파돼 토속신앙·민속신앙으로 자리 잡았다. 약 3,600여 년 전 중국 최초의 국가인 은(殷, 또는 商)나라가 세워지고 주(周)나라로 이어졌지만, 당시 중국의 헤아릴 수 없이 많은 종족에게 샤머니즘은 절대적인 신앙이었다.

그뿐만 아니라 샤먼은 종족이나 부족의 제사장이며 통치자로서 가장 지위가 높은 지도자였다. 고대 중국의 역사시대를 연 시조라고 할 수 있는 황제(黃帝)가 단군이 고조선을 세운 태백산에서 신내림을 받은 샤먼이라는 주장이 있는가 하면, 그 유명한 제갈량도 샤먼이었다는 견해가 있다.

그러다 2,500년 전쯤 중국에서 한족의 민족종교 도교(道敎)가 탄생했다. 도교는 노자와 장자의 사상이 밑바탕이 된 종교로 자연주의, 자연을 숭배하는 종교라고 할 수 있다. 이러한 특성으로 도교는 신 또는 죽은 자의 영혼을 믿고 초자연현상을 숭배하는 샤머니즘과 자연스럽게 섞이게 됐다. 더욱이 도교는 '무위자연(無僞自然)' 즉 자연을 거스르지 않지만 그대로 자연현상에 따르면 인간은 언젠가 죽고 만다며 자연을 극복하는 훈련을 강조했다.

그 실용적인 훈련 방법의 하나가 '방중술(房中術)'이었다. 우주 만물은 모두 음(陰)과 양(陽)의 도(道)에서 벗어날 수 없으므로 음·양의 교접(방중)을 수행해야 하며, 이러한 방중술을 수련하여 불로장생(不老長生)해야 한다고 주장했다. 도교에서 최고의 목표는 신선(神仙)이 되는 것이다. 신선은 수백 년, 수천 년을 산다. 이러한 주장은 실생활과 직접 관련된 흥미롭고 매력적인 교리의 실천 방법이었다. 그리하여 도교는 중국의 민족종교가 됐으며 샤머니즘은 도교 안에 자연스럽게 결합했다.

중국에도 수많은 종교가 유입됐지만 폭넓게 지지를 얻고 있는 도교를 이겨낼 수는 없었다. 그나마 불교가 자리를 잡았지만 중국 불교는 도교의 영향을 많이 받으며, 위구르족과 후이족만 이슬람교를 신봉한다. 이처럼 도교와 결합한 샤머니즘은 중국에서 근대에 이르기까지 이어졌다.

그러나 20세기 중엽 중국이 사회주의 국가가 되면서 도교와 샤머니즘은 크게 위축됐다. 다만 중국의 소수민족들은 정체성과 뿌리 깊은 토속신앙을 견지하기 때문에 그들에게서 샤머니즘이 사라지지 않고 지금까지 이어져 오고 있다. 그렇지만 정통적인 샤머니즘이 전파된 중국의 북방과 동남아 지역과 연관이 깊은 중국 남방의 샤머니즘은 서로 차이가 있다.

인도와 동남아시아의 지리적 환경은 샤머니즘이 기원한 시베리아와는 크게 다르다. 기후도 정반대의 열대·아열대 지역이어서 숲으로 뒤덮인 밀림과 고산지대가 많다. 따라서 그야말로 셀 수 없을 정도로 많은 소수민족이 그곳에서 거의 고립된 생활을 해왔다. 그뿐만 아니라 인도는 인더스문명의 발상지로 매우 오랜 역사를 지니고 있다.

인도는 전통적으로 모든 생물·무생물에 신이 있다고 믿는 다신(多神)적 신앙의 국가다. 지금도 인도에는 무려 약 3억 5천만의 신이 있다고 한다. 동식물은 말할 것도 없고 모든 사물과 물체에 신이 있다고 믿으며, 개개인이 저마다 특별히 믿는 신이 있다고 해도 틀린 말은 아니다. 또한 드넓은 인도에 사는 여러 민족도 신앙심이 무척 강하다. 그뿐만 아니라 정통 종교인 불교의 발상지이며, 이슬람이 침입해서 특정 지역에 이슬람 국가를 세우기도 했다. 한마디로 인도는 종교적으로 무척 복잡한 나라라고 할 수 있다.

도교가 중국의 민족종교라면 인도의 민족종교는 힌두교다. 힌두교는 인도의 종교·사상·관습 등 모든 것이 포함된 인도인의 정체성이기도 하다. 힌두교는 자연을 숭배하며 신의 존재를 믿고 죽은 자에게는 영혼이 있어서 다시 돌아온다는 윤회(환생)를 믿기 때문에 샤머니즘과 아무런 충돌이 없었다. 샤머니즘과 힌두교는 서로 자연스럽게 융화돼 어떤 것이 힌두교에 바탕을 두고 있는지 샤머니즘에서 연원하는지 구별하기 어려울 정도다.

하지만 동남아에서는 이와 다르다. 거의 고립된 생활을 하는 많은 소수민족에게는 저마다의 전통적인 토속신앙이 있으며 인구가 적더라도 자기들 나름의 정체성이 있다. 그러나 변화의 바람은 피하기 어려웠다. 동남아에도 샤머니즘이 전파됐으며 지역에 따라 인도의 힌두교와 불교 그리고 중국의 도교사상이 흘러들어온 것이다. 얼핏 무척 혼란스러운 듯하나 불교를 제외하면 다행히 서로 공통점이 있었다. 모두 초자연과 다양한 신의 존재를 믿었으며 죽은 자에게 영혼이 있다는 것을 믿는다. 그들의 전통적인 토속신앙 역시 크게 다르지 않았다. 열악한 환경에서 힘겹게 살아가는 그들로서는 초자연과 다양한 신의 존재를 믿는 것은 당연했다.

그리하여 동남아의 소수민족들은 별다른 충돌 없이 샤머니즘을 받아들였다. 다만 지리적으로 인도에 가까운 소수민족들은 인도의 샤머니즘과 힌두교의 영향을 많이 받았고, 중국에 가까운 소수민족들은 중국 샤머니즘의 영향을 많이 받았다. 그에 따라 본질적 샤머니즘의 원형이 적지 않게 바뀌어 샤먼의 성격과 샤머니즘의 의례·의식에서 많은 차이를 나타내고 있다.

인도네시아와 필리핀 그리고 태평양·인도양의 여러 섬나라도 동남아시아와 비슷하다. 그곳에 사는 많은 소수민족 대부분이 동남아시아에서 이주해왔기 때문이다. 그러나 이 지역에는 태풍, 홍수, 쓰나미, 지진, 화산폭발 등이 빈번하고 생활수단을 바다에 의지하는 곳이 많아 자연재해에 매우 민감하다. 그럴수록 초자연의 위력에 경외심을 가질 수밖에 없었고 인간의 능력을 넘어서는 초능력을 염원하게 됐다. 그리하여 그들도 바다의 신을 비롯한 많은 신의 존재를 굳게 믿었으며 죽은 자에게 영혼이 있다는 사실을 믿는 토속신앙이 일찍부터 깊게 뿌리를 내렸다.

따라서 동남아에 샤머니즘이 전파됐을 때 전혀 거부감이 없었다. 다만 그들의 토속신앙과 결합해 의례·의식과 같은 형식에서 차이를 보일 뿐이다. 특히 그들은 각종 자연재해와 질병에 많이 희생되고 있어 장례의식 등에서 많은 차이를 보인다.

메소포타미아*의 중동지역 즉 서남아시아는 크게 둘로 나눠 볼 수 있다. 이란·시리아·아프가니스탄 등의 사막지대와 황량한 지대, 그리고 지금의 이라크인 유프라테스강·티그리스강 유역 일대로 나눠 볼 필요가 있다.

황량한 벌판이거나 사막지대에 살았던 민족은 대부분 유목민이었다. 유프라테스강과 티그리스강 유역은 이른바 '초승달 지역'으로 무척 비옥했다. 따라서 주업은 농경이었고, 인류 최초의 문명인 수메르문명이 일어난 매우 풍요로운 지역이었다. 고대사회에서는 어디나 마찬가지로 수많은 신의 존재를 믿었다. 그리하여 이곳에 사는 유목민과 농경민은 모두 풍요를 빌며 샤머니즘을 신봉했다.

서남아시아의 샤머니즘은 시베리아에서 중앙아시아를 거쳐 전파됐을 것이다. 그러나 이 지역은 끊임없는 정복전쟁으로 항상 대혼란을 겪었다. 필연적으로 구세주가 나타나서 구원해주기를 기원했다. 그런 염원 때문인지, 2천여 년 전 아주 가까운 곳에서 정통 종교인 기독교가 탄생했으며 몇 백 년 뒤 이슬람교가 탄생했다. 다신론이 절대 우세한 시대에 기독교와 이슬람교가 각기 하나님(하느님)과 '알라'라는 유일신을 내

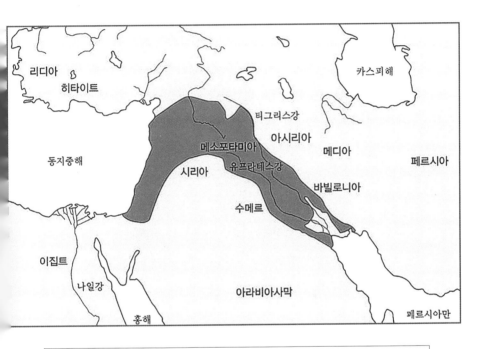

- 메소포타미아 _ '두 강 사이의 땅'이라는 뜻. 지금은 사막지대가 많지만, 문명 발생 당시에는 비옥했기 때문에 이 일대를 '비옥한 초승달(the fertile crescent)' 지대라고도 한다.

세운 것이 한결 집약적이고 구체성이 있었기에 큰 효과가 있었던 것 같다. 두 종교는 빠르게 민중 사이로 파고들었다. 특히 이슬람교는 서남아시아 일대를 휩쓸어 이 지역의 모든 국가를 이슬람 국가로 만들었다.

이슬람교는 창시자 무함마드가 죽고 후계자 문제로 큰 갈등을 겪으며 수니파와 시아파로 갈라졌다. 전문가들은 수니파의 배경에는 샤머니즘이 있다고 말한다. 수니파든 시아파든 이슬람교는 매우 공격적이었을 뿐만 아니라 율법과 계율이 엄격하고 철저하다. 그 때문에 오늘날도 이슬람 원리주의자는 세계 곳곳에서 무자비한 테러 행위를 멈추지 않고 있다.

그런데 이 막강하고 결속력이 강한 이슬람교에 회의를 품은 무리가 생겼다. 엄격한 율법과 계율 그리고 알라에 대한 무조건적인 복종이 오히려 신과의 거리를 멀게 한다는 것이다. 알라를 믿지만 알라와 개인적인 소통이 되지 않는다는 것이다. 회의론자들은 알라는 자신을 따르라고만 할 뿐이어서 그 본질을 보기 어려운 데도 이슬람교는 너무 격식적이고 무미건조하다며 노골적으로 반기를 들었다. 신과 소통하기 위해 무아의 경지에 빠져야 하며 그러기 위해서 몰아지경에 이르는 격렬한 춤도 추고 술도 마시고 망아의 경지에 들 수도 있어야 한다는 것이다. 당연히 많은 이슬람교도의 호응을 얻었다.

이들이 수니파도 시아파도 아닌 '수피파'이며, 이들의 주장이 수피즘(Sufism)이다. 이 수피즘에는 다른 종교들의 인간적이고 감성적인 요소와 샤머니즘이 깊이 있게 섞여든 것이다. 신과의 직접적인 소통과 교신은 샤머니즘의 핵심이다. 그러기 위해 춤과 음악 등의 격렬한 의식으로 엑스터시(몰아지경)에 빠져야 하는 것이 샤머니즘의 본질이다. 수피파는 격렬하게 춤을 추며 황홀경에 빠지는 '세마 의식(Sema ceremony)'"

> ■ 세마 의식(Sema ceremony) _세마는 수피들이 입고 다니는 하얀색 양털 옷인 '수프(Suf)'에서
> 이름을 따왔다는 설이 유력하다.

을 거행한다. 이것은 샤먼의 의식과 비슷하다. 점점 크게 확산하는 수
피즘에 대해서는 좀 더 자세한 설명이 필요하다. 다른 항목에서 설명
하겠다.

우리나라의
샤머니즘

　무당(샤먼)이 주재하는 굿은 샤머니즘의 기본 요소다. 그런데 우리나라의 굿은 북부와 남부가 다르다. 구체적으로는 무당이 모시는 신(神)도 팔도가 조금씩 다르다. 왜 그럴까?

　우리 민족은 북방 민족인 예족·맥족과 남방 민족인 한족(韓族)이 합쳐져 이루어졌다. 중앙아시아, 시베리아, 몽골 등을 거쳐 만주 지방으로 남하한 북방 민족에 의해 시베리아에서 기원한 샤머니즘이 원형 거의 그대로 한반도 북쪽 지방에 전파됐다.

　그러나 한강 이남에 거주한 한족의 이동 경로는 이와는 전혀 달랐다. 현생인류가 아프리카를 떠나 동남아시아 쪽으로 이동한 무리의 일부가 중국 해안을 따라 북상했고, 해수면이 높아져 중국과 우리나라가 분리되기 이전에 한반도·제주도·일본 등으로 진출했다. 따라서 남방의 한족은 동남아시아 또는 중국 남부의 원형이 변형된 샤머니즘을 신봉했다.

따라서 우리나라 북부와 남부의 샤머니즘은 서로 차이가 있을 수밖에 없다. 뚜렷한 차이는 무당이다. 북부의 무당은 대부분 강신무이고 남부의 무당은 일반적으로 세습무다. 그런가 하면, 우리나라 북부에 전해진 원형 그대로의 샤머니즘이 남쪽으로 진출한 예맥족에 의해 전해져 한족의 자생적인 원시신앙과 섞이면서 남북의 차이가 생겨났다는 견해가 큰 설득력을 얻고 있다.

앞서 언급했지만, 고조선 건국 신화의 단군은 샤먼이었다는 것이 정설이다. 고조선, 부여, 고구려 등으로 이어진 고대사회는 당연히 시베리아와 동북아시아에 널리 퍼진 원형의 샤머니즘을 그대로 종교와 같은 신앙으로 수용했다. 백제 역시 고구려에서 망명한 세력이 세웠기 때문에 샤머니즘 신앙은 고구려와 다를 바 없었다. 신라도 건국 초기부터 통치자(임금)를 샤먼을 뜻하는 차차웅이라고 했던 것을 보면 샤머니즘이 절대적인 신앙이었을 것이다.

그러나 중국으로부터 고구려에 도교와 불교가 유입됐으며 백제와 신라에도 전파됐다. 이 종교들이 삼국시대의 샤머니즘에 적지 않은 영향을 미쳤다. 더욱이 지배 세력에 불만을 가진 세력은 이러한 종교들에 훨씬 호의적이었다. 따라서 지배 세력은 정치적 안정을 위해 도교와 불교를 용인하지 않을 수 없었다. 신라의 화랑제도도 그중 하나라고 볼 수 있다. 청년 수양단체인 화랑도는 선도(仙道)를 지향하는 조직이었다. 선도는 도교에서 비롯된 것이다.

중국 도교에서 불로장생의 방법으로 '방중술'을 권장한 영향을 받아서인지 신라 화랑들의 성생활이 문란했다고 한다. 그러자 진평왕은 원광법사에게 '세속오계(世俗五戒)'를 짓게 하여 화랑의 올바른 신조와 목표로 삼게 했다. 원광법사는 신라 중엽의 유명한 승려이자 학자였다. 신라에서 불교의 영향도 만만치 않았다는 것을 말해준다. 오늘날에도 무당이 쓰는 용어에는 '미륵'을 비롯해서 불교 용어가 매우 많다. 그뿐만 아니라 많은 무당이 불교에 소속된 것처럼 간판에 불교 종파를 내세운다.

고려는 불교가 국교였지만 도교나 샤머니즘(무속신앙)을 금지하고 통제하지는 않았다. 그 때문에 많은 사람이 변함없이 무당에게 의지해 길흉사를 점치고 환자가 있거나 집안에 우환이 있으면 굿을 할 수 있었다. 한마디로 샤머니즘이 건재했다.

조선은 억불숭유(抑佛崇儒) 정책을 펼치며 유학을 국가의 근본정신으로 삼았다. 이에 따라 수많은 불교 사찰을 철폐했고 무속신앙과 샤머니즘도 통제했다. 그리고 무당은 가장 낮은 천민 계층으로 전락했다. 더욱이 공동체의 안녕을 비는 대동제나 동제(洞祭) 같은 공적인 무속행사는 세습무만 독점적으로 도맡아 할 수 있게 되어 강신무와 세습무의 갈등이 커졌다. 이러한 강력한 통제 아래 강신무는 점술 따위로 생계를 유지했다. 하지만 근대화 이후 세습무가 사라지고 다시 강신무가 우세하게 됐다.

불교나 유교는 신을 숭배하는 전통적인 종교성보다는 철학에 가깝다. 불교는 철저한 수행으로 깨달음을 얻어 득도하는 것이 목표였으며, 유교는 수신제가(修身齊家)로 올바른 삶을 실행하려는 생활철학이라고 할 수 있다. 그리하여 조상신을 비롯해 여러 신과 직접 소통하고 빙의해서 온갖 질병과 우환을 치유하고 앞날의 길흉사를 점치는 무당과 샤머니즘은 어떠한 통제에도 사라질 수 없었다. 특히 유교는 남녀의 성차별이 분명해서 남성에게 종속돼야 했던 많은 여성이 무당과 샤머니즘에 의지했다. 그러한 전통은 오늘날까지 이어지고 있다.

우리나라에서 무당이 주재하는 굿은 매우 다양하며 그 종류를 다 밝히기도 어렵다. 무엇보다 강신무가 대부분인 북부와 세습무가 대부분인 남부는 굿의 형식에서 차이를 보인다. 또한 지방마다 특유한 사투리가 있듯이, 지방마다 굿이 다르다. 그래서 '팔도 굿' 또는 '조선 팔도 굿'이라고 한다. 각 지방의 무당이 모시는 신도 제각기 다르고 신을 부르는 형식도 조금씩 다르므로 굿의 전반적인 의례와 의식에 차이가 있는 것이다. 또한 같은 성격의 굿이라도 지방에 따라 그 명칭이 다른 것들도 많다.

그렇지만 무당이 주재하는 굿은 크게 세 종류로 나눌 수 있다. 하나는 공동체를 위한 굿이고, 그다음은 개인이나 가족을 위한 굿이며, 그리고 무당 자신을 위한 굿이다.

공동체를 위한 굿은 국가나 어떤 조직과 직종·마을에 이르기까지 공동체의 공식 행사에서 무당이 주재하는 굿이다. 일찍이 동예의 무천(舞天), 부여의 영고(迎鼓), 고구려의 동맹(東盟) 같은 국가적인 제천의식을 무당이 주관했다고 한다. 공동체의 번영과 안녕을 비는 굿은 마을의 동제에 이르기까지 다양하다. 아울러 기우제, 풍어제, 고사(告祀) 등 그 종류가 대단히 많다.

이와 같이 규모가 큰 굿은 무당의 본체라고 할 수 있는 강신무가 맡는다. 그것도 가장 영험하다는 강신무가 맡는다. 세습무에게는 그런 역할을 주지 않는다고 한다. 이런 공식적인 큰 굿은 무가(巫家)에서 우리 민족의 창조신으로 모시는 '삼신할미'에게 제사 지내는 것으로 시작한다.

개인이나 가족의 의뢰에 의한 개인적인 굿이 있다. 개인과 가족에게 질병이나 우환이 있을 때 또는 가족이 세상을 떠났을 때 무당에게 의뢰하는 굿이다. 사실 굿의 대다수는 개인적인 굿이라고 할 수 있다. 지방마다 굿의 형식에 차이가 있으며 명칭도 다른 경우가 많다. 잘 알려진 굿을 몇 가지 살펴보자.

잘 낫지 않거나 원인 모를 병을 앓고 있는 환자에게서 귀신을 쫓아내는 푸닥거리, 액이나 살을 피하려는 살풀이, 죽은 자가 생전에 원하던 것이나 억울한 한 등을 풀어주어 영혼이 편안하게 저승(극락세계)으로 갈 수 있게 하는 진오기(지노귀)굿 또는 씻김굿 등이 대표적이다.

죽은 자의 영혼을 저승의 좋은 곳으로 이끄는 굿을 경기지방에서는 진오기굿이라고 하는데 대개 죽은 지 49일째 되는 날 거행한다. 그래서 49재 또는 천도재라고 부르기도 한다. '진오기'는 한자 진혼귀(鎭魂鬼)에서 유래했다고 보는 견해가 있으며, 발음에 따라 '지노귀'라고도 한다. 전라지방에서는 씻김굿이라고 하는데, 진도의 씻김굿이 유명하다.

무당이 자신을 위해 행하는 굿으로는, 무병을 앓고 신내림을 받는 내림굿, 무당이 되려는 사람의 몸에 붙어 있는 잡귀를 쫓아내는 허튼굿, 신의 기운을 북돋아 자신의 영험함을 높이려는 솟을굿 등이 있다. 또한 강신무가 신과 소통하는 자신의 영험함을 입증하려는 줄타기, 작두타기 등의 굿이 있다.

어떤 굿을 하든 강신무는 신과 소통하기 위한 엑스터시(몰아의 경지)를 거친다. 그러나 우리나라 남부 지방의 세습무는 엑스터시 과정 없이 강렬한 춤으로 이를 대신한다. 이것을 창무(唱巫)라고도 한다. 강신무는 신내림 과정을 거쳐야 하지만, 세습무는 가계나 혈통에 의해 인위적으로 무당을 세습하므로 강신무보다 영혼관이나 내세관에 대한 이해가 상대적으로 낮지만 제례의식은 격식화되어 있다. 이러한 세습무의 제례의식은 민속놀이로 변형·전승되는 경우가 많다. 우리 민속에서 굿과 놀이가 비슷하게 쓰이는 것도 그 까닭이다.

모든 굿은 크게 나누어 혼령(또는 귀신)을 불러 대접하는 과정, 의뢰인의 소원과 희망 등을 혼령에게 말하고 그것을 들어달라고 비는 과정, 혼령을 편안하게 돌려보내거나 쫓아버리는 과정 등 세 단계로 진행된다.

무당은 일반인과 결혼하지 않고 무당끼리 인연을 맺는다고 한다. 그것도 동성동본은 절대로 안 되고 다른 혈통이어야 한다는 것이다.

요즘 우리나라의 무당은 어떤 과정을 거쳐 무당이 되든 무당(샤먼)의 전통적인 역할과 기능보다는 점치는 것을 주업으로 한다. 그리하여 각종 매체를 통해 과장 선전하고, 자신을 찾아온 상담자의 결혼·길흉사·운세 등을 점치고, 액땜을 위한 부적이나 굿을 강요하기도 한다. 부적이 무척 비싸고 굿을 하려면 수백만 원이 넘는 비용이 필요하다. 그런데도 무당의 점괘를 무작정 믿고 복종하는 사람이 많다. 점술은 점쟁이가 하는 일이지, 진정한 샤먼의 역할이 아니다.

굿에 대한 자세한 내용은 'Part 3. 샤머니즘의 제례의식'에서 다시 살펴볼 것이다.

샤머니즘의
─────────────────── 현재

인간은 대부분 눈에 보이지 않고 형체도 없는 신의 존재를 믿는다. 신을 섬기는 정통 종교가 크게 활성화되고 국민 대다수가 신봉해서 국교(國敎)가 된 나라도 많다. 과학적 지식을 바탕으로 합리적·이성적 사고를 할 수 있어도 신의 존재를 의심하지 않는다. 과학과 종교(신앙)는 별개의 문제다. 종교를 가진 과학자도 매우 많다. 따라서 신과 영혼의 존재를 믿으며 정통 종교 탄생의 배경이 됐던 샤머니즘은 여전히 사라지지 않고 있다. 아니, 어쩌면 인류가 존재하는 한 샤머니즘은 영원할 것이다.

이 세상에는 다양한 종교가 있고, 거의 모든 종교가 신의 존재를 믿는다. 그런데 각 종교의 신도수는 정확히 파악할 수 없다. 당연히 항상 변동될 뿐만 아니라 각 종교가 교세를 선전하기 위해 신도 숫자를 크게 부풀리는 경우가 많기 때문이다. 그러나 최근의 갖가지 통계자료를 살펴보면, 기독교가 대략 23억~24억 명으로 가장 많다. 이것은 개신교와 가톨릭 신도를 합친 숫자다. 가톨릭이 약 13억 명 정도로 개신교보다 많다. 이슬람교가 16억~18억 명, 힌두교가 약 11억 명, 불교가 5억 명쯤이다. 물론 정확한 것은 아니지만 단일 종교로는 이슬람교가 가장 많은 셈이다.

불교를 예외로 하면 유일신이든 다신이든 신을 믿고 숭배하는 종교들이다. 현재의 세계인구를 약 80억 명으로 보면, 그중 50억 명 이상이 신의 존재를 믿는다고 볼 수 있다. 더욱이 종교가 없지만 신의 존재를 믿는 사람이 7억 명쯤 된다고 한다. 도대체 왜 이렇게 엄청나게 많은 사람이 신의 존재를 믿을까?

현대인의 삶은 무척 건조하다. 과학이 놀랄 만큼 발달해서 로봇이 인간을 대신하고 자동화·기계화돼 있다. 이러한 첨단과학이 삶을 지배하면서 감정이 메마를 수밖에 없다. 그런 환경에서 참다운 인간성이 말살되고 누구라고 할 것 없이 소외되고 단절된 삶을 살고 있다. 그리하여 아주 많은 사람이 자연스럽게 인간 본성의 회복과 이성보다 감성을 추구하게 된 것이다. 과학이 이성이라면 종교는 감성이다. 신은 형체가 없지만 신을 믿는 것은 감성의 발현이다.

이처럼 감성을 추구하는 것을 '신비주의(mysticism)'라고 한다. 신비주의는 사전적으로 "인간이 절대자 또는 신 등의 초월적 존재와 합일되는 체험을 할 수 있다는 사상, 인간이 내적 직관이나 영적 체험을 통해 절대자 또는 신을 직접 체험하려고 하는 종교 또는 철학의 한 관념"이라고 풀이할 수 있다. 그러한 신비주의를 신봉하는 사람을 '신비주의자'라고 하는데, 물질문명이 지배하는 현대사회에서 신비주의자가 갈수록 크게 늘고 있다는 것이다.

물론 신비주의가 어느 날 갑자기 등장한 것은 아니다. 신 또는 초월적 존재에 대한 갈망과 믿음은 인류가 정착생활을 시작한 이래 변함없이 이어졌다. 그것이 곧 신비주의의 근원이니 일찍이 신비주의는 인류의 역사와 함께했다고 볼 수 있다.

이러한 신비주의를 밑거름으로 애니미즘·토테미즘이 형성됐으며 좀 더 구체적이고 실질적인 샤머니즘이 탄생했다. 신비주의는 첫째, 신 또는 초월적인 존재가 있다는 사실을 믿으며, 둘째, 막연한 믿음에 그치지 않고 초월적 존재에 다가가고 직접 소통하고 싶어 하며, 셋째, 피나는 수행과 자기 극복, 환각 등으로 초월적 존재와의 교감을 체험하려고 한다. 다시 말하면 신비주의가 곧 샤머니즘이며, 신비주의자가 신 또는 초월적 존재와 직접 소통하고 교감하려는 것이 샤먼의 탄생 배경이다. 어떻게 보면, 샤머니즘은 인간의 이성적 사고가 아니라 감성적 체험이며 인간의 정신적 욕망이라고 할 수 있다.

종교학자들은 유대교, 기독교, 이슬람교, 불교, 힌두교 등 거의 모든 정통 종교가 신비주의에 바탕을 두고 탄생했다는 사실을 인정하고 있으며 그것이 정설이다. 그뿐만 아니라 수많은 사이비종교나 유사종교도 신비주의에 근거를 두고 있다는 것이다. 바꿔 말하면 샤머니즘이 모든 종교의 모태라고 해도 과언이 아니다. 현재 지나치게 형식적인 종교의 격식에서 벗어나 초월적 존재와 직접 소통하려는 신비주의가 확산하고 있는 것은 결국 샤머니즘으로의 회귀라고 해도 틀린 말은 아니다. 그 대표적인 실례가 '수피즘'이다.

단일 종교로는 가장 많은 신도를 거느린 이슬람교는 수니파와 시아파로 나뉘지만 율법·계율 등에서는 거의 같다고 할 수 있다. '한 손엔

코란, 한 손엔 칼'이라는 기치에서 알 수 있듯이 정통 종교 가운데 가장 늦게 탄생했기에 상당히 투쟁적인 이슬람교는 매우 엄격하다. 이슬람 원리주의와 근본주의 집단에 무장단체나 테러 조직이 많은 것도 그 까닭이다.

이슬람교도는 그들이 숭배하는 신 '알라'를 무조건 믿고 따라야 한다. 계율과 율법은 그 어느 법보다도 엄격해서 철저히 지켜야 한다. 그들은 모스크뿐만 아니라 어디서든 하루에 다섯 번 기도해야 한다. 배교는 있을 수 없다. 강력한 처벌이 뒤따른다. 율법이나 계율을 어겨도 마찬가지다.

대부분은 별 불평 없이 복종하지만, 일부 이슬람교도는 무조건 믿고 따르라는 '알라'에 회의를 품었다. 많은 종교가 내세우는 교리의 핵심은 '사랑'이다. 그런데 알라는 가까이 다가가기도 어려울 만큼 차갑고 냉정하며 엄격하다. 지나치게 격식적이고 융통성이 없으며 경배의식도 너무 형식에 치우쳐 무미건조하다고 생각한 것이다. 알라를 믿는 만큼 알라는 가까이 있어야 하고 따뜻한 정과 사랑을 느낄 수 있어야 하는데, '사랑'이 없고 알라와 직접 소통할 방법도 없다. 그리하여 알라를 믿고 그와 개인적으로 직접 소통하고 사랑을 느끼고자 하는 '수피즘'이 생겨났다. 수피즘을 추구하는 이슬람교도를 '수피파'라고 한다.

수피파는 신비주의를 내세우는 세력이다. 그들도 알라신을 믿는다. 하지만 무조건 따라야 하는 알라가 아니라 '사랑의 알라'를 추구한다. 알라와의 소통을 바라며 체험을 통해 알라와 교감하고 교신하려고 한다. 이것이 그들이 추구하는 신(알라)과의 합일(合一)이다. 샤머니즘에서 신과 초월적 존재를 믿고 그것과 직접 소통하고 교신하려는 갖가지 행

메블레비 세마 의식(Mevlevi Sema ceremony).
2008년 유네스코 인류무형문화유산
대표 목록에 등재됐다.

위와 다를 바 없다.

수피파는 신과의 직접 소통을 체험하기 위해 과감하게 이슬람의 율법과 계율을 탈피한다. 샤먼과 다를 바 없이 격정적인 음악에 맞춰 엑스터시에 이르도록 격렬한 춤을 춘다. 이것이 튀르키예 등에서 볼 수 있는 '수피 댄스'다. 또한 그를 위해 마약을 복용해 환각상태에 이르기도 하고, 감성적으로 신비로움을 찾기 위해 기꺼이 음주와 흡연 등의 쾌락을 즐기기도 한다. 과감하게 사랑과 자유를 추구한다. 시아파나 수니파 이슬람에서 보면, 수피파의 행동은 율법과 계율에서 벗어난 도저히 방관할 수 없는 뚜렷한 일탈행위다. 따라서 강력하게 비판하고 탄압했다.

수피파는 이슬람의 본고장인 중동의 아랍국가에서는 주춤해졌지만, 튀르키예와 중앙아시아·서남아시아·아프리카 등으로 퍼져나갔다. 특히 튀르키예는 수피파가 가장 활성화된 국가다. 더욱이 근래에 와서 미국에서 크게 확산하고 있다고 한다.

미국의 수피파는 상당히 개방적이라고 한다. 종교의 목적이 신의 존재를 믿고 숭배하는 것이기 때문에 다른 종교들에 무척 관대하다. 일요일에는 교회에 가고 금요일에는 모스크에 가도 상관없다는 것이다. 신과의 소통을 위해 모여서 춤추고 노래하고 술 마시고 환각 파티도 즐긴다. 그리하여 엑스터시의 환각상태에 빠지기도 한다.

이것을 '세마 의식'이라고 부른다. 요가도 이들의 수행법 중 하나다. 요가나 선(禪), 명상도 신비주의에 근거한 자기 수행이다. 이러한 수피파가 전 세계에 무려 1억 명 가까이 된다고 한다. 이제 이슬람은 시아파와 수니파에 수피파를 더해야 할 것 같다. 더없이 복잡·다양하고 기계와 더불어 살아야 하는 인간이 무미건조하고 톱니바퀴처럼 움직이는 반복적인 삶에 지쳐 인간 본성을 추구하는 것이다. 어쩌면 그것은 겉으로는 드러나지 않지만, 샤머니즘에의 회귀일지도 모른다.

우리나라에도 여전히 샤머니즘의 흔적이 남아 있다. 예컨대, 지금도 농촌 마을에 가면 솟대, 장승, 서낭당 등이 남아 있다. 샤머니즘의 흔적이다. 또한 관혼상제에 흔적이 많이 남아 있다. 지금의 관혼상제는 조선시대 이래로 유교의 제례의식을 따르고 있으나 샤머니즘이 뒤섞여 있다. 전통 혼례에서 북향사배(北向四拜), 예전 집에서 혼례와 장례를 치를 때 귀신이 먹으라고 문밖에 바가지 따위에 음식을 놓는 것, 사람이 죽으면 그가 입던 옷이나 쓰던 물건을 불태우는 것은 저승에 가서도 사용하라는 의미다.

가장 대표적인 흔적은 '고사(告祀)'다. 불행을 막고 행운을 가져다주기를 비는 고사는 개인은 물론이고 공동체에서도 하나의 관행이 돼 있다. 개인이나 가정은 말할 것도 없고, 기업과 상점에서도 창업이나 새 건물에 입주할 때 관행적으로 고사를 지낸다. 이런 고사는 돼지머리 등 제물을 놓고 무당이 주재하거나, 무당 없이 관계자들이 제물에 절을 하며 진행한다. 무당이 주관하는 풍어제, 풍농제 등 공동체 행사도 지방마다 수없이 많다.

더욱이 무당의 굿은 민속적 가치가 커서 하나의 예술로서 굿과 놀이로 자주 공연되고 있다. 무당의 주술 역시 구비문학으로서의 가치를 지니고 있어 소중하게 다루어지고 있다. 그만큼 샤머니즘이 계승되어 정신적 고향이 된 것이다.

정확한 숫자는 아니지만, 현재 우리나라의 무속인은 약 30만 명이며, 그중 무당이 약 20만 명이라고 한다. 그리하여 여전히 이곳저곳에서 빈번하게 다양한 굿판이 펼쳐지고 있다. 무당이 20만 명이나 된다는 것은 그만큼 무당을 필요로 하는 사람들이 많다는 뜻일 것이다. 샤머니즘의 생명력이 그만큼 강력하다는 것을 말해준다.

네오샤머니즘
———————————————— neo-shamanism

세상에는 참으로 신기한 동물이 많다. 날아다니는 새들은 나무들로 빽빽하게 들어찬 숲에서도 어김없이 자기 둥지를 찾아간다. 연어는 드넓은 바다를 떠돌다가도 자기가 태어난 강을 찾아가 그곳에서 알을 낳는다. 별것 아닌 것 같지만 신기한 일이다. 동물에게는 '귀소본능'이 있기 때문이다.

사람이 고향을 그리워하는 것도 그 까닭이다. 아무리 먼 곳에 살아도 고향을 잊지 못한다. 옛날 중국에서는 사람이 타향에서 죽으면 반드시 시신을 고향으로 옮겨 장례를 치렀다. 그처럼 인간에게는 '회귀본능'이 있다. 예전을 추억하고 그리워한다. '네오샤머니즘'은 이러한 인간의 본성에서 태동했다고 볼 수 있다.

20세기는 격동과 격변의 시대였다. 제1·2차 세계대전으로 수천만 명이 희생됐고 유럽은 거의 폐허로 변했다. 이후 과학 문명이 가파르게 발전했지만, 치열한 경쟁사회가 되면서 인간성은 더욱 황폐해졌다. 이러한 상황에서 많은 사람이 믿고 의지했던 정통 종교는 아무런 구실을 하지 못했다. 더욱이 젊은이들의 고뇌와 삶에 어떤 영향도 주지 못했다. 그리하여 전쟁의 폐해에 절망하며 정신적으로 방황하는 젊은이들 사이에서 '히피(Hippie)'가 등장했다.

미국이 베트남 전쟁을 주도하면서 많은 젊은이가 희생되고 전쟁에 대한 논란이 치열할 즈음 샌프란시스코에서 젊은이들이 하나가 된 집단행동이 '히피'였다. 그들은 기성세대의 가치관과 인간성을 파괴하는 물질문명 등 기존의 질서와 체제를 부정했다. 그들은 자유와 평화·반전을 내세웠으며 특히 개인의 자유를 부르짖으며 장발, 수염, 샌들 등 개성적인 자유로운 차림으로 미국 사회를 휩쓸며 '히피문화'를 만들어냈다. 아울러 '히피운동'으로 전 세계 젊은이에게 확산됐다.

히피문화는 기존 질서에 대한 반항이자 도전일 뿐만 아니라 새로운 정신세계와 새로운 영성(spirituality)에 대한 간절한 소망에서 비롯됐다고 할 수 있다. 젊은이들은 더 이상 전통적인 사상이나 정통 종교를 신뢰할 수 없었다. 인류, 국가, 국민, 사회 등과 같은 공동체 구성원으로서 해야 하는 역할보다 개인의 자유가 더 중요했으며 개인의 정신적 고뇌에 대한 치유가 더욱 필요했다. 특히 영적(靈的)인 문제가 더욱 그러했다.

젊은이들은 실질적인 도움과 영향을 주지 못하는 서양의 지배적인 전통 사상과 정통 종교에 실망하며 동양에 관심을 돌렸다. 동양의 신비스럽고 체험적인 전통 신앙이었던 샤머니즘은 그야말로 그들에게 최선의 대안적 영성으로 다가왔다. 이것이 '네오샤머니즘(neo-shamanism)'이다. 하지만 결코 새로운 것이 아니었다. 서양 사회에서 그동안 거의 잊

> ■ '샤머니즘'이 전 세계적인 현상으로서 논의 범위를 확장하게 된 것은 루마니아 출신의 종교학
> 자 미르체아 엘리아데(Mircea Eliade)의 『샤머니즘: 고대의 엑스터시 기법들(Le Chamanisme
> et les techniques archaïques de l'extase)』에 의해서다. 엘리아데는 '샤머니즘'을 단지 지역적
> 문화 현상으로서가 아니라 인류의 종교사 전체 속에서 이해하고자 했다. 엘리아데가 1951년
> 에 저술한 『샤머니즘』은 북아시아, 중앙아시아, 북아메리카, 남아메리카, 인도네시아, 오세아
> 니아, 게다가 약간의 아프리카에 관한 자료를 포함하여 그때까지 축적되어 있던 수많은 자료
> 를 다루면서 샤머니즘 현상의 전체를 아우르고 있다. 그러나 엘리아데의 목표는 인간적 한계
> 를 초월하려는 보편적 지향으로서 샤머니즘을 대상화하는 것이었다. 그는 이러한 의도에 따
> 라 엑스터시(ecstasy, 탈혼)와 포제션(possesion, 신들림)에 서로 다른 가치를 부여했다. 즉
> 그는 하늘로 상승하거나 지하로 하강함으로써 인간적 조건을 벗어나는 엑스터시를 샤머니
> 즘에서 핵심적인 것으로 보는 반면, 정령에 사로잡히는 포제션은 부차적인 것으로 평가했다.
> 이러한 엘리아데의 작업은 샤먼의 엑스터시 경험의 실재성을 논의하기 위한 것이 아니라 그
> 경험을 요청하는 인간의 한계 및 그 한계를 초월하고자 하는 인간의 종교성을 논의하기 위한
> 것이었다.

혔던 샤머니즘에 대한 재발견이라고 할 수 있다. 거기에는 그럴 만한 근거가 있다.

세계적인 종교학자이며 작가인 엘리아데(Mircea Eliade)의 방대한 저작 『샤머니즘』(1951) *은 당대 최고의 샤머니즘 고전이다. 이 책은 1964년 미국에서 영어로 번역돼 당시의 시대상황과 맞물려 큰 인기를 끌었다. 엘리아데는 이 책에서 샤머니즘을 새롭게 평가했다. 서양에서는 오래도록 샤머니즘을 미신 또는 원시적인 무속이라고 폄하했지만, 그는 정통 종교의 배경과 여러 증거를 근거로 샤먼과 샤머니즘을 인간 영적 특성의 원형이며 범지구적이고 보편적인 종교현상이라고 평가한 것이다. 이것이 네오샤머니즘 태동의 밑바탕이 됐다.

당시 히피문화에 심취해 있던 미국의 젊은이들이 참다운 인간성 회

복과 자연으로의 귀의를 추구하는 과정에서 네오샤머니즘이 확산하기 시작했다. 그들은 전통적으로 샤머니즘을 신봉하고 있는 미국 원주민에게서 샤먼과 샤머니즘의 본질을 찾고자 했다. 그런데 아메리카 원주민은 얼어붙은 베링해를 건너 아메리카로 이동한 시베리아에 거주하던 고아시아족의 후손이었다. 따라서 그들은 시베리아에서 태동한 샤먼과 샤머니즘의 원형을 전통적으로 신봉하고 있었다.

미국의 젊은이들은 "샤먼이 되지 않고서는 샤먼의 세계를 이해할 수 없다"는 원주민의 말을 듣고 충격을 받았지만 깊이 공감했다고 한다. 신의 존재를 믿는 정통 종교의 성직자는 자신이 신과 인간의 중개자라고 말한다. 샤머니즘의 샤먼도 신과 죽은 자의 영혼과 살아 있는 사람을 중개한다. 하지만 신과 인간의 중재자로서의 실질적인 증거를 보이는 것은 샤먼뿐이라고 해도 틀린 말이 아니다.

네오샤머니즘을 추종하는 사람들은 아메리카 원주민의 말에 공감하고, 실제로 신 또는 죽은 자의 영혼과 소통하는 샤먼의 세계를 개인적으로 체험하고 싶었다. 인도의 힌두교나 티베트불교의 성직자도 신과 소통하기 위해 평생 혹독한 수행을 실천하듯이, 그들은 요가나 좌선·명상 등으로 끊임없이 수행과 고행을 하며 자기 극복과 환각을 통해 몰아지경에 빠지는 엑스터시를 체험하고자 했다. 네오샤머니즘이 가져온 현상들이다. 우리나라에서도 굿을 할 때 무당이 의뢰인에게 신과 죽은 자의 영혼과 교신하는 무당의 역할을 맡기기도 한다. 직접 체험해보라는 것이다. 무당 역할을 하는 의뢰인에게 온갖 도움을 준 진짜 무당은 실제로 효과가 있다면서 이것이 네오샤머니즘이라고 말한다.

물론 전통적인 샤머니즘과 네오샤머니즘에는 차이가 있다. 전통적 샤머니즘에서는 샤먼이 공동체의 제례의식을 주재하지만, 네오샤머니즘에서 공동체를 위한 의식은 없다. 네오샤머니즘은 개인주의의 팽창에서 나온 '개인적 추구'라는 측면이 강하기 때문이다. 또한 전통적 샤머니즘에서 가장 중요한 샤먼의 역할과 기능은 질병의 치유다. 전통적 샤먼은 신이나 영혼의 도움을 받아 약초 따위로 치료하지만, 네오샤머니즘에서는 기존의 약품을 이용하는 경우가 대부분이다. 그뿐만 아니라 네오샤머니즘이 서양 편향적이라는 점도 다르다고 할 수 있다.

우리나라에도 권위 있는 네오샤머니즘 학자가 있다. 인류학자 박정진이다. 그는 인류의 평화를 염원하는 방대한 저작 『네오샤머니즘』을 펴냈다. 그는 이 책에서 지금까지 세계를 지배해온 서양철학의 자리가 이제 동양철학으로 넘어왔다고 하면서, 네오샤머니즘에 대한 견해를 밝히고 있다. 대략적으로 요약하면 이렇다.

인류의 조상들은 자연과 더불어 살아가는 지혜가 있었다. 그러나 과학시대를 사는 현대인은 지나치게 극단적으로 계산적 인간이 되고 있다. 그리하여 현대인은 풍부한 물질문명의 혜택을 누리고 있지만 생활환경의 각박함으로 여러 정신병리 현상에 노출돼 있다. 그 때문에 마음의 평화와 행복을 놓치고 있다. 따라서 진정한 평화와 행복을 얻기 위해서는 현대의 과학기술을 향유하되 거기서 오는 부정적인 측면과 부작용을 치유하고 자연과 더불어 살아가는 '본래의 인간'을 회복해야 한다. 이것이 네오샤머니즘의 본질이다.

어떻게 보면 나약한 인간은 신과 자연으로부터 소외되면 정신적으

로 더욱 황폐해질지도 모른다. 신을 직접 체험하고 자연과 더불어 살아
가고자 하는 것이 네오샤머니즘이다. 이것이야말로 점점 파괴되고 있는
인간성을 회복하려는 노력이 아니겠는가?

Part 2

죽은 자의 영혼과
소통하는 사람들

Part
2

인류 역사에서 신과 소통하고 죽은 자의 영혼을 불러내고 다스린다는 특별한 사람이 많았다. 샤먼이나 무당뿐만 아니라 그와 비슷한 직종을 가졌던 사람이 적지 않았다. 나름대로 어떤 계시를 받고, 아니면 개인적 이득을 위해 신비스러운 인물을 꾸며내면서 샤먼의 기능과 역할을 행한 직종은 무척 다양하다.

그것을 모두 소개하기는 어렵지만, 사실이든 거짓이든 비교적 잘 알려진 직종을 소개하려고 한다. 어떻게 보면 거의 모두 샤머니즘과 관련이 있고 샤먼의 행위지만 그 직종만이 지녔던 특성이 있는 것도 사실이다. 그 특색을 이해하려면 먼저 샤먼과 무당부터 구체적으로 소개해야 한다.

샤먼

———————————— shaman

샤먼은 샤머니즘을 주재하는 핵심 인물이다. 샤먼이 없으면 샤머니
즘은 존재할 수 없다. 우리말로 '무당'에 해당하는 샤먼이 등장하기 이
전에도 토테미즘*이나 애니미즘에서 씨족이나 부족마다 제사장(祭司長)
이 있었다.

이 제사장은 부족장에 버금가는 최고위직으로 각 씨족과 부족이 숭
배하는 태양신을 비롯한 여러 신과 정령에게 제사를 지내는 의식을 주
관했다. 그들이 주관한 주요 의례는 기우제, 풍농제, 전쟁에서의 승리
기원의식, 부족의 안녕과 풍요를 기원하는 제사 등 공동체 전체와 관련

■ 토테미즘(totemism) _부족이나 씨족 구성원과 특별한 관계를 맺고 있다고 생각하는 동식물·
자연물을 토템(totem)이라고 하며 이런 토템을 숭배하는 신앙을 토테미즘이라고 한다. 예를
들면 단군신화는 곰 토템과 호랑이 토템을 반영하고 있으며, 중국에서는 용과 봉황이, 고대
로마에서는 늑대와 독수리가 중요한 토템이었다.

된 것이었다.

따라서 제사장이 부족의 최고 지도자가 되는 제정일치(祭政一致) 사회 형태가 많았다. 그러나 특정한 신을 섬기며 제례의식을 주재했던 제사장에게 신과 소통하는 능력이 있는 것은 아니었다. 단지 부족의 소망을 하늘을 향해 주도적으로 염원하는 역할에 불과했다고 해도 과언이 아니다.

그러다가 신석기시대 말기에서 청동기시대에 들어설 무렵, 자기 종족이 섬기는 특정한 신 또는 죽은 자의 혼령과 직접 소통하는 인물들이 자생적으로 등장했는데 그들이 샤먼이다. 초기의 샤먼은 신이나 혼령과 소통하는 능력, 신비한 능력 등으로 그 공동체의 우두머리가 됐다.

고조선의 건국 신화이기도 한 단군신화에는 샤먼의 지위가 어떠했는지 잘 나타나 있다. 하늘을 다스리는 천제(天帝)인 환인의 아들 환웅이 지상의 인간세계를 다스리고 싶어 하자 환인은 그에게 천부인(天符印) 세 개와 풍백(風伯)·우사(雨師)·운사(雲師) 그리고 3천 명의 수하를 줘서 지상으로 내려보냈다. 환웅은 곰이 100일 동안 어두운 동굴에서 마늘과 쑥만 먹고 인간으로 변신한 웅녀와 혼인해서 단군을 낳았으며, 단군은 신단수 아래 신시(神市)에서 나라를 열고 고조선을 세웠다는 것이 단군신화의 골자다.

샤먼을 북아시아·몽골 등에서는 퉁구스어로 '텡그리(Tengri)'라고도 하며, 샤머니즘을 텡그리즘(Tengrism, 또는 Tengerism)이라고 한다. 텡그리즘은 '영혼에 대한 존중'을 뜻한다고 한다. 또한 단군(壇君)은 텡그리를 한자로 음역한 것이며 왕검(王儉)은 공동체의 우두머리를 뜻한다. 따라서 고조선은 샤먼과 최고 지도자가 같은 제정일치 사회였다고 추측할 수 있다.

사학계에서는 환웅이 가져왔다는 세 개의 천부인은 청동검·청동거울·청동구슬이며 청동기시대에 북쪽의 고아시아계 민족의 어느 우두머리가 무리(약 3천 명)를 이끌고 남하한 것으로 풀이한다. 그들이 한민족의 뿌리인 예맥족을 기반으로 나라를 세운 것이다. 환웅이 바람을 관장하는 풍백과 비를 관장하는 우사, 그리고 구름을 관장하는 운사를 데리고 왔다는 것은 당시 사회가 농경을 중시했다는 것을 뜻하며, 환웅이 앞선 문화인 청동기를 가져와 지배층이 될 수 있었다고 분석한다.

신라는 거서간, 차차웅, 이사금, 마립간, 왕 등으로 최고 지도자■의 칭호가 바뀐다. 시조인 박혁거세는 거서간이었으며, 2대 남해는 차차웅이었다. 『삼국유사』에서 거서간·차차웅은 무(巫)를 가리키는 말로 '제사를 맡은 웃어른'을 뜻한다고 했다. '차차웅'은 알타이어의 '통치하다'라는 뜻의 jaza와 '주술을 걸다' 또는 샤먼을 뜻하는 un을 합친 jaza-un을 음역한 것으로 '주술로 통치하다'라는 뜻이라고 한다. 다시 말하면 신라의 초기 최고 통치자들도 샤먼이었다.

이렇듯 제정일치의 공동체에서 막강한 권력을 행사하던 샤먼은 사회가 발전함에 따라 제사와 정치가 분리되고 점차 정치권력을 담당하는

■ 신라 최고 지도자는 거서간(居西干) → 차차웅(次次雄) → 이사금(尼師今)→ 마립간(麻立干)→ 왕(王) 등으로 칭호가 바뀌었다. 거서간은 '임금 또는 귀한 사람' '제사를 맡은 웃어른'이라는 뜻으로 '간'은 우두머리를 뜻한다. 이사금은 '이가 많은 연장자', 마립간은 '간(우두머리) 중의 간'이라는 뜻이다. 중앙집권제가 확립되고 '신라'라는 국호를 확정한 지증왕 때부터 중국식 칭호인 '왕'을 최고 지도자의 호칭으로 사용했다.

군장(또는 왕)에 밀려 그 지위가 크게 위축됐다. 이제 샤먼은 국가적 행사에는 가끔 동원될 뿐 지역의 작은 공동체에서 필요로 하는 개인적인 샤먼으로 추락했다.

하지만 지역공동체에서의 영향력은 상당해서 그들의 일상적인 생활을 지배했다. 이를테면 병자의 치료와 치유, 꿈풀이, 불행한 상황의 개선과 기복(祈福), 산 자와 죽은 자의 영혼 중개, 죽은 자를 저승으로 인도하는 역할과 기능 등을 수행했다.

그러한 과정에서 샤먼은 반드시 신 또는 혼령과 직접적으로 소통해야만 한다. 신 또는 신령·혼령과의 소통에는 두 가지 방법이 있다. 하나는 치열한 제례의식을 통해 엑스터시라고 하는 무아지경 또는 몰아(沒我)의 경지에 빠지는 것이며, 다른 하나는 신령 또는 혼령이 샤먼에게 빙의하는 것이다.

샤먼이 주재하는 제례의식을 '굿'이라고 한다. '굿'이라는 용어를 순수한 우리말로 알고 있는 사람이 많은데 그렇지 않다. 굿의 어원에 대해서는 정확하게 밝혀진 것이 없다. 하지만 퉁구스어의 kutu, 몽골어의 gutug, 튀르키예어의 gut 등을 어원으로 지적하는 학자가 많다. 모두 불행을 쫓아내고 행운·행복 등을 기원하는 뜻이라고 한다.

굿에는 반드시 세 가지 요소가 갖춰져야 한다. 첫째는 당연히 샤먼이 주재해야 하며, 둘째는 불러내는 신(神)이 있어야 하고, 셋째는 굿을 의뢰한 사람이 있어야 한다. 굿은 정해진 절차가 있다. 또한 민족이나 공동체마다 풍속에 따라 불러내는 신의 종류에 차이가 있지만 거의 공통적인 것은 조상신이 포함된다.

굿의 종류나 진행 절차 역시 공동체마다 차이가 있지만, 대체로 샤먼과 그의 조력자들이 북이나 꽹과리 등의 악기로 제례 분위기를 띄우고 전문 복장을 한 샤먼이 춤과 노래·주술 등으로 굿의 목적과 의뢰자(병자 또는 신도)의 상황을 알린다. 그다음 샤먼이 신과 신령 또는 혼령과 소통하려는 접신 과정이 전개된다. 이 과정이 굿의 절정으로 몇 단계의 요란한 과정을 거쳐 샤먼이 무아지경의 엑스터시에 빠져든다. 그리고 접신한 신 또는 신령이 의뢰인의 질환이나 고통 등을 없애준다. 굿에 대한 좀 더 자세한 내용은 뒤에서 다시 설명할 것이다.

샤먼은 남녀의 구별이 없다. 우리는 여성 샤먼을 무당·무녀·만신 등으로 부르며 남성 샤먼을 박수무당이라고 부른다. '박수'도 순수한 우리말이 아니다. 퉁구스어와 몽골어의 baksu 또는 baksi를 음역한 것이다. '샤먼'도 퉁구스어라고 한다.

샤먼이 되는 과정은 크게 세 가지로 구분할 수 있다. 무병(巫病) 또는 신병(神病)이라고 하는 원인을 알 수 없는 병을 앓고 나서 주술 따위를 헛소리처럼 뇌까리며 샤먼이 되는 강신무(강습무), 샤먼의 집안에서 대를 이어 샤먼이 되는 세습무, 명망이 높은 샤먼 밑에서 수련하는 습득무 등이 있다. 샤먼이 여러 질환을 치료하고 예언도 하지만, 점술가, 예언가, 관상가, 작명가, 민간치료요법사 등은 샤먼도 아니고 샤머니즘도 아니다.

샤먼은 의식을 거행할 때 무복(巫服)을 입는다. 전통에 따라 동물모형의 모자, 해골, 새, 동물무늬 등 우주 형상을 상징하는 특별한 의상이다. 아울러 무복의 모자, 겉저고리, 어깨, 겨드랑이 등에 금술을 달았는데 새의 날개를 상징하며 신과의 소통을 의미한다. 또한 반드시 북을 치는데 북통은 신(정령)이 깃든 나무로 만든다. 샤먼은 북을 쳐서 신과 소통하며 접신하고 교신한다.

오랜 역사를 지닌 샤머니즘은 일반종교와 같은 전통성도 없고 체계적인 조직체도 없다. 샤먼의 개별적인 행동일 뿐이다. 하지만 이러한 샤먼의 종교적 행위는 토착신앙, 민간신앙, 민속신앙, 원시종교로 자리 잡아 오늘날까지 이어오고 있다. 우리나라에서는 무속인이 '무교(巫敎)'라는 명칭으로 종교화시키려 하고 있다.

샤먼의 신 또는 신령과의 직접적인 소통을 의심하는 사람이 많다. 하지만 여러 문화권에서 샤먼이 병자의 질환을 치료하고 치유하는 실제 사례들이 있다. 아울러 샤먼을 통해 개인적인 불행을 쫓아내고 안정을 찾는 사례도 많다. 그러한 실질적이고 가시적인 샤먼의 영성과 영험함이 없다면 샤머니즘이 오늘날까지 존속될 수 없었을 것이다.

무당

　　민간신앙·무속신앙을 무교라는 이름으로 종교화하려는 무속인들은
무당의 전문적 기능과 행위를 긍정적으로 추켜세운다. 무당에 대한 그
들의 주장에 따르면 무당은 아무나 될 수 있는 것이 아니라 타고난 운
명이라는 것이다. 자기가 하고 싶다고 되고, 하기 싫다고 안 할 수 없는
운명이어서 거부할 수 없다는 것이다.

　　무당은 운명적으로 죽은 자의 영혼과 소통할 수 있는 능력을 지니
고, 혼백(귀신)의 기운을 잘 감지한다고 한다. 그에 따라 죽은 자가 생전
에 품고 있던 한(恨)을 받아내 살아 있는 가족이나 후손에게 전달해서
그 한을 풀 수 있도록 한다. 그리고 죽은 자의 혼령을 저승세계로 편안
하게 인도한다.

　　또한 무당은 자신을 지켜주는 수호신·수호령이 있다고 믿는다. 무당
은 자신의 수호령인 장군신령·신장신령 등을 불러내 마귀·악귀·객귀
등을 물리치는데 그 신령이 강한 무당이 귀신 퇴치를 잘한다고 하며 귀

113

신을 다스려 좋은 곳으로 가도록 천도한다는 것이다. 어디까지나 무당 옹호자들의 주장이다.

샤먼이 곧 우리 표현으로 무당이다. 그러나 순수한 의미의 샤먼과 우리의 무당은 차이가 있다. 역할과 기능은 같다고 할 수 있지만, 무당은 모두 그렇지는 않겠지만 신과 통하는 신통력보다 개인적인 이익 추구에 더욱 몰두하는 경향이 있다.

이를테면 가정이나 자신에게 우환이 있어서 찾아온 사람에게 몇 날 며칠에 가족 중 한 사람이 교통사고와 같은 큰 사고로 숨질 수 있으니 값비싼 부적을 사거나 굿을 해야 한다고 겁박한다. 그러면 선뜻 믿음이 가지 않지만, 왠지 불안하고 마음이 몹시 불편하다. 그래서 값비싼 부적을 사거나 큰돈을 들여 굿을 하기도 한다. 이렇게 돈 버는 무당이 많다.

다시 말하면 우리의 무당은 본질적인 샤머니즘과 순수한 샤먼이 지닌 역할과 기능에서 크게 변질됐다고 해도 과언이 아니다. 그들의 행위가 미신으로 폄하되고 있는 무속에서도 벗어난 기만행위라면 사회적으로 지탄받아 마땅하다. 따라서 순수한 샤먼과 달리 우리 무당은 별도로 다룰 만한 가치가 있다.

한민족의 원류가 된 민족이 텡그리 신앙을 지닌 분파였거나 최소한 강한 연관성을 가지고 있다고 학자들은 말한다. 따라서 무당은 우리 역사에서 아주 오래전부터 존재해왔다. 특히 고구려가 멸망한 후 많은 고구려 유민이 지금의 몽골 지역에 있는 돌궐제국으로 갔는데, 돌궐제국은 고려왕을 두어 고구려 유민을 다스리게 하면서 유민 가운데 여성을 뽑아 제례의식을 관할하는 제사장에 임명하고 그를 탕그르 또는 텡그리라고 불렀다고 한다.

샤먼은 퉁구스어라고 한다. 참고자료들을 보면, 샤먼을 몽골어로는 운간다(Unganda)라고 하는데, 여기에 무(巫)의 음이 강조되고 덧붙여져 무다간(Mudagan)으로 변화하고, 더 나아가 무당(Mudang)이 됐을 것으로 보는 견해가 있다.

무당이 되는 과정은 전통적인 샤먼과 비슷하다. 강신무, 세습무, 습득무, 세 가지다.

강신무는 무당이 되기 전에 무병을 앓는다. 고열과 심한 두통에 시달리며 헛소리를 하는 등 원인을 알 수 없는 병을 앓는다. 그것이 무병이라는 것을 짐작하고 무당을 찾아가면 단번에 신이 내렸다며 신내림굿을 한다. 그렇게 무당이 되는 것이다. 신이 내린(降神) 무당이다. 어떤 의미에서 강신무가 진짜 무당이다.

세습무는 한 집안에서 대를 이어서 무당이 되는 경우다. 무당 집안에서 성장했기 때문에 무당의 무속 행위나 의식에 익숙하다. 그런데 대를 이어 무당이 되는 과정에서 억지와 기만행위가 작용하기도 한다. 실제로 무당 어머니가 중학생 아들에게 신내림을 받게 하고 날마다 작두타기·줄타기를 강제로 가르치다가 아동학대 혐의로 수사받는 사건이 있었다. 무당 어머니는 중학생 아들에게 억지로 신내림을 받게 한 뒤 강제로 무당일을 시켰다고 한다. 어린 소년이 신내림으로 아주 영험한 무당이 됐다고 선전해서 돈을 벌려고 했던 것이다.

습득무 또는 학습무는 나이 많은 무당을 돕는 제자가 되어 그 기능을 배운 무당이다. 흔히 스승인 무당을 신(神)어머니, 제자를 신딸이라고 한다. 하지만 자칫하면 미숙하고 어설픈 서툰 선무당이 되기 쉽다.

'선무당이 사람 잡는다'라고 하지 않던가.

무당은 자신만의 수호령을 모시는데, 모시는 신이 저마다 갖가지여서 '만신(萬神)'이라고도 한다. 무당의 가장 중요한 기능은 굿을 꾸미고 주재하는 것이다. 굿의 종류도 무척 다양할 뿐만 아니라 지역마다 차이가 있다. 우리나라의 '팔도굿'은 저마다 다른 고유한 특징을 지니고 있다. 따라서 우리나라의 굿은 민속으로서도 큰 가치가 있다. 잘 알려진 굿의 종류만 하더라도 제석굿, 대동굿, 별신굿, 도당굿, 진혼굿(지노귀굿), 신내림굿, 천도굿, 재수굿, 용왕굿, 오구굿 등 헤아릴 수 없이 많다.

우리나라에서 가장 잘 알려진 큰무당은 김금화(金錦花)다. 그는 국가무형문화재 제82호인 서해안 배연신굿과 대동굿의 기능보유자로, 인간문화재·민속무용가로도 불린 진짜 큰무당이다. 그의 삶을 다룬 다큐멘터리와 영화도 있다.

그는 1931년 황해도 연백에서 태어나 불과 12세에 무병을 크게 앓고 17세 때 황해도의 큰무당이었던 외할머니에게 신내림굿을 받고 무당이 됐고, 이후 황해도의 큰무당들에게 굿을 배워 19세에는 독립해서 전역에서 대동굿을 주재했다.

그는 황해도 굿의 대가일 뿐만 아니라 거의 모든 종류의 굿을 기막히게 이끌어 민속예술가의 경지에 올랐다. 1972년에는 전국민속예술경연대회에서 '해주 장군굿놀이'로 개인 연기대상을 받았다. 그는 특히 공동체의 안녕과 복을 비는 대동굿, 풍어제인 연평도 등 서해안 배연신굿에 뛰어나 중요무형문화재로 지정됐다.

그의 명성은 해외에까지 널리 알려져 1982년 한·미 수교 100주년 기념 문화사절단의 일원으로 미국에서 두 달 동안 순회공연을 했다. 예

만신(萬神) 김금화

일대학을 비롯한 여러 대학에서 공연했으며, 뉴욕 링컨센터에서의 굿 공연은 몇 달 전에 표가 매진될 정도로 인기였다. 1995년에는 한·중 수교 3주년 기념행사로 '김금화 대동굿'을 공연해 큰 찬사를 받았다.

그뿐만 아니라 아시아 각국과 유럽에서도 여러 차례 굿 공연을 가졌다. 이탈리아의 로마대학에서는 교황의 진혼굿을 가져 크게 각광받았으며, 독일의 베를린에서는 작곡가 윤이상의 진혼굿을 공연했다. 오스트리아에서는 600년 역사를 지닌 성당 앞에서 굿을 했고 프랑스에서도 굿을 공연했다. 그는 큰무당일 뿐만 아니라 우리의 민속을 세계에 알리는 민속예술가였다. 가톨릭 교황의 진혼굿도 했다니 믿어지지 않는다. 교황청의 허락이 있어야 그런 굿을 할 수 있었을 것 아닌가.

2005년부터 인천 강화도에 '금화당'을 세우고 후진을 양성하다가 2019년 87세를 일기로 세상을 떠났다. 그가 배출한 제자들 가운데 유명한 만신(무당)이 여러 명 있다. 그의 굿 공연이 항상 큰 인기를 끌었던 것은 민속적으로 예술성도 뛰어났지만, 굿판을 벌일 때 자주 놀라움을 금할 수 없는 '작두타기'를 했기 때문이다.

'작두타기' 또는 '작두거리'는 작두의 예리한 칼날을 위를 향해 단단히 고정시켜 1.5미터 정도의 높이에 올려놓고 맨발의 무당이 그 위에 올라 갖가지 몸짓을 하고 춤을 추며 굿 의식을 하는 것이다. 칼날이 한 개이면 외작두, 두 개이면 쌍작두다. 그런데도 무당의 맨발이 잘리거나 베이지 않는다. 보는 사람들로서는 더없이 신기하다.

무당이라고 모두 작두거리를 할 수 있는 것은 아니다. 신이 내려 무당이 된 강신무만 작두를 탈 수 있다. 또 작두신령을 모시는 강신무도 작두거리를 할 수 있다고 한다. 작두거리는 강신무가 자신의 신력(神力)

을 과시하기 위해 접신 상태의 무아지경에서 거행한다. 더없이 위험해 보이는 작두를 탐으로써 자신이 신령과 소통하고 신령의 영험한 위력을 받을 수 있다는 것을 많은 사람에게 보여주려는 것이라고 한다.

무당은 줄타기도 한다. 신령의 도움으로 줄타기를 할 수 있다는 것이다. 하지만 그것은 오랜 훈련에 의한 기술이 아닐까? 작두타기는 그것과 다르다. 영험한 강신무는 어떻게 예리한 칼날 위에 올라서 작두를 타는 것일까? 어떡해서 전혀 다치지 않는 것일까? 정말 신령의 위력일까?

민속학자들은 영험한 강신무의 신력을 이해하기 어렵지만, 분명히 존재한다고 말한다. 큰무당 김금화는 작두거리를 할 때 작두를 여러 개 설치하고 그 위에서 정신 나간 듯이 춤을 추며 이 작두 저 작두로 옮겨 다니고 계단처럼 설치한 작두를 차례로 타며 위쪽으로 오르기도 한다. 이것을 어떻게 설명할 것인가? 많은 사람이 작두타기에 대한 궁금증을 풀어보려고 했지만, 누구나 납득할 만한 명쾌한 해답을 얻지는 못했다. 민속학자들의 말처럼 작두타기 등은 현대과학으로 이해할 수 없는 미스터리지만, 무엇인가 신력과 같은 것이 존재한다는 것도 부인할 수 없다.

요즘 많은 무당이나 점쟁이가 권위를 위해 특정 종교의 종파에 소속된 것처럼 내세우고 있는데, 대부분 그 종교와 별로 관련이 없거나 유명무실하다고 한다. 특정 종교에서는 포교를 위해 알면서도 묵인을 하는 것 같다.

전국에 무당이 몇 명이나 있는지 정확히 알 수 없지만, 무당을 포함한 무속인이 약 20만 명쯤 되며, 수도권에만 약 5만 명의 무속인이 있다고 한다. 또한 '한국무속인협회'라는 단체도 있다. 더욱이 무속인이 점점 늘어나는 추세라고 한다. 여전히 신내림을 받아 어쩔 수 없이 무당이 됐다는 사람이 여럿이다.

심령술사

心靈術師

표준국어대사전에는 심령술을 "특이한 심령 현상을 일으키는 여러 가지 기술"이라고 풀이하고 있으니, '그런 기술을 전문적으로 가진 사람'이 심령술사다. 어찌 됐든 우리나라에서 자칭 심령술사라는 사람이 더러 있지만 신뢰할 만한 증거를 찾기는 어렵다.

심령술사는 오히려 서양인에게 익숙한 개념이다. 서양의 심령술사를 굳이 비교하자면 우리의 무당과 비슷하다고 할 수 있으나 실제로는 크게 다르다. 죽은 자의 영혼과 소통한다는 점에서 비슷하지만, 무당은 죽은 자의 영혼이 자기 몸에 빙의하는 반면에 심령술사는 단지 죽은 자의 영혼과 교신한다는 점에서 다르다. 그래서 서양에서는 심령술을 흔히 영매술(靈媒術)이라고도 한다.

서양에서 심령술이 시작된 것은 19세기 중엽이었다. 하지만 유일신의 기독교가 지배하고 있는 유럽에서 죽은 자의 영혼과 교신한다는 심령술은 마귀 따위를 존중하는 악마적인 죄악으로 지탄받고 배척됐다.

그러나 아이러니하게도 심령술은 일부 기독교도가 심령주의(心靈主義)를 신봉하면서 등장했다.

심령주의는 종교, 특히 기독교에서 죽은 사람의 영혼이 산 사람과 교류한다는 믿음에 바탕을 둔 신앙이나 의식을 말한다. 이러한 심령주의가 등장한 것은 뜻밖에도 유일신인 하나님과 소통한다는 개신교 목사들 가운데 죽은 자의 영혼이 나타날 수 있다고 믿는 사람이 늘어났기 때문이다. 가톨릭에 죽은 자의 영혼을 달래는 퇴마사 신부가 있는 것도 결국은 죽은 자의 영혼이 어떤 행동을 한다고 믿기 때문이 아니겠는가.

서양에서 처음 심령술사가 나타났을 때 대부분은 그를 신뢰하지 않았다. 마치 사이비 목사가 자신이 하는 말이 곧 하나님의 말씀인 것처럼 신도를 현혹하듯이 개인적인 이익을 위해 허튼소리를 하는 것으로 폄하했다. 그러나 몇몇 실증적인 증거가 나타나면서 심령술에 대한 찬반이 크게 엇갈렸다.

특히 19세기 말엽 브라질에서 카르미네 미라벨리라는 탁월한 영적 효능을 지닌 심령술사가 등장하면서 사정이 크게 달라졌다. 그는 공교롭게도 개신교 목사의 아들로 태어났다. 하지만 일찍이 어머니를 여의고 불과 15살에 아버지마저 세상을 떠나 고아가 됐다. 그는 무엇보다 경제적 어려움에 시달렸으나 아버지의 영혼이 나타나 도움을 주는 덕분에 온갖 고난을 이겨낼 수 있었다고 한다. 더욱이 세상을 떠난 여러 일가친척의 영혼도 그를 도와줬다는 것이다.

믿기 어렵지만, 그가 신발가게 점원으로 일할 때 주변의 신발과 상자들이 둥둥 떠다니는 공중부양 현상이 자주 나타났고, 죽은 아버지와 친척들의 영혼에 의해 소년답지 않은 행동을 보였다. 신발가게 주인은

카르미네 미라벨리
(Carmine Carlos Mirabelli)

그를 이상하게 생각하고 정신병원에 보냈다. 정신병원 의사들은 그를 세심하게 관찰하고 여러 가지 검사를 했다. 그런데 놀랍게도 그에게 영적인 능력이 있다는 사실을 발견하게 됐다. 정말 현대의학으로서는 믿기 어려운 일이었다. 정신병원 의사들은 그의 영적인 능력을 인정하고 천부적인 재능을 살려 심령술사가 되도록 권유했다.

1917년, 그는 상파울루에 심령술연구소를 개설했다. 그와 함께 세상이 놀랄 만한 영적 능력을 보여주기 시작했다. 가장 놀라운 것은 이미 세상을 떠난 수많은 예술가의 영혼을 불러내 생전의 그 예술가와 똑같은 재능을 발휘한 것이었다. 유명한 성악가들의 영혼을 불러내 테너와 바리톤 그리고 소프라노의 화음을 혼합해 노래를 불렀으며, 연주가들의 영혼에 힘입어 피아노와 바이올린 등을 수준 높게 연주했다. 세계적인 화가의 영혼을 불러내 거침없이 명화를 그리기도 했다. 물론 그는 성악가처럼 노래를 부른 적도 없고, 악기를 배운 적도 없으며 그림을 배운 적도 없었다.

그뿐만 아니라 저명한 학자들의 영혼을 불러내 전문 분야의 논문을 쓰고, 인문학·자연과학 가릴 것 없이 전문 분야를 강의해서 그 강의를 들은 학자들을 놀라게 했다. 또한 여러 국가 사람들의 영혼을 불러내 12가지 언어를 자유자재로 구사했다고 한다.

이처럼 심령술사로서의 뛰어난 능력이 널리 알려지자 수많은 영혼이 그를 찾아와 도와달라고 요청하는 바람에 주변에 항상 불을 밝게 켜놓았고 잠을 잘 때도 불을 켜놓고 잤다고 한다. 유명한 의사들과 과학자들이 그의 심령술에 의심을 품고 수없이 검증했지만, 그들도 마침내 그의 심령술을 공식적으로 인정할 수밖에 없었다고 한다. 죽은 자의 영혼을 불러낼 수 있는 심령술사로 처음 공인된 인물이 카르미네 미라벨리였을 것이다.

　과연 사람의 육신은 죽지만 영혼은 영원히 살아 있는 것인가? 이것을 두고 논란이 끊임없이 계속됐고, 많은 학자와 일반인 사이에서 사후세계에 관한 관심이 크게 높아졌다. 또한 카르미네 미라벨리의 심령술이 공식적으로 인정된 뒤 서양의 곳곳에서 심령술사가 우후죽순처럼 쏟아져 나오기 시작했다. 물론 대부분이 가짜·사이비였지만 그 가운데 실제로 심령술을 발휘하는 인물들도 있었다.

　영적 능력이 있는 심령술사는 죽은 자의 영혼을 불러낼 뿐만 아니라, 그들의 영혼에 기대어 보이지 않는 것을 보고 미래를 예언한다. 그들 중 영국의 크레이그 해밀턴 파커는 21세기 최고의 심령술사이자 예언가로 널리 알려져 있다. 그는 미국의 트럼프 대통령 당선, IS 소탕, 2018년 오스트레일리아 대형 산불 발생, 홍콩 민주화 시위 등을 예언하면서 예언가로서의 탁월한 능력을 인정받고 있다.

주술사

呪術師

주술사 하면 "수리수리 마수리…" 등과 같은 주술이 먼저 떠오른다. 그러나 "수리수리 마수리…"는 주술사가 뇌까리는 주술 같지만, 불교 경전 『천수경』의 첫 구절이다. 이 말은 원래의 산스크리트어를 '修理 修理 摩(訶)修理 …'라는 한자로 음차한 것으로 "깨끗하구나, 깨끗하구나, 아주 깨끗하구나"라는 뜻이다. 서양 주술사의 주술로 알고 있는 "호쿠스 포쿠스 티디부스 …" 또한 가톨릭 미사에서 성체를 축성하는 라틴어 "이는 너희를 위해 내어줄 내 몸이니라(Hoc est enim corpus meum)"에서 연유한다고 한다. 또 애니메이션 영화 〈라이언킹〉의 "하쿠나 마타타"는 아프리카 스와힐리어로 '아무 문제 없어', '모든 것이 잘될 것이다' 같은 긍정적인 표현이지 주술이 아니다.

주술사는 나름대로 신과 소통하면서 신의 힘 또는 본인이 지닌 초자연적인 신통력으로 주술을 통해 갖가지 재난과 재앙을 물리치거나 길흉을 점치고 예언하는 사람을 말한다. 흔히 주술사를 마법사와 혼동하기도 하지만, 그 둘은 엄연히 다르다. 주술사는 나름의 전문지식으로 신과 소통하지만, 마법사는 보통 사람과 다른 자신의 초능력으로 신기한 기술, 눈에 보이지 않는 기묘한 현상을 발휘한다. 마법사 또한 눈속임의 마술에 의지하는 마술사와는 전혀 다르다.

주술사의 기원은 분명하지 않지만, 토속신앙·원시문명과 깊은 관련이 있다. 많은 학자는 아메리카 원주민에게서 처음으로 주술사와 주술행위가 있었던 것으로 추정한다. 현대에는 주술을 미신행위로 폄하하지만 여전히 여러 문화권에서는 하나의 토속신앙으로 보편화돼 있으며, 아프리카의 부두교와 같이 종교가 된 곳도 있다.

고대 아메리카 원주민은 극심한 가뭄이 들었을 때 주술사를 앞세워 각종 의식을 주재하며 엄숙하고 진지하게 기우제를 지낸다. 기우제는 하루 이틀에 끝나는 것이 아니라 비가 올 때까지 계속된다. 결국 언젠가는 비가 온다. 그래서 무엇인가 될 때까지 하면서 기적적인 성과를 이루어내는 것을 비유해 '인디언 기우제'라는 말을 쓴다.

지금도 아프리카·아마존·동남아시아 등의 오지에 사는 부족에게 주술사는 절대적인 인물이다. 부족마다 대표자 격인 추장이 있기는 하지만, 주술사의 영향력은 거의 절대적이다. 부족이나 마을의 안녕을 빌고 재난을 물리치며 질병을 치료한다. 따라서 주술사를 영어로 '마법의 의사'라는 뜻으로 witch doctor라고도 한다.

열대우림처럼 깊은 오지에 사는 원시 부족은 열이 나거나 배가 아플 때 주술사를 찾는다. 주술사는 신이 깃들어 있다는 나뭇가지, 희귀한 새의 깃털, 희귀한 돌멩이, 성분을 알 수 없는 물약, 환각성이 있는 풀잎·풀뿌리 따위로 치료한다. 때로는 환자에게 귀신이 씌었다고 주술을 뇌까리면서 마구 때리고 잡아당기며 학대에 가까운 방법으로 치료하기도 한다. 실제로 얼마나 효과가 있는지는 알 수 없지만, 주술사에게 치료받았다는 플라세보 효과(위약 효과)로 질환이 호전되거나 시간이 흐르며 저절로 낫기도 한다. 그러나 그들은 주술사의 치료로 나았다고 생각한다.

주술사의 역할과 기능에는 한계가 없다고 해도 과언이 아니다. 질병 치료는 말할 것도 없고 죽음이나 출산 등에 관여하고, 가뭄과 홍수 그리고 전염병 같은 자연재해, 부족 간의 갈등과 분쟁 등 그들의 삶에서 맞닥뜨리는 현실적인 문제를 해결해준다. 그뿐 아니라 부족이나 공동체의 미래, 결혼 등의 길흉을 점치기도 한다.

주술사가 사용하는 도구는 여러 가지다. 마치 무당처럼 곡식류, 작은 돌멩이, 나뭇가지 따위를 이용하기도 하고, 동물을 잡아 내장의 형태를 보고 점치기도 한다. 또한 불행을 방지하기 위해 부적을 만들기도 한다. 결과가 어떻든 부족민은 주술사의 판단을 신의 뜻, 하늘의 뜻으로 생각하며 무조건 믿는다.

누구나 주술사가 될 수는 없다. 주술사는 엄격한 입문 의식을 거친다. 심한 고열과 고통의 무병을 앓고 무당이 되듯이, 주술사도 그와 비슷한 과정을 거친다. 또한 온몸에 피가 나도록 팔다리에 못을 박는 등 자기 몸을 견딜 수 없을 만큼 학대하며, 마침내 그것을 이겨내는 초능력을 보여주어야 한다. 그런 과정에서 자기도 알 수 없는 주술을 뇌까리게 되고 신과 소통한다고 믿는다. 특별히 남녀의 구별은 없다. 여성도 주술사가 될 수 있다.

주술사의 주술은 그 원리에 따라 모방주술과 접촉주술로 나눌 수 있다. 모방주술은 유감주술(類感呪術)이라고도 하는데, 유사한 것은 유사한 것을 발생시키고 결과는 그 원인과 유사하다는 원리에 바탕을 두고 있다. 즉 특정한 대상을 모방함으로써 동일한 효과를 가져오는 것이 모방주술이다.

이를테면 악명높은 도적 떼 두목의 얼굴을 똑같이 그려놓고 화살이나 칼을 꽂는다든가, 아이를 못 낳는 여성이 남근석(男根石)을 만지며 아이 낳기를 기원한다거나, 저주의 대상이 되는 특정 인물의 모형을 짚으로 만들고 바늘을 꽂으며 악의에 찬 주술을 외우는 것 등은 유사성에 기초한 모방주술이다.

접촉주술은 한번 접촉한 것은 접촉이 단절된 뒤에도 시간과 공간을 초월하여 상호작용을 계속하며 영향을 미칠 수 있다는 원리에 따른 것이다. 감염주술(感染呪術)이라고도 한다. 예를 들어, 사람의 털이나 손톱·발톱은 육신과 분리된 뒤에도 그 사람 전체에 영향을 미친다고 믿는 것이다. 도둑을 잡기 위해 그 도둑의 발자국에 마른 쑥을 놓고 거기에 불을 붙여 뜸을 뜨면 도둑의 발이 썩는다고 믿는 것, 아이를 원하는 여성이 아이를 많이 낳은 여성의 치마를 얻어다 입는 것 등이 접촉주술이다.

주술을 통해 신 또는 죽은 자의 영혼과 교신하고 소통한다는 주술사는 서양뿐만 아니라 예로부터 동양에도 있었다. 주문을 읽으며 귀신을 쫓아내 환자의 원인 모를 병을 낫게 하는 사람을 주금사(呪噤師)라고 했는데, 불교 승려인 주금사도 있었다고 한다.

또한 시각장애인 가운데 특별히 주술로 귀신을 퇴치하는 사람이 있었다. 요즘 시각장애인은 주로 안마사로 일하지만, 예전에는 점술과 주

나이지리아의 주술사들

술로 생활하는 남성 시각장애인이 적지 않았다. 그를 '판수'라고 한다. 판수가 남성 무당을 일컫는 박수·박시 등에서 유래했기 때문에 한자 표기가 없다. 굳이 한자로 쓰자면, '判數'다. 사람의 운수를 판단한다는 뜻이다. 판수는 주술뿐만 아니라 점을 치기 때문에 복사(卜師)라고도 했다.

법사(法師)는 원래 불법에 정통한 승려를 이르는 말이었지만, 일부 지방에서는 점술과 예언 따위를 하는 남자 무당을 뜻하기도 했다. 무속의 점쟁이 가운데 스스로 법사라고 칭하는 사람들이 있다.

우리나라에 공식적으로 주술사가 있다는 이야기는 들어보지 못했다. 무당이 그 역할과 기능을 수행한다. 한 번쯤은 암투와 음모를 벌이며 무당을 불러 상대방을 저주하는 의식을 갖는 이야기를 들었을 것이다. 또한 주술사를 신봉하는 지역이나 부족에서는 그를 주술사라고 부르지 않는다. '주술사'라고 특정한 직책 또는 역할과 직업에 명칭을 붙인 것은 18세기 유럽에서였다. 기독교가 지배하는 유럽에서 주술과 주술사는 미신적 행위를 경멸하는 뜻으로 사용됐다.

그런데 호기심을 불러일으키는 주술의 내용은 무엇일까? 주술사는 주술 행위를 하면서 끊임없이 무슨 말을 중얼거리며 호소하고 뇌까린다. 그 내용은 무엇일까? 명문화된 것도 없고, 어떤 규정이 있는 것도 아니다. 주술사도 자신이 무슨 말을 하는지 잘 모르는 경우가 많다. 그저 입에서 쏟아져 나오는 말이다. 말하자면 기독교의 방언(方言)과 같은 것이다.

기독교의 '방언'은 하나님에게 무언가 간절히 기도하고 호소할 때 신과의 소통 과정에서 신도가 그전에 전혀 습득한 적이 없는 알 수 없는 말들을 마구 쏟아놓는 것을 말한다. 무아의 경지에서 하는 말이기 때문에 자신도 무슨 말을 했는지 모른다. 이러한 방언은 기독교에만 있는 것은 아니다. 불교, 이슬람교, 힌두교 등 다른 종교에도 있다.

주술사의 주술은 이와 비슷하다고 할 수 있다. 신과 소통하고 신의 능력을 빌려 도움을 얻고자 하는 더없이 간절한 기도이며 기원이 담겨 있다고 볼 수 있다. 다만 주술을 통해 신과 소통했는지, 접신한 무아지경 상태에서 내뱉는 말인지 그냥 허튼소리인지, 그 내막은 주술사만 알 수 있다.

세상에는 인간 능력의 한계를 벗어난 불가사의한 것이 많다. 인간의 능력에는 분명히 한계가 있다. 따라서 그것을 능가하는 초능력에 대한 기대가 수많은 신을 낳았고, 신과 소통한다는 여러 종교와 샤머니즘과 무속신앙을 탄생시켰다. 주술사도 그러한 초능력에 대한 기대에서 등장했다고 볼 수 있다. 퉁구스어에서 샤먼은 주술사라는 의미도 있다고 한다.

강령술사

降靈術師

매우 오래전부터 동서양에서 귀신, 유령 등이 존재해왔다. 그러한 존재는 눈에 보이지 않거나 매우 기이하고 공포를 자아내는 모습으로 얼핏 보이기도 한다. 그 존재를 믿을 수 없지만 그렇다고 무작정 무시하고 부인할 수도 없다. 현재에 이르기까지 동서양에서 귀신·유령에 대한 온갖 괴담이 끊이지 않는 것을 보면, 마냥 부정만 할 수 없는 무엇인가 근거가 있을 것 같다.

강령술(降靈術)은 죽은 자의 영혼을 인간 세상으로 불러내는 마법의 한 형태이며 그런 행위를 하는 사람을 강령술사라고 한다. 동양에서는 혼백을 불러내는 것을 초혼(招魂)이라고 한다. 살풀이춤을 비롯한 무용이나 음악 등에서 많이 다루는 소재이기도 하다. 강령술사는 전문적인 샤먼이나 무당도 아니고 심령술사나 주술사도 아니다. 아프리카의 부두교에는 주술사, 마법사, 강령술사 등이 있다고 한다. 강령술사는 영어로 necromancy라고 한다. 점을 치는 사람, 예언하는 사람이라는 뜻이 포함돼 있지만, 죽은 자만 대상이기 때문에 시체를 소생시키는 행위 따위의 뜻은 없다.

기독교, 유대교 등 정통 종교에서는 강령술을 비판하고 배척한다. 죽은 자를 소생시키거나 죽은 자의 영혼을 불러내는 것은 신의 섭리에 어긋나는 불경한 행위이기 때문이다. 강령술사만이 아니다. 샤머니즘과 관련된 모든 행위를 인정하지 않는다.

강령술사의 가장 큰 목적은 죽은 자의 영혼을 불러내 그의 기운을 이용해 점을 치고 예언하는 것이다. 말하자면 점쟁이라고 해도 틀린 말이 아니다. 강령술사는 사람이나 동물의 사체를 소생시켜 움직이고 걸어 다니게 했다는데, 이것이 영화 등에 나오는 '좀비'다. 실제로 그런 사실이 있는지 모르겠지만, 아프리카의 부두교에서 유래한 것이다.

중국의 전설에도 시체가 움직이고 돌아다니는 이야기가 있는데, '강시(殭屍)'가 그것이다. 그러나 이러한 이야기는 실제로 시체가 움직인 것이 아니라 객지에서 죽은 사람의 시신을 고향으로 옮겨 매장하는 중국의 관습에서 나온 것이다. 전쟁으로 많은 사람이 죽었을 때 시체들의 양팔 옷소매에 긴 대나무 막대기를 끼워 두 사람이 앞뒤에서 어깨에 메고 한밤중에 옮겼다고 한다. 그때 흔들리며 시체들의 팔과 다리 등이 움직이는 모습이 시체가 움직이는 것처럼 보여 강시 전설이 생겨났다는 것이 정설이다.

강령술사에게는 죽은 자의 영혼을 불러내 대화하거나 조종하는 능력이 있다고 한다. 실제로 믿을 만한 확증은 없지만, 강령술사는 어떻게 죽은 자의 영혼을 불러내고 그와 소통할 수 있을까?

우선, 귀신이나 유령은 여러 종류라고 한다. 생전의 원한이나 복수심을 품고 있는 귀신(혼령)도 있고, 편안히 저승에 가지 못하고 떠도는 객귀(客鬼)도 있으며, 특별히 살아 있는 가족이나 후손의 주변을 맴도는 조상이나 죽은 가족의 혼령도 있다고 한다.

혼령이 살아 있는 사람과 직접 교류하거나 대화하거나 접촉할 방법은 없다. 하지만 혼령에게는 저마다 어떤 파장이 있다고 한다. 주파수 같은 것이다. 주파수를 맞추면 라디오를 들을 수 있고 무전 교신도 가능한 것처럼, 죽은 자의 혼령은 파장이 맞는 살아 있는 사람과 접촉할 수 있다는 것이다. 특히 가족이나 후손과는 파장이 잘 맞기 때문에 그들의 몸에 쉽게 접근한다는 것이다.

그것이 빙의(憑依)다. 죽은 자의 혼령이 살아 있는 가족이나 후손의 몸에 깃드는 것이다. 그런데 죽은 자의 혼령이 빙의하면 대부분 부정적인 영향을 미친다고 한다. 빙의를 '귀신이 들렸다', '귀신이 씌었다'고 한다. 귀신이 빙의된 사람은 이유 없이 몸에 열이 나고 두통이 심해지는가 하면 소화도 잘 되지 않고 구토를 하는 등 몹시 예민해진다고 한다. 따라서 현대의학으로도 정확한 병명을 모른다고 한다.

그처럼 원인 모를 병을 앓다가 자칫하면 목숨을 잃을 수 있어서 샤먼 또는 무당을 찾게 되는데 그들은 단번에 죽은 자의 영혼, 즉 귀신이 씌었기 때문이라며 몸에 깃든 귀신을 쫓아내야 한다고 주장한다. 강령술사도 그와 똑같다. 강령술사뿐만 아니라 샤먼, 무당, 심령술사, 주술사, 퇴마사(구마사) 등이 모두 죽은 자의 영혼과 소통하고 몸에 깃든 귀신을 쫓아낸다.

그들은 모두 사람 몸에 깃든 귀신을 쫓아내는 굿과 같은 의식을 거행하는데, 강령술사는 가장 먼저 어떤 귀신이 빙의했는지 그 귀신의 정체를 밝혀낸다. 그들이 혼령과 교신하고 소통하는 것은 다른 사람보다 혼령의 파장을 찾아내는 데 타고난 능력이 있기 때문이다. 그들은 특정한 사람에게 빙의된 혼령(귀신)이 죽은 조상인지 가족인지, 아니면 누구의 혼령인지를 접신 의식을 통해 밝혀낸다. 그리고 그 영혼이 정착하지 못하고 떠도는 것은 원한, 억울함, 아쉬움 등 미련이 남아 있기 때문이라고 판단한다. 그리하여 강령술사는 그 영혼이 떠도는 까닭을 찾아내고 의식을 통해 그 한을 풀어줌으로써 특정한 사람의 몸에 빙의된 귀신을 물리친다는 것이다.

강령술사가 찾아낸 죽은 자의 영혼·혼백이 과연 그가 지목한 죽은 자가 맞는지 아닌지는 아무도 모른다. 강령술사나 죽은 자의 영혼과 소통한다는 샤먼·무당만 알 뿐이다. 그렇더라도 빙의된 사람은 그의 말을 믿어야 한다.

한 가지 기이한 것은 강령술사 등이 빙의된 귀신을 달래고 다스리고 쫓아내는 의식을 거행하고 나면 원인 모를 병을 앓던 사람(빙의된 사람)이 낫는 경우가 많다는 것이다. 그렇지만 모두 완전하게 낫는 것은 아니다. 어디까지 믿을지, 그것은 생각하기 나름이다.

구마사

'퇴마'라는 단어를 제목으로 하는 소설, 영화, 다큐멘터리 등이 많기 때문에 '퇴마사'라는 말은 그리 낯설지 않다. 따라서 퇴마사 또는 엑소시스트(exorcist)가 '악마나 귀신을 쫓아내는 사람'을 가리킨다는 것쯤은 짐작하고 있다. 그런데 우리말에는 '퇴마', '퇴마사'라는 단어가 없다. 일본의 소설이나 만화 등에서 유래한 말이라고 한다. 우리말로는 구마(驅魔) 또는 구마사다. 따라서 퇴마·퇴마사가 익숙하더라도 구마 또는 구마사라는 용어를 사용하겠다.

고대사회부터 샤먼·무당들은 신 또는 죽은 자의 영혼과 소통하면서 귀신을 쫓거나 달래기도 하고 사악한 것을 몰아내는 의식을 해왔다. 그런 행위를 축귀(逐鬼), 축사(逐邪), 벽사(辟邪), 살풀이 등이라고 했다. 구마 또는 구마의식도 그러한 행위이며 정통 종교와 깊은 관련이 있다. 대표적으로 유대교, 이슬람교, 불교 등에도 비슷한 의식이 있다. 또한 그러한 행위를 주도하는 인물을 구마사라고 했는데, 당연히 정통 종교의 성직자였다.

정통 종교는 그 탄생에서부터 토속신앙·샤머니즘을 외면할 수 없었다. 정통 종교는 건전하고 올바른 정신적·육체적 삶의 태도를 설파해서 큰 호응을 얻었다. 또한 죽은 자의 영혼이 천당, 천국, 극락 등 편안하게 좋은 곳으로 가도록 기원했다. 그것을 보면 죽은 자에게 영혼이 있다는 것을 정통 종교도 인정하는 것 같다.

하지만 그들이 숭배하는 신은 실존하지도 않을 뿐만 아니라 인간이 겪어야 하는 뜻하지 않은 재난과 우환·질병 등 갖가지 불행에 실질적이고 구체적인 도움을 주지 못했다. 간절하게 기도하면 신의 기적이 발현할 수 있다고 주장했지만 그러한 기적을 실증할 수는 없었다. 그리하여 많은 사람이 여전히 신 또는 죽은 자의 영혼과 소통한다는 샤먼(무당)에게 의지하려고 했다. 더욱이 기독교 신자 가운데서도 귀신이 깃들거나 죽은 자의 영혼이 깃드는 빙의 현상이 자주 일어났다.

그러자 기독교를 비롯한 정통 종교에서는 인간의 지혜와 능력으로는 어쩔 수 없는 보이지 않는 어떤 힘이나 인간의 행복과 불행에 영향을 미치는 어떤 영적(靈的)인 존재가 있다는 것을 무시할 수 없었다. 샤먼(무당)은 그것을 귀신 또는 조상의 신에게 한이 있기 때문이라고 했다. 정통 종교는 이러한 토속신앙에 관심을 기울일 수밖에 없었다. 특히 가톨릭에서는 그에 대한 치유가 필요했다. 그렇게 등장한 것이 구마 또는 구마사다.

가톨릭에는 정식으로 공인된 구마의식 또는 구마예식이 있다. 의식을 통해 사람이나 사물에서 악마를 쫓아내는 것이 구마의식이며, 이를 주재하는 구마사는 가톨릭 신부다. 가톨릭에는 세례, 견진, 성체, 고해 등 일곱 가지의 성사가 있는데, 구마의식은 그것에 포함되지는 않고 축성이나 축복과 같은 준성사라고 할 수 있다.

가톨릭 교리에는 "교회가 어떤 사람이나 물건이 마귀의 세력으로부터 보호되고 마귀의 지배에서 벗어나도록 예수 그리스도의 이름으로 공적인 권위를 가지고 청하는 것을 구마라고 한다"라고 정의하고 있다. 그러나 모든 가톨릭 성직자가 구마의식을 할 수 있는 것은 아니다. 주교로부터 구마사제로 인정받아야 구마의식을 주재할 수 있다. 구마사제로 인정받으려면 교황청에서 악마·악령을 쫓아내는 교육을 정식으로 받아야 한다. 이 교육을 이수한 신부만 구마의식을 주재하는 구마사·구마사제가 될 수 있다.

가톨릭 교회법에서는 "교구 직권자로부터 특별한 명시적 허가를 얻지 아니하는 한 아무도 마귀 들린 자에게 합법적으로 구마식을 행할 수 없다"라고 규정하고 있다. 아울러 대단히 장엄한 의식인 구마를 엄격하게 제한했다. 1992년 교리서에 구마를 수용한 이래로 1999년에는 의학·정신병리학 전문가들과 진지한 논의를 거쳐야만 구마의식을 주재한다는 새롭고 까다로운 지침을 마련했다.

이렇게 공식적으로 구마의식을 주재할 수 있는 구마사제가 공인된 구마사이며 영어로 엑소시스트(exorcist)다. 지금까지 공인된 구마신부, 즉 정식 엑소시스트는 전 세계 30여 개국에서 약 250명에 불과하다. 2008년 당시 교황이었던 베네딕토 16세는 구마신부인 엑소시스트를 더욱 확충하기로 결정했다. 구마사제들은 그들끼리 개인적으로 여러 가지 지식과 정보를 교환해오다가 '국제구마사제협회'를 결성했다. 2014년에는 교황청에서 이 단체를 정식으로 인정했다.

가톨릭의 구마사제와 샤먼(무당)은 다르다. 구마사제와 샤먼은 주술을 사용하는 것은 같다고 할 수 있지만, 기독교에서는 귀신을 인정하지 않는다. 다만 그러한 알 수 없는 존재, 보이지 않는 존재를 영적·신비적 존재라 일컬으며 퇴치하는 매우 장엄하고 진지한 구마의식을 거행한다. 기독교에서는 인간을 괴롭히는 못된 존재를 악마·마귀·악령이라고 한다. 따라서 악령이 들린 부마자(付魔者)에게서 악령을 쫓아내는 것이 구마의식이다.

가톨릭의 구마의식은 대부분 신앙심이 매우 두터운 구마사제의 주도로 거행되는데 전통적인 라틴어를 사용한다. 부마자에게서 악령을 쫓아낸다는 것은 영적으로 몹시 위험한 행위이기 때문에 매우 엄숙하고 진지하다. 악령에 의해 정신적·육체적 자유를 빼앗긴 부마자의 상태를 인정하고 간절한 기도, 축복, 가톨릭 기도서 등으로 악령이 물러나 부마자가 정상적이고 편안한 정신상태로 돌아올 때까지 계속된다.

개신교에는 구마의식이 없다. 그러나 목사들이 악령을 쫓아내기 위한 기도를 하는데 이를 축사(逐邪)라고 한다. 그 기도행위에 대해 논란이 많지만, 성경을 근거로 축사하는 목사들이 적지 않다. 신약성서 「마르코의 복음서」의 "믿는 사람에게는 기적이 따르게 될 것인데, 내 이름으로 마귀도 쫓아내고 여러 가지 기이한 언어로 말도 하고, 뱀을 쥐거나 독을 마셔도 아무런 해를 입지 않을 것이며 또 병자에게 손을 얹으면 병이 나을 것이다"(16:17-18)라는 구절에 근거한 것이다.

그러나 하나님의 계시와 자신의 영험한 능력으로 구마의식을 행한다는 가짜·사이비 목사들이 적지 않다. 그 목적은 개인의 이익을 취하려는 것이다. 이러한 가짜들은 환자를 묶어놓고 마구 때리고 짓밟는 등 온갖 가혹행위를 하며 악령을 쫓아낸다고 한다.

불교에서도 귀신을 수용하는 것 같다. 현대의학으로도 밝혀내지 못하는 알 수 없는 병을 앓고 있는 사람에게 '구병시식(救病施食)'을 행한다. 지옥에서 굶주림에 고통받는 가엾은 영혼에게 공양물을 베풀어 그의 원한을 달래는 의식이다. 법력이 높은 고승이 공양물과 법문(法文)으로 귀신을 불법에 귀의시키는 의식이다.

우리나라에도 스스로 구마사(퇴마사)라는 사람들이 적지 않다. 그들 대부분이 개인의 이익을 추구하는 사이비 종교인이나 무속인들이지만, 제법 널리 알려진 구마사들이 없는 것은 아니다. 그들이 어떤 행위로 귀신을 쫓아냈는지는 제대로 알려진 것이 없다.

과연 귀신 또는 죽은 자의 혼령이 있을까. 아주 오래전부터 동서양에서 귀신이나 유령을 실제로 목격했다는 사람이 수없이 많다. 귀신·유령과 대화했다는 사람도 있다. 또한 실체는 없지만 틀림없이 귀신·유령이 존재한다고 믿는 사람도 많다. 더욱이 정통 종교에서도 실체를 알 수 없는 영적이고 신비로운 존재가 있다는 가정 아래 그것을 퇴치하려는 공식적인 구마의식이 있는 것을 보면 귀신이나 유령의 존재를 부인하기도 어렵다. 그러나 의사를 비롯한 과학자들과 상식적인 사람들은 귀신이나 유령의 존재를 믿지 않는다. 심지어 구마사의 구마의식을 기만술이라고 비난까지 한다. 당연히 의학적으로는 귀신·유령의 존재를 부인하고 구마의식을 용인하지 않는다.

그런데 1848년 놀랍고 충격적인 일이 벌어졌다. 미국 뉴욕에 사는 폭스라는 여성이 살해당한 사람의 영혼과 교신에 성공했다고 한다. 그녀는 영과 혼 등 인간의 영적인 존재와 교신하려는 교령회를 통해서 죽은 자의 영혼과 대화하는 데 성공했다는 것이다. 그리고 죽은 자와의 대화 덕분에 범인을 잡을 수 있었다고 한다. 그렇다면 영이든 혼이든 육신이 죽더라도 영적 존재는 살아 있다는 분명한 증거가 아닐까?

이런 일도 있다. 아주 먼 시절이 아니라 근래에 있던 실화다. 서양의 어느 미혼여성이 해적들이 활약하는 영화를 무척 좋아했다. 그러다가 어느 영화의 소재가 됐던 약 300년 전에 악명을 떨쳤던 해적왕(두목)에게 큰 매력을 느끼고 진정으로 사모하게 됐다. 짝사랑이었다. 날이 갈수록 사랑이 깊어졌지만 그를 만날 수는 없는 일이었다. 그렇더라도 그녀는 포기하지 않았다. 그 해적왕과 결혼하기로 결심했다. 영혼과의 결혼이었다. 영화에서 해적왕을 맡았던 배우의 얼굴이 크게 부각된 영화 포스터를 놓고 공개적으로 진짜 결혼식을 올렸다.

문제는 그다음부터였다. 멀쩡했던 그녀의 건강이 점점 악화됐고, 뜻하지 않은 각종 사고와 우환이 끊이지 않았다. 그녀의 주변에서는 약 300년 전에 죽은 해적왕의 영혼이 그녀를 괴롭히기 때문이라고 했다. 그래도 그녀는 믿지 않았지만, 건강이 더 이상 버틸 수 없을 정도로 악화하고 파산지경에 이르자 할 수 없이 구마사를 불러 해적왕의 영혼을 쫓아내달라고 의뢰했다. 놀라운 일은 그 뒤에 일어났다. 구마의식을 끝내고 나자 그녀의 모든 병이 씻은 듯이 나았고, 어떤 사고나 우환도 일어나지 않은 것이다. 건강도 아주 빠르게 좋아졌다. 이런 상황이 되면 죽은 자의 영혼을 믿을 수밖에 없고, 구마사와 구마의식의 효과를 믿을 수밖에 없을 것이다.

사람이 죽어서 천국이나 극락세계에 가지 못하면 그 혼령이 구천(九

泉)을 떠돈다는 옛말이 있다. 한 가지 참고할 것은 '구천을 떠돈다'고 하면 허공을 떠도는 것으로 잘못 알고 있는 사람이 많은데, 구천은 하늘이나 허공이 아니라 땅속의 깊은 밑바닥이란 뜻으로 죽은 뒤에 넋이 돌아가는 곳이다. 죽은 자의 넋이 있다는 것 아닌가.

심령학(心靈學)은 신비하고 불가사의한 심령현상을 연구하는 학문이다. 생명과학을 벗어나 인간의 영과 혼을 연구하는 학문이다. 죽은 자를 관찰할 수는 없으므로 심령학의 발전은 느리지만, 분명히 영적 존재가 있다는 믿음이 연구의 기초다. 특히 최근에는 사후세계에 관한 연구가 매우 활발하다. 과연 우리 인간의 육신은 죽어서 사라지더라도 영혼은 영원히 살아 있는 걸까? 그렇다, 아니다라고 선뜻 확답은 할 수 없지만, 절대로 죽은 자의 영혼은 없다고 강력하게 부인하기도 어렵다. 확인할 수 없다고 존재하지 않는 것은 아니다.

영매

靈媒

어떤 영적인 존재나 죽은 사람의 영혼과 소통하면서 혼령과 살아 있는 관련자를 매개하는 행위 또는 그런 행위를 하는 사람을 영매 또는 영매사(靈媒師)라고 한다. 영매는 신들린 상태에서 혼령의 세계와 교신할 능력을 지닌 사람인 것으로 알려져 있다. 영매 또는 영매사는 감각이 뛰어난 여성이 많으며, 보통 사람과는 다른 여러 가지 초감각을 지녔다고 한다. 대표적인 초감각으로 텔레파시, 천리안, 예지력, 투시력 등이다.

텔레파시(telepathy)는 '정신감응(精神感應)'이라고 하는데, 어떤 사람의 마음이나 생각이 언어·동작 등의 물리적 수단을 통하지 않고서도 다른 사람에게 전해지는 현상을 말한다. 우리도 흔히 아무 말이나 행동 없이 마음이나 생각이 서로 통할 때 텔레파시가 통한다고 말한다. 다시 말하면 아무런 물리적 수단을 통하지 않아도 가까이 있든 보이지 않는 곳에 멀리 있든 어떤 특정한 사람의 마음과 생각을 알 수 있다는 것이다.

천리안(千里眼)은 한자 그대로 풀이하면 천 리를 볼 수 있는 눈이다. 시력이 뛰어나서 아주 먼 곳까지 볼 수 있다는 뜻은 아니다. 시력과 같은 감각기관을 이용하지 않고도 어떤 물체나 사건의 발생을 지각하는 현상을 천리안이라고 한다.

예지 또는 예지력은 아직 일어나지 않은, 미래에 일어날 일을 미리 깨닫고 알아차리는 능력이다. 투시력(透視力)은 사물을 꿰뚫어 볼 수 있는 능력이다. 예컨대 트럼프 카드를 엎어놓고 그 카드가 하트인지 클로버인지 정확하게 알아맞히고 숫자가 무엇인지 알아맞히는 능력이다.

어떤 인물이나 사물·현상 따위를 보고 어떤 감정을 느끼는 것이 감각이며, 그 느낌에 따라 판단하는 것이 지각이다. 그런데 정신감응·천리안·예지력 등과 같은 '초감각 지각'은 그와 같이 통상적으로 인식된 지각 과정과는 아무런 관련이 없다. 초감각 지각 능력을 지닌 사람은 감각의 자극 없이도 자기가 지닌 초능력으로 무엇을 지각하는 것이다. 영매가 그러한 사람이다.

현대의학이나 전통적인 심리학에서는 초감각 지각을 인정할 확실한 과학적 증거를 찾지 못했다. 그렇다고 그러한 감각과 지각의 초능력을 무작정 부정하지도 못한다. 능력 있는 영매에게는 실제로 그런 현상이 일어나고 있기 때문이다.

영매가 어떻게 그러한 초감각 지각을 지니게 됐는지는 분명치 않다. 그러나 신들린 상태에서 죽은 자의 영혼과 소통하고 교신하는 것을 보면 뛰어난 샤먼의 초자연적 능력을 지닌 것으로 생각된다. 앞서 소개했던 미국 뉴욕의 폭스라는 여성은 살해당한 사람의 영혼과 교신에 성공해서 범인을 잡을 수 있었다. 어쩌면 그녀가 영매인지 모른다.

그처럼 영매는 죽은 자의 영혼과 소통하고, 귀신이 왜 나타나는지 그 까닭을 잘 알아차린다. 죽은 자의 영혼이라고 할 수 있는 귀신은 대부분 생전에 여러 가지 일로 생긴 원한을 해소하지 못하고 세상을 떠났거나 억울하게 죽은 사람의 혼령이다. 그래서 원귀(怨鬼)라고도 한다. 영매는 귀신과 소통하며 그러한 원한을 감지해서 살아 있는 가족에게 전달함으로써 귀신의 한을 풀어준다. 다시 말하면 영매는 무당과 같은 역할과 기능을 수행하기도 하는 것이다.

　우리나라에는 무당이 있기 때문에 따로 영매로 부를 만한 사람을 찾아보기 어렵다. 그러나 서양에서는 영매가 상당히 보편화돼 있으며, 그들이 귀신과 소통하는 특별한 기능을 대체로 수용한다. 그리하여 수사기관에서도 사건이 미궁에 빠지게 되면 자주 영매를 찾아 자문을 구한다. 영매의 눈에는 범인이 어떤 인물이며 어디 있으며 무엇을 하고 있는지 보인다고 한다. 또한 살해당한 사람의 시신을 찾지 못하는 경우 그 시신이 어디에 있는 낡은 드럼통 안에 있다고 하는 등 정확하게 알아맞히는 영매의 조언으로 범인을 잡고 해결한 사건이 실제로 적지 않다.

　물론 영매의 주장이 모두 맞는 것은 아니다. 하지만 실제로 적중하는 경우도 있다는 것이다. 그뿐만 아니라 영매는 뛰어난 예지력으로 앞으로 일어날 사건이나 사고를 미리 예언도 하는데 그것 역시 실제로 적중한 사례가 적지 않다고 한다.

　영매와 같이 초감각 지각을 지닌 사람이 있다는 것은 부정할 수 없는 사실이다. 따라서 심리학의 한 분야로 '초심리학(超心理學)'이 등장해서 이를 전문적으로 연구하는 학자들이 있다. 영매의 행위를 미신이라고 일방적으로 무시할 수는 없는 것 같다.

영매는 죽은 자의 영혼과 교신하는 모임인 '교령회'가 진행될 때 중심 역할을 하며, 때로는 지배령이라 부르는 보이지 않는 중재자의 도움을 받기도 한다. 교령회 동안 형체가 보이지 않는 음성이 직접 영매를 통해 들린다고 한다.

영매는 육체와 분리된 영혼에게 형상을 부여하거나 신체 특정 부분의 형상을 부여하기도 한다. 그러한 영혼의 형상은 영매의 몸에서 스며나와 결국 본래의 근원으로 돌아가서 사라지는, 심령체라는 신비스럽고 끈적끈적한 물질을 통해 가능하다고 한다. 때로는 대상이 되는 물질이 공중에 떠 있는 것처럼 보이기도 한다. 아무튼 실력 있는 영매는 보통 사람과는 다른 특별한 존재임에 틀림없다.

마법사

魔法師

마법사는 특히 어린이에게 매우 친숙하다. 서양의 수많은 동화와 영화, 애니메이션, 뮤지컬, 만화 등에 마법사가 등장한다. 마법을 부려 양탄자를 타고 하늘을 날고, 빗자루를 타고 둥둥 떠다니지만 실제로는 볼 수 없는 환상일 뿐이다. 꿈과 희망, 환상, 호기심, 모험, 무엇이든지 이루어지는 기적 등을 좋아하는 어린이에게 마법사는 모든 것을 이루어 주는 환상적인 인물이다.

오늘날에도 『오즈의 마법사』, 『해리포터』, 『반지의 제왕』 등을 비롯한 수많은 문학작품과 영화에 마법사가 등장한다. 마법사는 거의 비슷한 차림을 하고 있다. 챙이 넓은 고깔모자를 쓰고 수염이 덥수룩한 노인이 큰 지팡이를 들고 있다. 이 지팡이는 던지면 마치 살아서 움직이듯 마법사가 원하는 대로 떠다니며 활약한다. 그러한 마법사들은 많은 어린이에게 환상을 줄 뿐 실제로 본 사람은 없다. 과연 마법사는 실제로 있는 걸까?

'마법(魔法)'은 사전적으로 사람의 능력을 뛰어넘는 이상한 힘으로 신기한 일을 행하는 술법으로 풀이하고 있다. 그런 마법을 행하는 사람이 마법사다. 그런 의미에서 여러 사람이 역사적으로 가장 뛰어난 마법사이자 최초의 마법사는 예수 그리스도라고 비아냥대듯 말한다. 예수는 '오병이어(五餅二魚)' 즉 떡 다섯 개와 물고기 두 마리로 무려 5천 명의 군중을 먹였다고 한다. 또한 소경을 눈뜨게 하고 앉은뱅이를 벌떡 일어서게 했다고 한다. 그런데 이것은 비유일 뿐이다.

서양의 그리스·로마 신화, 전설, 민담 등에는 수많은 신과 괴물·영웅이 등장한다. 이들은 시공(時空)을 초월해서 천지를 개벽하고, 하늘을 날아다니기도 하고, 동물로 변신하기도 하고, 서 있는 동상을 실제로 사람으로 바꾸기도 하고, 물거품에서 사람이 태어나기도 하는 등 초능력을 발휘한다. 또한 호메로스의 작품에도 초능력으로 마법을 구사하는 마녀가 등장한다.

이러한 인간 능력의 한계를 벗어난 놀라운 기적과 초능력에 대한 환상이 마법사라는 캐릭터를 만들어냈을 것이다. 결론적으로 비현실적·비과학적·비상식적 일을 가능하게 하는 마법사는 수많은 작품에서 작가들이 창작한 환상적으로 가공된 실존하지 않는 인물이다. 여러 작품 속에서 마법사는 대개 두 종류로 나타난다. 하나는 개인적인 마법사다. 특별한 재능과 관련 없이 스스로 마법사를 직업으로 택한 사람들이다. 다른 하나는 마법사 종족이다. 그 종족은 태어날 때부터 마법적 재능을 지니고 마법사가 된다.

중세 유럽에는 실제로 마법사라는 직업이 있었다고 한다. 마법사라고 해서 천지조화를 부리거나 인간 능력 이상의 초능력을 발휘할 수 있는 인물이 아니라, 보통 사람보다 지혜와 지식 경험이 풍부한 재능이 비범한 인물이었다고 한다. 한마디로 남들보다 훨씬 박학다식하고 재능이 뛰어난 인물이 마법사였다.

그들은 자신의 지식과 경험으로 아픈 사람에게 약을 처방하고, 남들보다 지혜가 뛰어난 선지자로서 통치자에게 조언도 하고, 끊임없는 전쟁으로 실의에 빠진 사람들을 위로하고 앞으로 나아갈 길을 일러주는 등 한 사회의 원로나 인생의 선배 같은 역할과 기능을 했다고 한다. 마법사를 영어로 wizard라고 한다. 원래는 '지혜를 활용해서 남을 돕는 사람'이라는 뜻이라고 한다. 선지자·선각자라고 할까?

그런가 하면 중세 서양에서는 박학다식하고 재능이 뛰어난 사람뿐만 아니라 성직자들이 마법사의 역할과 기능을 많이 했다고 한다. 그 당시 유럽은 기독교가 절대적으로 지배하는 사회여서 성직자라면 기독교 성직자였을 것이다. 그들은 예수가 그랬듯이 안수기도(按手祈禱)를 통해 그들의 유일신인 하나님과 소통하고 아픈 사람을 기적적으로 치료하기도 했다. 안수기도란 성직자가 무릎 꿇고 안수받는 사람의 머리에 손을 얹고 기도하는 것으로 신의 권능과 권한을 부여하는 표시다. 다시 말하면 신의 도움을 받아 환자를 기적적으로 치료하는 것이다. 그 때문에 신 또는 죽은 자의 영혼과 소통한다는 주술사와 마법사를 혼동하기도 한다.

이처럼 가톨릭이든 개신교든 기독교 성직자들이 하나님의 기적이라는 이름으로 병든 자와 장애인을 치료하는 마법 행위를 행하자 사람들이 구름처럼 밀려들었다. 그리하여 사실이든 기만행위든 많은 사람이 마법을 믿게 됐으며 마법을 행하는 성직자를 마법사라고 불렀다. 평민

사회에서 그들의 인기는 대단할 수밖에 없었다.

그러자 기독교 교단이 가만 있을 수 없었다. 단 하나의 신을 모시는 기독교로서는 마법을 용납할 수 없었다. 이른바 마법사를 가리켜 악마를 숭배하는 적그리스도이며 이단자라고 맹렬하게 비난하고 심하게 박해했다. 그 무렵 유럽에는 무당처럼 점을 치고 길흉사를 예언하는 여성들이 있었는데, 기독교는 그녀들을 '마녀'라며 노골적으로 탄압하고 박해했다. 기독교는 마법사를 마녀와 똑같이 취급했다. 그 때문에 오히려 마법사가 더욱 널리 알려지는 역효과도 있었다. 정말 기적적인 마법이 있는 것인지, 사람들 사이에는 논란이 그치지 않았다.

그럴수록 기독교의 보수적인 성직자들은 마법은 속임수이며 악마의 장난이라고 설교하면서 마법이나 마법사에게 현혹되지 말 것을 끊임없이 강요했다. 특히 무속 여성을 악마를 숭배하는 마녀라며 화형을 시키는 등 처벌을 강화했다. 그러나 한편에서는 하나님의 기적 같은 마법이 있다고 설교하는 성직자들도 있어서 매우 혼란스러웠다.

지금도 마법이 있다고 믿는 사람이 많다. 아울러 자신이 샤먼(무당)이라며 허세를 부리면서 혹세무민하는 가짜 마법사들도 많다. 물론 그들이 거의 사기꾼이어서 마법을 전수할 리 없다. 거듭 말하지만 진짜 마법사는 없다. 초능력을 기대하는 환상에서 탄생한 가공인물일 뿐이다.

마녀

魔女

'마녀'는 긍정적·부정적 의미로 다양하게 쓰이고 있다. 긍정적으로는 보통 사람들은 도저히 할 수 없는 일을 해내는 여성을 마녀라고 한다. 매스컴에서도 그렇게 표현한다. 이를테면 여성 스포츠선수가 뛰어난 기록을 세웠을 때 또는 연약한 여성이 남성보다 더 좋은 기량을 발휘했을 때, 한 가지도 힘든 일을 여성이 한꺼번에 몇 가지를 동시에 해내도 흔히 마녀라고 표현한다. 그런가 하면 부정적으로는 행동과 성격이 악독한 여성을 마녀라고 한다. 농담으로는 아주 못생긴 여성도 마녀라며 그녀가 없는 곳에서 히죽거린다.

샤머니즘과 관련해서 설명하려는 마녀는 흔히 말하는 마법을 부리지만 몹시 사악한 여성을 가리킨다. 서양에서는 악마를 옹호하는 악의 상징으로 마녀를 손꼽는다. 이른바 '마녀사냥', '마녀재판' 등과 관련된 이야기도 널리 알려져 있다.

마녀의 역사나 유래에 대해서는 분명치 않지만 매우 오랜 역사를 지니고 있다. 이집트 등 고대 문명과 각종 신화에서 점을 치고 길흉사를 예언하고 갖가지 마법을 부리는 인물들이 있었다. 그를 가리켜 남성은 마법사, 여성은 마녀라고 불렀다. 기독교의 성경에도 마녀가 등장하는 것을 보면 매우 오랜 역사를 지니고 있다는 것은 분명하다.

하지만 마녀가 사회적으로 크게 대두됐던 중세 유럽의 마녀는 다르다. 그 당시 마녀라고 불렀던 일부 여성이 전통적인 고대의 마녀와 비슷한 역할과 기능을 했지만, 대부분 본질적으로 큰 차이가 있다.

14세기경 중세 유럽은 경제적으로 무척 어려웠다. 더욱이 기독교와 남성 중심 사회에서 여성의 인권은 철저히 무시돼 아이를 낳고 가사를 돌보는 일 이외에는 여성이 할 수 있는 일이 거의 없었다. 따라서 남성의 보호를 받지 못하는 과부나 가족이 없는 여성 등은 스스로 생계를 유지하기 힘들었다. 그리하여 나이가 있는 중년 이상의 과부 가운데는 자신의 출산 경험과 조산술(助産術)을 익혀 산파로 일했고, 샤머니즘과 관련 있는 집안의 과부들은 무속인이 됐다. 또한 샤먼, 심령술사, 주술사, 강령술사, 퇴마사, 마법사 등을 돕다가 그런 묘법들을 익혀 독자적으로 활동하는 여성들도 있었다.

여러 이유로 홀로 사는 젊은 여성, 의지할 가까운 가족이 없는 젊은 여성은 여성의 인권이 무시된 사회에서 만연한 여성 범죄, 성폭력 등을 피해 도회지를 떠나 외딴곳으로 숨어들었다. 산속이나 숲속 또는 그 주변이었다. 그곳에서 생계를 유지하기 위해 할 수 있는 일은 산이나 숲에서 약초를 채취해서 파는 일이 거의 전부였다. 그녀들은 단순한 약초 판매를 넘어서 약초를 구하는 환자에게 민간 치료요법을 권유하는 등 전문적인 약사 또는 의사 역할을 하기도 했다.

또한 도저히 원인을 알 수 없는 병에 대해 악령이 씌었다며 주위들은 지식으로 무속인 행세도 했다. 운이 좋은 여성은 그로 말미암아 진짜 샤먼보다 더 많은 돈을 벌었다. 그러자 힘든 약초 채취 따위를 그만두고 전문적인 무속인으로 나서는 여성이 많았다. 그녀들은 숲속 등의 외진 곳에서 은둔생활을 했기 때문에 무척 신비스럽게 보여 그들의 무속행위가 신뢰받는 등 큰 효과가 있었다.

14세기, 기독교가 지배하는 사회에서 이처럼 무속 행위를 하는 여성이 늘어났지만 그들에 대한 인식은 비교적 관대했다. 사회에 해악을 끼치는 행위를 하지 않으면 처벌하지 않았다고 한다. 평민사회에서 차츰 커져가는 그들의 영향력을 과소평가했던 것이다. 그러나 15~16세기에 이르러 상황이 크게 달라졌다. 유럽을 지배하는 교황과 가톨릭교회의 부패가 만연해 비판이 높아지고 종교개혁 운동이 일어나 개신교가 탄생하면서 구교와 신교의 갈등이 심각했다.

구교든 신교든 자신의 영향력을 높이고, 신도들이 흔들리지 않고 단합할 수 있는 무엇인가 적극적인 대책이 필요했다. 그 대책의 하나가 점점 대중화되고 있는 무속 행위의 퇴치였다. 무속 행위는 유일신을 모시는 기독교의 입장에서는 몹시 불경하고 적대적인 행위이기 때문에 이를 퇴치하겠다는 것은 더할 나위 없는 좋은 구실이었다.

그리하여 민간신앙과 무속 행위를 주도하는 여성을 '마녀'로 규정하며 노골적으로 탄압하기 시작했다. 물론 무속 행위를 하는 여성들이 스스로 마녀라고는 하지 않았지만, 기독교가 그렇게 낙인을 찍은 것이다. 기독교가 마녀는 악마나 마귀를 숭배하는 적그리스도라고 비난하자 기독교 맹신자들이 적극적으로 동조했다. 그에 따라 마녀들은 갈수록 심한 탄압과 공격을 받기 시작했다. 마침내 이른바 '마녀사냥(마녀재판)'으로 이어지고 확대됐다.

유럽에서 출산을 돕거나 약물을 만들어 질병을 치료하며 의사와 약사 기능을 하던 여성들, 점을 치고 예언하고, 주술을 통해 신과 소통하며 마법을 구사한다는 여성들이 졸지에 악마를 숭배하는 '마녀'가 됐다. 기독교는 오직 하느님만 전지전능하기 때문에 마녀들의 주장은 모두 거짓이며 기독교 신자들까지 현혹하고 선동하는 악마적 행위라며 공격의 포문을 열었다.

그에 따라 마녀로 낙인찍힌 수많은 여성이 붙잡혀 적지 않은 벌금을 무는 등 처벌을 받았다. 대개 나이 많은 여성들이었다. 하지만 역효과도 있었다. 대체로 마녀로 지목된 여성들이 사악하지 않을 뿐만 아니라, 기독교가 지나치게 마녀들을 탄압하고 박해하면서 마녀를 모르는 사람들도 오히려 마녀와 그녀들이 행사한다는 마법에 대해 알게 된 것이다. 기독교 성직자들이 설교를 통해 마녀와 마법이 하느님에 대한 적대행위이며 악마의 책동이라고 비난할 때마다 많은 사람이 오히려 마녀에 대한 호기심과 초자연적인 능력인 마법이 가능할 수 있지 않을까 생각했다.

그러자 기독교에서는 마녀에 대한 공격을 더욱 강화할 수밖에 없었다. 그리하여 마침내 악명높은 '마녀사냥(마녀재판)'이 시작된 것이다. 마녀에 대한 박해를 시작한 초기에는 주로 마법을 부린다거나, 무속 행위를 한다거나, 약초 따위로 묘약을 만들어 의료 행위를 한다거나 하는 여성을 처벌했지만, 차츰 거의 무분별하고 무모하게 범위를 넓혀갔다.

그 때문에 터무니없는 일들도 벌어졌다. 출산을 돕는 산파도 마녀가 됐다. 아기가 탄생하면 바늘로 찔러 죽여 제물로 바친다는 말도 안 되는 거짓 소문을 퍼뜨려 그녀들을 잡아들인 것이다. 음란한 여성도 마녀였다. 불륜을 저지른 여성, 남자관계가 복잡한 여성, 미혼여성이 성관계를 가졌다면 마녀가 됐다. 정숙한 여성이라도 주변에서 남자를 밝히는 음란한 여성이라고 지목하면 마녀가 되어야 했다. 지역에 따라서는 교회에 가기 싫어하는 여성도 마녀로 몰렸다. 그야말로 생사람 잡는 마녀사냥이었다.

기독교에서 이른바 마녀에게 극형을 내리려면 무언가 근거가 있어야 했다. 그들은 "너희는 무당을 살려두지 말지어다"(출애굽기)라는 성경 구절을 근거로 마녀를 이단자로 몰아 종교재판을 열었다. 그것이 바로 '마녀재판'이다.

재판 결과는 한결같이 사형이었다. 남녀의 성관계는 은밀한 사적 행위여서 뚜렷한 증거를 찾기 어려웠다. 그러면 거짓 증인을 내세웠다. 처형방식은 잔혹했다. 장작더미 위에 마녀를 묶은 나무 기둥을 세워놓고 불태워 죽이는 화형이었으며, 수많은 사람이 모인 광장에서 행하는 공개처형이었다. 마녀에 대한 경계심을 높이려는 의도였다.

마녀사냥과 마녀재판은 스위스, 크로아티아 등지에서 가장 먼저 시작됐는데, 이미 정해진 판결 결과로 대부분 발가벗긴 마녀를 기둥에 묶어놓고 산 채로 화형했다. 이러한 화형은 특히 남성에게 큰 인기였다. 벌거벗은 마녀를 구경하려고 구름처럼 몰려들었다. 더욱 어처구니없는 것은 마녀재판에 들어가는 모든 비용을 법정에 선 마녀가 부담해야만 했으며 처형 비용까지 그녀가 부담했으니 엄청난 불합리였다.

이러한 마녀재판에 결정적으로 기여한 것이 『마녀 잡는 망치』라는

마녀사냥 교본인 『모든 마녀와 이단을 창과 같이
심판하는 망치(MALLEUS MALEFICARUM, Maleficas et earum hæresim,
ut phramea potentissima conterens)』. 통칭 『마녀 잡는 망치』라고 했다.
로마 가톨릭교회 도미니쿠스 수도회의 수사인
요하네스 슈프랑거와 하인리히 크래머가 쓰고 교황 인노첸시오 8세가
서명하고 인증해 준 마녀사냥 교본이다.

책이었다. 15세기 말엽에 발간된 이 책은 도미니쿠스 수도회에 소속된 두 명의 수도사가 쓰고 교황 인노첸시오 8세가 서명하고 인증했으니, 일방적으로 기독교의 입장에서 쓴 마녀사냥 교본이라고 할 수 있다.

이 책에서 마녀는 악마와 계약하고 성관계를 맺고 자유자재로 변신한다며 터무니없고 억지스런 일방적인 주장으로 마녀의 실상과 타락을 강조했다. 그뿐만 아니라 마녀를 색출하는 방법, 마녀를 고문하는 방법, 마녀에게 자백을 받아내는 방법 등을 제시했다. 도저히 받아들일 수 없는 억지로 꾸며진 내용이었지만 의외로 인기가 있어서 꾸준한 베스트셀러였다. 이 책을 근거로 15세기에서 17세기에 이르는 거의 200년 동안 마녀사냥이 최고조에 달했다고 한다.

기독교가 마녀로 낙인을 찍어 잡아들인 여성은 먼저 자신이 마녀라고 자백하는 가혹한 과정을 거쳐야 한다. 억지이기 때문에 그 과정이 무척 잔혹하다. 잘 알려진 네 가지의 고문 과정을 거친다.

마녀는 사악하기 때문에 눈물이 없다며 눈물을 흘려서 죄가 없다는 것을 증명해야 한다. 또한 마녀는 피를 흘리지 않는다면서 완전히 벌거벗겨놓고 온몸을 관찰한다. 쉽게 관찰할 수 있도록 음모를 비롯한 온몸의 털·눈썹까지 태운다. 그리고 온몸의 이곳저곳을 바늘로 찔러 피가 나오는지 관찰하는 것이다.

또 불 위를 걷게 한다든지 불에 달군 인두로 피부를 지지는 등 자백할 때까지 고문했다. 그뿐만 아니라 마녀를 단단히 묶어서 물속에 집어넣는다. 익사하면 마녀가 아니고 떠오르면 마녀라는 것이다. 결과적으로 이래도 죽고 저래도 죽을 수밖에 없었다. 이토록 가혹한 고문을 견뎌낼 여성은 없다. 어차피 마녀로 화형당했다.

15~17세기 유럽에서 마녀재판으로 수십만 아니 수백만 명의 여성이 희생됐다고 한다. 학자들은 여러 기록을 통해 간혹 남성도 있었지만 대략 20만 명에서 50만 명에 이르는 여성이 억울하게 희생됐다고 한다. 엄청난 숫자다.

15세기에는 심지어 프랑스의 구국 영웅 잔 다르크도 마녀로 몰려 화형당했다. 그녀는 어려서부터 신앙심이 남달리 두터운 소녀였다. 영국과 프랑스의 전쟁이 한창일 무렵 그녀는 '프랑스를 구하라'는 신의 계시를 받았다. 어린 소녀였지만 프랑스군에 들어가 전투에 앞장섰다. '신이 우리를 돕는다'며 병사들의 사기를 높였다.

그녀의 활약으로 프랑스군은 승승장구했지만 마침내 붙잡혀 영국으로 끌려갔다. 영국은 그녀를 처형할 구실을 찾다가 종교재판을 선택했다. 그녀가 주장하는 '신의 계시'가 마녀가 내세우는 악마와의 소통이라며 마녀재판을 열었던 것이다. 그리고 일곱 번의 재판 끝에 그녀는 마녀로 사형을 언도받고 화형을 당했다. 재판 결과는 이미 정해져 있었다. 그녀가 끝까지 주장한 '신의 계시'가 아니라 '악마의 목소리'에 현혹됐다는 것이 사형에 처한 구실이었다. 잔 다르크는 '이단', '우상 숭배자' 등의 글씨가 새겨진 종이 모자를 쓴 채 화형당했다. 그녀는 그때 불과 19세였다. 그로부터 25년 후 그녀는 종교재판소에서 최종 무죄 판결을 받고 순교자로 선언됐으며, 성녀 요안나 아르켄시스(Sancta Ioanna Arcensis)로 시성(諡聖)됐다.

마녀사냥과 마녀재판에는 부패한 기독교의 상업적인 목적도 있었다. 마녀로 낙인찍혀 붙잡힌 여성은 체포될 때까지 모든 수사비용과 자신의 억지 재판에 들어가는 모든 비용을 부담해야 했다. 억지로 자백받기 위해 심하게 고문했는데 고문 도구 사용료, 고문 기술자의 인건비, 재판비용, 판사의 인건비, 화형 집행에 들어가는 모든 비용, 화형 이후의 시신 처리 비용까지 마녀가 부담해야 했다. 심지어 교황에게 마녀세(稅)까지 내야 했다. 하지만 그것으로 끝나지 않았다. 화형을 당하고서도 그녀의 전 재산이 몰수당했다.

이처럼 부패한 기독교는 돈벌이 수단으로 특히 재산이 많은 부유한 과부들을 마녀로 몰았다. 특히 가족이 없으면서 돈 많은 과부들이 희생됐는데 가족이 없으니까 재판받을 때 증인을 세우지 못하는 약점을 악용한 것이다.

더없이 참혹하고 생사람 잡는 마녀사냥은 유럽에서 끝난 것이 아니다. 북아메리카로 건너가 더욱 확산하며 기승을 부렸다. 영국의 청교도 등 종교의 자유를 찾아 북아메리카로 이민 간 사람들은 영국과 끝까지 싸워 미국을 건국했다. 기독교의 교리와 원리에 충실한 그들은 영토를 확실히 차지하기 위해 먼저 샤머니즘을 신봉하는 아메리카 원주민에게 무자비한 폭력을 행사했다.

미국은 영국 청교도뿐만 아니라 수많은 흑인 노예와 에스파냐어를 사용하는 남미 히스패닉의 각종 인종이 밀려들면서 다민족 국가가 됐다. 샤머니즘을 신봉하는 아메리카 원주민, 부두교라는 아프리카 종교를 신봉하는 흑인 그리고 남미 여러 나라에서 대거 유입된 히스패닉 중에는 온갖 토속신앙을 주도하는 샤먼·주술사 등이 많았다.

미국을 세운 주도세력이었던 기독교 원리주의자에게 그들은 모두 적그리스도이며 이단자였다. 당연히 그들을 배척하고 타도해야만 했다. 기독교 주도세력은 유럽에서 경험했던 대로 그들을 마녀로 몰아붙이며 마녀사냥을 이끌었다. 그리하여 북아메리카의 마녀사냥은 뒤늦게 광풍을 일으키며 최고조에 달했다가 근대에 이르러서야 차츰 수그러들더니 마침내 사라지고 말았다. 사라진 이유는 기독교의 반성이라기보다 근대에 이르러 각종 법률이 완비되면서 정상적인 사법체계가 확립됐기 때문이다.

마녀사냥은 그야말로 역사에 오점을 남긴 여성 잔혹사라고 할 수 있다. 늦었지만 가톨릭의 교황도 마녀사냥을 정식으로 사죄했다. 2003년 교황청은 교황 요한 바오로 2세의 지시에 따라 「기억과 화해: 교회와 과거의 잘못」이라는 사죄문을 발표했다. 지난날 교회가 하느님의 뜻이라는 구실로 저지른 각종 잘못을 사죄한 것이다. 여기서 마녀사냥에 대한 잘못도 인정하고 정식으로 사죄했다.

그렇다고 마녀사냥이 완전히 자취를 감춘 것은 아니다. 철저한 남성 중심의 이슬람 국가인 사우디아라비아에서는 오늘날에도 해마다 수십 명의 여성이 마법을 부린다는 이유로 처형되고 있다고 한다. 당연히 실제로 마법을 부리는 일은 없다. 정치적인 이유로 죄목을 '마법 행사'라고 하는 것이다.

여담이지만 요즘은 왕따(집단 따돌림)처럼 공동체의 다수가 한 개인을 집단으로 괴롭히는 것을 흔히 '마녀사냥'이라고 한다. 한 개인을 파탄시키는 사악하고 악질적인 행위로 마녀사냥이라고 부를 만하다.

Part 3

샤머니즘의 제례의식

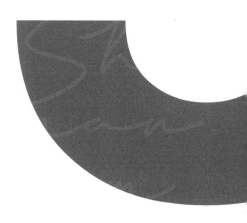

Part
3

다양한
제례의식

샤머니즘이 성립하려면 반드시 샤먼과 그가 주재하는 제례의식 (ritual ceremony)이 있어야 한다. 그러한 제례의식을 통틀어 '굿'이라고 한다(굿에 대해서는 뒤에서 자세히 설명하겠다). 샤머니즘의 제례의식은 대단히 많고 다양하다. 종족이나 부족에 따라서, 지역의 특성에 따라서 차이가 있기도 하다. 하지만 제례의식의 기본 형식은 모두 비슷하다. 제례의식의 종류나 내용도 크게 보면 모두 비슷하다고 할 수 있다. 가장 큰 공통점은 샤먼이 그 의식을 주재한다는 것이다. 제례의식을 주재하지 못하는 샤먼은 주술가나 예언가 또는 점쟁이에 불과하다.

샤먼이 주재하는 제례의식으로 가장 먼저 공동체의 제례의식을 손꼽을 수 있다. 공동체란 국가나 지역사회부터 작은 마을에 이르기까지 다양하다. 산이나 바다 등 공동의 자연물 또는 농사, 고기잡이 등 어느 한 분야가 포함될 수 있다. 우리나라의 도당(都堂)굿·대동제(大同祭)가 여기에 포함된다. 물론 도당굿은 경기도에서 쓰이는 용어로 지방마다 차이가 있다. 예컨대 동해안에서는 '별신굿'이라고 한다.

공동체를 위한 샤먼의 제례의식은 국가적인 행사로부터 기우제, 풍농제, 풍어제, 산신제 등이 있다. 어떤 목적을 갖든지 공동체의 샤머니즘 제례의식은 그 공동체에서 널리 알려진 신뢰할 만한 샤먼이 주재한다. 또한 한 번의 행사가 아니라 해마다 또는 계절마다 열리는 정기적인 제례의식이 대부분이다. 이러한 의식의 공통점은 대부분 제사를 뜻하는 '제(祭)'가 붙는다는 것이다. 설명할 필요 없이 제례의식이다.

예를 들어, 일본에는 지역마다 작은 마을까지 노인부터 어린이까지 참여하는 '마츠리(祭り)'라는 전통적인 공동행사가 있다. '신토(神道)'의 종교행사에서 유래되고 계승된 행사다. 마츠리에 참가하는 사람들은 등에 '祭'라고 크게 쓴 겉옷을 입는다. 종교적 제례의식이라는 의미다. 보통 시가행진으로 진행되는 마츠리 행사는 두 가지로 나눌 수 있다. 먼저 신을 숭배하는 종교적인 의식이 진행되고, 그다음 신의 도움으로 잘살고 있다는 기쁨의 축제가 펼쳐진다. 축제가 벌어지기 전에는 종교행사여서 참가자들은 무척 진지하다.

샤먼은 제례의식에서 예언을 한다. 즉 '신탁(神託, oracle)'을 받아 전한다. 신탁은 '신의 계시'라고 할 수 있다. 특히 서양의 고대 국가들은 그리스·로마 신화에서 보듯이, 신의 존재를 굳게 믿었으며 신을 숭배하는 국가적인 행사를 샤먼 주재 아래 정기적으로 거행했다. 따라서 그들에게는 무엇보다 신의 계시가 중요했다. 신의 계시를 올바르게 받을 수 있는 사람은 오직 샤먼뿐이었다.

고대 국가에서는 가장 중요했던 국가와 왕의 운명, 전쟁의 승패, 자연재해 등을 신의 계시에 맡겼다. 그리고 신과 소통하고 교신할 수 있는 샤먼이 신의 계시를 해석해서 앞날을 예언했다. 또한 신의 도움을 받을 수 있는지 저주를 받을 것인지도 예언했다. 그런데 신기하게도 샤먼이 해석하고 예언한 신탁이 적중한 경우가 많았다. 그래서 샤먼은 더욱 존경받았다.

신탁과 계시에 의해 샤먼은 국가의 운명, 최고 지도자인 왕의 운명, 왕가의 내분, 내란 발생 등도 예언했지만, 전투에 참가한 장군의 운명이라든가, 어떤 영향력 있는 인물의 개인적 운명도 예언했다. 예언이 좋으면 신에게 감사하는 제례의식을, 불길하면 그것을 막아내기 위한 제례의식을 이어서 진행했다. 물론 신탁은 거부할 수 없는 것이므로 어쩔 수 없이 예언에 순종하는 경우도 적지 않았다.

또 하나, 샤먼의 빼놓을 수 없는 제례의식 중 하나는 죽은 자의 영혼과 관련된 것이다. 정통 종교가 자리 잡기 전까지는 동서양을 막론하고 샤머니즘을 신봉했기에 죽은 자에게도 영혼이 있다고 굳게 믿었다. 그에 따라 죽은 자의 영혼을 저승의 좋은 곳으로 인도하거나 죽은 자의 영혼을 불러와야 할 때는 반드시 영혼과 소통하는 샤먼의 제례의식이 필요했다. 동서양 어디든지 가장 보편화된 샤머니즘의 제례의식이 바로 죽은 자의 영혼과 관련된 것들이다.

죽은 자의 영혼을 저승의 좋은 곳으로 보내기 위한 제례의식을 우리나라의 굿에서는 오구굿(지노귀굿) 또는 씻김굿이라고 한다. 특히 전라남도 진도의 씻김굿은 민속적으로도 가치가 커서 무형문화재로 지정돼 있다. 불교와 융합해서 49재 또는 천도재라고도 한다.

죽은 자의 영혼을 좋은 곳으로 인도하는 제례의식의 내용은 대개 죽은 자가 생전에 풀지 못한 원한이나 이루고 싶었던 욕구·욕망 등을 풀어주고 생전에 지은 모든 죄를 씻어줘 편하게 천도하기를 기원하는 것이다. 예컨대, 죽은 자가 미혼이어서 꼭 결혼하고 싶었는데 뜻을 이루지 못하고 죽었다면 '영혼결혼' 의식을 행하기도 한다.

또한 죽은 자의 가족 가운데 누가 이유 없이 계속해서 아프거나 가족에게 우환이 겹치면 샤먼을 찾는다. 그러면 샤먼은 영혼과의 소통을 통해 죽은 자가 생전의 원한이나 욕구를 풀지 못하고 저승에 갔기 때문이라고 판단한다. 그리고 굿을 통해 가족의 몸에 깃든 죽은 자의 영혼을 달래서 편하게 저승으로 가도록 인도한다. 또한 구천을 떠도는 잡귀가 깃든 것이라면 귀신을 쫓아내는 구마(퇴마)의식을 거행하기도 한다. 오직 샤먼만이 할 수 있는 신비한 기능이며 역할이다.

샤먼은 집안에 우환이 많거나 하는 일이 잘 풀리지 않아 정신적·물질적 고통을 받는 사람에게 의뢰받아 그의 불행을 막아주고 행운이 오도록 제례의식을 거행하기도 한다. 샤먼은 의뢰인의 불행한 상황을 흔히 액(厄)이 끼었다고 말한다. '액'이란 모질고 사나운 운수를 뜻한다. 따라서 액을 막아주는 제례의식을 한다. 이러한 제례의식을 우리나라에서는 살풀이굿, 액막이굿, 재수굿 등의 이름으로 부른다.

샤먼의 가장 흔한 제례의식은 질병 치료 의식이라고 할 수 있다. 질병은 여러 가지다. 전염병처럼 공동체의 많은 사람이 한꺼번에 고통받는 질병도 있고, 원인을 알 수 없는 중병이 있는가 하면, 감기나 몸살 따위의 가벼운 병이지만 좀처럼 낫지 않고 가족이 함께 앓는 병도 있다. 그럴 때 샤먼을 부른다. 같은 마을의 가까운 곳에 있는 샤먼을 찾기도 하고 영험하기로 소문난 먼 곳에 있는 샤먼을 찾기도 한다. 중세 이전 전문적인 의료행위가 전혀 없었던 시절에 샤먼은 의사이며 약사였으며 심리치료사였다. 사람들이 그만큼 샤먼을 신뢰했다. 샤먼은 자신의 지식과 경험을 통해 약초·약물 따위로 치료하고 치유했다.

그런데도 환자의 병세가 호전되지 않으면 상담자와 합의해서 제례의식을 진행한다. 가벼운 병이라면 귀신들의 장난 때문이라며 푸닥거리굿처럼 간단한 굿을 한다. 하지만 좀처럼 낫지 않는 원인 모를 중병이라면 샤먼은 제대로 된 제례의식을 거행한다. 샤먼은 자신이 모시는 신의 도움을 받아 환자의 몸에 깃들어 있는 아주 못된 귀신을 쫓아내는 의식을 행한다.

또 다른 제례의식으로는 신내림 의식이 있다. 흔히 '내림굿'이라고 하며, 무병(巫病)을 앓는 사람에게 행한다. 신내림 의식은 대개 경험이 많고 신뢰받는 샤먼이 무병 환자를 대상으로 무척 요란하게 거행한다. 춤과 무악(巫樂)이 요란해야 환자의 몸에 깃든 귀신이 놀라서 쫓겨 간다고 여기기 때문이다. 알아들을 수도 없고 자신도 모르는 헛소리를 하던 환자가 신내림 의식을 거쳐 그러한 상태가 가라앉으면 드디어 샤먼이 되는 것이다. 이렇게 샤먼이 되는 그는 큰 샤먼 밑에서 몇 해 동안 주술과 여러 제례의식을 배워야 독자적인 샤먼으로 독립한다.

샤먼이 신과 소통하는 자신의 영험함을 과시하기 위한 제례의식도 있다. 자신이 숭상하는 신에게 제사하고 그의 도움을 받아 작두타기나 줄타기 등 영험함을 과시해서 자신의 가치를 더욱 높이는 것이다. 샤먼은 당연히 신내림을 받은 강신무다. 이 의식은 대부분 매우 거창하게 거행된다. 홍보 효과가 크기 때문이다.

많은 구경꾼이 모인 가운데 화려하게 진행되는 이 의식에서 신과 소통하는 과정을 통해 샤먼의 몸에 신이 깃들게 된다. 그리고 샤먼의 입을 통해 신의 말이 전달된다. 이것을 '공수'라고 한다. 일종의 신탁이다. 그래서 '신이 인간에게 공수를 준다'고도 한다. 신격화된 샤먼은 사람이 아니라 신이 말하는 것처럼 입술을 움직이지 않고 말한다. 말하자면 복화술(腹話術)로 신이 하는 말을 전하는 것이다.

무속을 연구하는 황루시 교수는 『팔도 굿』에서 다음과 묘사하고 있다. "사람들은 강신무의 굿에서 '공수'를 대단히 중요하게 여기고 신통력이 있는 것으로 믿는다. 강신무들은 날카롭게 간 작두 칼날 위에 올라서거나 무거운 떡시루를 입술로 무는 따위의 묘기를 보여준다. 때로는 삼지창을 거꾸로 세우고 그 위에 쇠머리나 통돼지를 올려놓고는 중심을 잘 잡아 손으로 탁탁 쳐도 넘어지지 않는 장면을 보여주기도 한다. 이러한 묘기들은 모두 신이 굿판에 강림해 있음을 증명해 보이기 위한 행위다. 신의 도움이 없다면 어떻게 인간이 이런 일을 할 수 있겠느냐는 과시인 셈이다. 신들림의 경지는 강신무의 능력을 평가하는 데 중요한 기준이기 때문에 이런 신기한 묘기를 잘 부릴수록 평판이 좋아진다."

그 밖에도 여러 제례의식이 있지만 일반적인 샤먼의 가장 큰 기능과 역할은 병을 치료하는 것이었다. 현실적으로 샤먼을 필요로 하는 급한 일이기 때문이다. 큰 샤먼이 아니면 보통 샤먼은 대개 다른 생업을 겸했다. 그러다가 의뢰인의 요구에 따라 샤먼으로서 제례의식을 실행했다.

예전에는 제례의식에 필요한 경비를 의뢰인이 부담하고 샤먼에게는 그 고마움에 대해 성의껏 대가를 지불했다. 정해진 샤먼의 대가나 보상은 없었다. 의뢰인의 형편에 따라서 곡식이나 생선, 육류 등을 대접하는 경우가 많았다고 한다.

샤먼이 숭상하는
──────────── 신(神)들

샤먼은 신 또는 죽은 자의 영혼과 살아 있는 사람을 연결하는 중개자다. 진짜 샤먼은 보통사람과는 다르다. 아무나 샤먼(무당)이 될 수 있는 것은 아니다. 신이나 영혼과 소통하는 영험하고 신비한 능력을 가지려면 심한 무병을 앓고 신내림이 있어야 한다. 그런 사람이 운명적으로 샤먼이 되는 것이다.

샤먼은 자신이 신내림을 받았듯이, 신과 죽은 자에게 영혼이 있다는 것을 굳게 믿는다. 샤머니즘에서는 수많은 신이 있으며, 모든 생물과 무생물에도 정령이 있다고 믿는다. 그들과 소통할 수 있는 사람은 샤먼뿐이다. 그가 어떻게 접신을 하고 소통하는지 아무도 모른다. 그가 신이나 죽은 자와 영혼과 만나는 엑스터시(몰아지경)의 과정은 실제로 보이지만 과연 정말로 접신하고 소통하는지는 샤먼 자기 자신만 알 뿐, 아무도 모른다.

더욱이 샤머니즘에서 신과 정령 그리고 죽은 자의 영혼 등은 수없이 많은데, 샤먼이 과연 그 많은 비인간적 존재 모두와 소통할 수 있는지 알 수가 없다. 하지만 궁금해할 필요는 없다. 아무리 신내림을 받은 샤먼이라도 그럴 수는 없다. 샤먼은 특정한 신 또는 영(靈)과 소통한다.

신내림을 받은 샤먼은 수많은 신과 영 가운데 자신의 몸에 깃든 특정한 신을 숭상하고 그의 도움을 받는다. 그에 따라 샤먼마다 숭상하는 신이 다르고 주술의 대상도 다르다. 또한 어떤 영은 샤먼을 소유하거나 그를 돕고, 어떤 영은 샤먼에게 복종한다. 다시 말하면 샤먼은 이 세상에 존재한다는 모든 신과 영을 존중하고 숭상하는 것이 아니라, 자신의 신내림과 관련된 신 그리고 자신을 지배하거나 도움을 주는 또는 자신에게 복종하는 특정한 영만을 숭상한다.

그러면 샤먼의 특정한 신이나 영은 무엇인가? 제례의식을 할 때 샤먼은 그들의 신명(神名)을 부르기 때문에 쉽게 알 수 있다. 하지만 그 신이나 영이 맞는지 틀리는지는 샤먼만 알 뿐이다. 그렇더라도 영험한 샤먼은 지역사회든 특정한 조직이든 공동체를 위한 규모가 큰 제례의식을 주재하므로 자신이 숭상하는 개인적인 특정한 신에게만 공동체의 소망을 기원할 수 없다. 많은 샤먼이 함께 숭상하는 신이나 영이 있는 것이다. 우리나라의 무당들이 일반적으로 숭상하는 공통된 신과 영은 '칠성님'과 '삼신할머니'다.

'칠성님'은 칠원성군(七元星君)의 높임말이다. '칠원성군'은 북두칠성을 신격화한 것이다. 북두칠성은 밝고 모양이 뚜렷할 뿐만 아니라 하늘의 으뜸별이라는 북극성을 중심으로 움직이기 때문에 지구의 북반부에서는 사계절 어느 때나 볼 수 있다. 인간은 일찍부터 자연의 모든 현상을 가져오는 하늘을 경외했으며, 인간의 삶과 결부해 '천인상관설(天人相關說)'을 믿었다. 그에 따라 하늘은 곧 신이었다. 동양에서는 눈으로 직접 볼 수 있는 북두칠성을 신격화해서 별마다 이름을 붙이기도 했다. 북두칠성의 신격화는 샤머니즘뿐만 아니라 도교나 불교 같은 정통 종교에서도 나타난다. 사찰에 있는 칠성각이 대표적인 사례다.

우리나라 무당은 북두칠성을 '칠성님'이라고 높여 부르며 생로병사 등 인간의 운명을 관장하는 신으로 숭상했다. 무당들의 굿은 대부분 열두 거리로 진행되는데, 그 가운데 칠성거리 또는 제석거리는 열두 거리의 핵심이다. 이처럼 거의 모든 무당이 칠성님을 숭상한다. 우리나라뿐만 아니라 샤머니즘을 신봉하는 곳에서는 대부분 북두칠성을 신격화해서 숭상한다. 칠성은 인간의 운명만 아니라 비(雨)를 관장하기도 한다. 그래서 샤먼이 주재하는 기우제에서 비가 오게 해달라고 북두칠성에 기원한다.

'삼신할머니'는 인간과 신을 동격화한 것이다. '산신(産神)' 또는 '삼승할망'이라고도 한다. 삼신할머니는 일반적으로 산신(産神) 하나를 말하지만, 피 만드는 산신, 뼈를 모아 주는 산신, 출산을 돕는 산신 등 삼신(三神)이라 일컫기도 한다. 삼신은 인간세상에서 출산을 돕고, 산모와 갓난아기를 보호하며, 자식 갖기를 원하는 여인에게 아기를 점지한다. 삼신의 '삼'은 본디 포태(胞胎)의 뜻이 있으므로 포태신을 지칭한다고 보기도 한다. 예전 사람들은 하늘을 경외했으며 그다음으로 하늘과 맞닿은 높은 산을 경외하며 산에는 산신(山神)이 있다고 믿었다. 삼신할머니는 산신이다. 그 때문에 예전에는 태(胎)를 산에 묻었다고 한다. 여성이 임신하고 출산하는 것도 삼신할머니가 점지해줬기 때문이라고 생각했다.

새로운 생명의 탄생은 인간사회에서 가장 중요한 통과의례이자 생로병사의 하나다. 하지만 별다른 전문적인 의료행위가 없었던 시대에는 아이를 낳다가 산모나 아이가 죽는 경우가 많았다. 또한 아이가 무사하게 성장하기도 쉽지 않았다. 전염병을 비롯한 각종 질병이나 사고로 일찍 죽었기 때문이다. 그리하여 삼신할머니가 등장했을 것이다.

출산한 여성은 아기가 태어난 지 3주가 되는 21일 동안 매일 미역국과 밥을 먼저 삼신할머니에게 올린 뒤에 먹었다. 태어난 아이의 백일이나 돌잔치 등에도 삼신할머니를 모셨다. 또한 아이가 15세가 되기까지 삼신할머니의 배려와 보살핌이 있어야 한다고 생각했다. 그리하여 여성이 임신했을 때부터 임신부와 태아의 건강을 삼신할머니에게 빌었다. 아기가 태어난 뒤에도 산부에게 후유증이 있거나 아기가 건강하지 못하면 무당은 삼신할머니에게 치성을 드리는 의식(삼신굿)을 거행했다. 남성보다 여성을 많이 상대하는 무당으로서는 삼신할머니야말로 절대로 숭상해야 하는 중요한 신이었다.

그 밖에도 샤먼은 공동체가 숭배하는 신(태양신 등)을 정성껏 모셨고, 자신에게 제례의식을 의뢰한 사람의 조상 영혼을 불러내는 능력이 있어야 했다. 질병이나 우환 등으로 고통받는 의뢰인은 대개 조상의 영혼이 어떤 영향력을 미치고 있기 때문이라고 여겼다. 그뿐만 아니라 샤먼은 자기 종족이나 부족의 조상신도 숭배했다. 또한 구전으로 전해지는 자신의 종족이나 부족의 역사를 후손들에게 전해주는 것도 샤먼의 몫이었다.

엑스터시와 접신(接神)의
——————— 절차와 의식

　어떻게 보면 진정한 샤먼은 상식에서 벗어난 비정상적인 인물이다. 신 또는 혼령과 소통한다는 것은 정상적인 사고로는 도저히 이해할 수 없는 일이다. 그런데 진짜 샤먼은 신비스럽게도 신 또는 혼령과의 소통과 교신을 실제로 경험한다고 한다. 과연 그것을 믿을 수 있을까?

　대답은 간단하다. 샤먼이 주재하는 제례의식에서 정말로 신(혼령)과 소통한 기적 같은 성과가 실제로 나타나지 않으면 사람들은 그를 믿지 않을 것이다. 샤먼이 신뢰를 잃으면 끝장이다. 샤먼에 대한 존중은커녕 모두 그를 외면할 것이다.

　그것은 두 가지 문제로 귀착된다. 하나는 정말로 죽은 자의 영혼(혼령)이 있느냐이며, 또 하나는 샤먼이 진짜로 신이나 죽은 자의 영혼과 소통하고 교신하느냐이다. 죽은 자에게 영혼이 있다는 사실은 정통 종교에서도 인정한다. 그러면 샤먼이 그 영혼과 어떻게 소통하고 교신하는가를 알아보고 진정성을 확인하면 문제가 해결될 것이다.

샤머니즘에서 샤먼의 가장 큰 기능과 역할이 환자의 치료라고 설명했다. 전문적인 의료행위가 없었던 시대, 원인을 알 수 없고 좀처럼 낫지 않는 병으로 고통받는 환자는 샤먼에게 치료를 부탁했다. 다행히 환자의 병세가 위중하지 않다면 자신의 지식과 경험으로 약초나 약물로 치료한다. 하지만 환자의 병세가 심각하고 원인조차 알지 못한다면 샤먼은 그 시대의 사고방식대로 환자의 영혼이 상실됐기 때문이라고 진단한다. 그와 함께 샤먼이 주재하는 환자의 병을 치료하기 위한 의식이 시작된다. 의식의 핵심은 잃어버린 환자의 영혼을 되찾는 것이다. 영혼의 행방을 알아야 되찾을 수 있는 것 아닌가? 그러자면 샤먼이 환자의 영혼과 소통할 수 있는 어떤 신비한 경지에 들어가야 한다. 그래서 의식을 수행하는 것이다.

의식은 보편적으로 세 단계로 진행된다. 엑스터시, 트랜스, 치유의 순서다. 이 의식은 환자와 그 가족은 물론 누구에게나 공개된다. 그래서 구경꾼이 많다. 샤먼도 의식의 공개를 원한다. 많은 사람이 참관해야 자신의 신비로운 능력과 영험함을 더욱 과시할 수 있기 때문이다.

'엑스터시(ecstacy)'는 몰아지경, 망아(忘我) 상태, 황홀경 등을 말한다. 샤먼이 신과 소통하고 접신하려면 먼저 자기 자신에게서 완전히 벗어나야 한다. 신이 자신에게 깃들 수 있도록 자신의 정신을 말끔히 비우는 것이다. 엑스터시는 '자기 바깥에 서 있음', '자기를 초월함'을 뜻하는 그리스어 ekstasis에서 유래했다.

정통 종교도 신을 믿는다. 그러나 형체를 알 수 없는 관념적인 신일 뿐이다. 따라서 신비주의자나 수도사·수행자는 신과 자신이 하나(合一)가 되기 위해 신과의 가시적인 접촉을 간절히 소망했다. 그러자면 자신을 완전히 떠나 엑스터시 상태가 되어야 신과 접촉할 수 있는 상태가 된다고 생각했다.

따라서 엑스터시 상태가 되기 위해 그들은 환각성 약물이나 약초, 마약, 흥분제 등을 복용하기도 했다. 하지만 그러한 약물 복용은 잠시 고통을 잊고 쾌락에 빠질 위험성까지 있어서 각 종교의 지도층에서 금지시켰다. 그 대신 춤과 음악을 이용하도록 했다.

강신무 샤먼은 엑스터시를 위해 약물을 복용하지는 않는다. 노련하고 능력 있는 샤먼은 이미 신이 깃드는 신비스런 경험을 여러 차례 해왔기 때문에 그럴 필요도 없다. 따라서 샤먼의 엑스터시 의식은 악사('잽이')들이 북, 꽹과리, 징, 바라(자바라) 등으로 무악(巫樂)을 격렬하고 요란하게 연주하는 가운데 껑충껑충 뛰고 춤을 추면서 스스로 도취되는 과정으로 진행된다. 샤먼은 그러한 엑스터시 기술이 뛰어난 사람이다.

마치 젊은이들이 나이트클럽에서 귀를 찢을 듯한 격렬하고 요란한 음악에 도취돼 정신없이 몸을 마구 흔들고 흥분상태가 되는 것과 같다. 엑스터시 과정에서 샤먼이 기절하면 깨우고, 너무 힘들어하면 그를 돕는 이들이 샤먼을 눕혀놓고 물도 먹이고 땀도 닦아준다.

이윽고 샤먼이 엑스터시 상태에 이르면 기절하는 등 비정상적인 행동을 하고, 갑자기 성격이 변해서 비명·신음 등을 내지르고 알아들을 수 없는 헛소리를 한다. 기독교에서도 초자연의 원인으로 그런 현상이 있을 수 있다고 인정한다. 이 의식에서 샤먼을 돕는 이들이 엑스터시 상태의 샤먼을 진정시키고 나면 트랜스 상태가 된다.

'트랜스(trance)'는 접신 상태를 말한다. 샤먼에게 신이 깃든 것이다. 일반적으로 신이 내렸다고 한다. 신내림을 영어로 possession trance라고 한다. 의학적으로 보면 샤먼이 혼수상태 또는 최면상태에 빠진 것이다. 샤먼이 자신에게서 완전히 벗어나 신격화돼서 신의 의지대로 말하고 행동하는 상태에 이른 것이다. 그에 따라 트랜스 상태의 샤먼은 신의 의지에 따라 환자가 고통받고 있는 병의 원인이 무엇인지 밝혀낸다. 환자가 중병을 앓는 원인이 환자의 영혼이 상실됐기 때문이라는 진단은 이미 내려졌으므로 환자의 영혼이 그의 몸을 떠나 어디에 있는지 찾아내는 것이다.

전문가들은 그러한 의식은 트랜스 상태의 샤먼이 환자의 몸을 떠난 영혼이 방황하고 있는지, 어떤 악령에게 빼앗겼는지, 또는 다른 세계에 갇혀 있는지 등을 알아내는 의식이라고 한다. 그리하여 몸을 떠난 영혼을 찾아내 환자의 몸에 다시 집어넣는 의식을 진행한다. 정말 신기하게도 샤먼이 이런 의식을 거행하고 나면 환자의 중병이 낫는 경우가 많다고 한다.

물론 샤먼이 환자의 중병을 치료할 때만 엑스터시·트랜스를 통해 신과 소통하고 도움을 받는 것은 아니다. 환자의 치료와 치유가 샤먼에게 가장 핵심적인 기능이기 때문에 그것을 예를 든 것이다.

죽은 자의 영혼을 불러내 살아 있는 사람과 중개하는 것도 샤먼에게서 빼놓을 수 없는 중요한 일이다. 샤먼이 죽은 자의 영혼을 불러오는 일은 무척 힘든 일이다. 왜냐하면 저승에서 영혼을 찾아야 하기 때문이다. 어느 의뢰인이나 그의 가족에게 불행과 우환이 끊이지 않으면 의뢰인은 샤먼을 찾아가 그 까닭과 개선할 방법을 묻게 된다. 그러면 샤먼은 그 원인을 진단해서 조상이나 가족 가운데 죽은 자의 영혼 탓이라고 판단되면 죽은 자의 영혼을 찾아내고 불러오기 위해 제례의식(굿)을 권유한다.

그리하여 샤먼은 제례의식을 행하며 엑스터시를 거쳐 트랜스 상태에 이르게 된다. 그와 함께 신격화된 샤먼은 죽은 자의 영혼을 찾아내거나 스스로 죽은 자의 영혼이 되기도 한다. 죽은 자의 영혼이 의뢰인에게 빙의, 즉 의뢰인의 몸에 깃들어 있다면 그 원인을 알아낸다. 죽은 자가 생전에 어떤 원한이나 억울함이 있어서 의뢰인의 몸에 깃들었다면 그 원한과 억울함을 풀어줘 편하게 저승으로 떠나게 한다. 또한 죽은 자의 영혼이 구천을 떠돌고 있다면 저승의 편안한 곳으로 가도록 인도한다. 이때 샤먼이 규칙적으로 몸을 흔드는 것은 죽은 자의 영혼을 새로운 곳으로 인도하는 과정이라고 한다. 샤먼은 트랜스 상태에서 자신이 숭상하는 신의 도움을 받는데, 죽은 자의 영혼을 찾아 저승세계를 가야 할 때 함께 가기도 한다. 그런가 하면 샤먼을 지배하며 자기 뜻대로 이끌기도 한다.

샤먼의 트랜스는 상식적으로는 이해하기 어렵다. 하지만 그것은 분명한 현실이며 그에 따른 가시적인 성과가 나타나니까 그저 놀라울 뿐이다. 샤먼은 의식이 끝난 뒤, 자신이 신과 접신하고 소통하면서 어떤 구체적인 성과를 얻은 것에 대해 의뢰인이나 의식에 참여했던 사람들에게 설명해준다.

굿:
─────────── 샤머니즘의 대표적 제례의식

샤먼이 주재하는 대표적인 제례의식이 굿이다. 샤먼이 주재하는 모든 제례의식을 통틀어 굿이라고 해도 과언이 아니다. '굿'이라고 하면 얼핏 순수한 우리말처럼 느껴지고 우리에게 무척 익숙하지만 그렇지 않다. 국어사전이나 우리말 어원사전을 살펴봐도 굿의 뜻풀이만 있을 뿐 순수한 우리말이라는 설명은 찾아볼 수 없다.

굿은 구슬에서 비롯됐다는 견해가 있다. 무당이 제례의식을 할 때는 반드시 쇠구슬을 흔들기 때문에 굿은 구슬을 뜻한다는 것이다. 그런가 하면 저명한 역사학자 이능화는 '굿'이란 궂은일, 흉한 일, 고통스러운 일을 의미할지 모른다고 했다. 말하자면 '궂은'의 줄임말이 굿이 아닐까 추측한 것이다.

그러나 서양학자들의 견해는 다르다. 핀란드의 저명한 언어학자 람스테트(Gustaf John Ramstedt)는 알타이어족의 언어 연구로 유명하다. 우리말을 알타이어족에 포함시킨 학자이기도 하다. 그는 굿을 퉁구스어의 쿠투(kutu), 몽골어의 구투그(gutug), 튀르키예어의 구트(gut) 등에서 비롯됐을 것이라고 주장한다. 이 말들의 뜻은 모두 행복, 행운 등을 의미한다고 한다. 어쩐지 영어의 good도 관계가 있어 보인다. 아무튼 뜻을 모아보면 '굿'은 궂은일, 흉한 일, 고통스러운 일 등 인간의 재앙을 물리치고 축복을 비는 제례의식이라고 풀이할 수 있을 것이다.

또한 샤먼은 우리말로 무당(巫堂)이다. 그런데 '무당'도 순수한 우리말인지 알 수 없다. 샤먼은 퉁구스어로 흥분한 자, 흔드는 자, 울리는 자라는 뜻이라고 한다. 샤먼을 몽골어로는 우간다(Unganda)라고 하는데 무(巫)의 음이 강조되고 덧붙여져 무다간(Mudagan), 더 나아가 무당(Mudang)이 됐을지 모른다는 학자들의 견해가 있다는 것을 다시 한번 강조한다.

무(巫)의 음이 강조됐다고 보는 것은 전혀 터무니없는 주장은 아니다. 무당(샤먼)이 처음 등장한 것은 석기시대다. 중국의 사서(史書)에 따르면 '무(巫)'는 춤을 뜻한다고 한다. 춤을 통해서 신에게 접근하기 때문에 '공(工)' 자의 양옆에 두 사람이 춤을 추는 형상으로 '巫' 자가 만들어졌다고 한다. 그런가 하면 '巫'는 춤추는 사람의 소매를 나타낸 것이라는 견해도 있다. 한자가 만들어진 것은 약 3,500년 전이니까 그 무렵에도 무당이 존재했던 것 같다. 무당이 굿을 할 때 춤을 추는 것은 사실이다. 춤을 통해 접신하고 공수(신탁)를 받는다.

굿은 ① 의뢰인에 따라서(공동체를 위한 공적 의례인가, 의뢰인을 위한 사적 의례인가), ② 무당(샤먼)에 따라서(강신무에 의한 굿인가, 세습무에 의한 굿인가), ③ 목적에 따라서(공동체의 안녕을 위한 것인가, 질병 치료를 위한 것인가, 불행을 막기 위한 것인가), ④ 무당이 특별히 숭상하는 신에 따라서,

⑤ 무당이 자신의 영험한 능력을 과시하기 위한 것인지에 따라 형식에 큰 차이가 있다.

이미 앞에서 언급했지만, 굿의 성격에 따라 공개적인 굿도 있고 공개하지 않는 사적인 굿도 있다. 그에 따라 제물도 다르고 무당의 복장이나 무구(巫具)에도 차이가 있다. 또한 엑스터시나 트랜스는 강신무의 경우이고, 세습무는 접신 행위가 없다.

세습무의 굿은 신들에게 치성을 드리며 의뢰인의 소망을 기원하고 신령들을 기쁘고 즐겁게 하는 형식이다. 따라서 세습무의 굿을 전통적인 민속 또는 하나의 놀이로서 진행하고 평가하는 경우가 많다.

또한 무당은 특별히 자신이 숭상하는 특정한 신이 있기 때문에 굿의 내용은 그 특정한 신을 향해 집중되는 형식이다. 무당에게 가장 중요한 주술(呪術)도 그 신에게 집중된다. 굿판이 항상 진지하고 엄숙한 것은 아니다. 무당은 반말, 농담, 재담 등도 하고, 서슴없이 욕설을 내뱉기도 한다. 하지만 그것은 대부분 특정한 신의 말을 대신하는 것으로 치부된다.

굿의 성격에 따라서 형식에도 차이가 있지만 굿을 진행하려면 여러 보조원과 일반적으로 '잽이'라고 하는 무악을 연주하는 악사들이 필요하다. 이들도 큰무당을 따라다니는 전문적인 요원들이다. 보조원이 무당인 경우가 많다. 아직 배울 것이 많은 이른바 '새끼무당'들이다.

정통 종교와 비교하면, 굿은 샤머니즘의 예배의식이며 그 종합적인 표현이라고 할 수 있다. 샤먼이 처음 등장한 초기에는 특별한 제례의식이 없었다. 샤먼이 접신하고 영혼을 불러내는 단순한 의식이었을 것이다. 하지만 오랜 세월을 거치면서 차츰 여러 절차가 덧붙여지고 체계화돼서 오늘날의 굿이 됐을 것이다.

굿을 하는 장소는 굿의 성격에 따라 다르다. 예전에는 공공장소, 무당의 거처 또는 의뢰인의 집에서 굿을 했다. 그래서 누구나 굿 구경을 할 수 있었다. 그러나 요즘에는 소음이 커서 주택가에서 굿을 하는 것은 거의 불가능하다.

따라서 도심지나 주택가에서 멀리 떨어진 곳에 굿만 전문적으로 하는 '굿당'이 있고, 전국의 이름난 산의 기슭에도 굿당이 있다. 무당이 개인적으로 굿당을 차리기도 하고, 일반인이 굿당을 차려놓고 임대하거나 매매하기도 한다. 그래서 굿을 하는 관계자들 이외에는 관람이 어렵다. 굿판을 구경하려면 관계자의 허락을 받아야 한다.

그뿐만 아니라 외진 산기슭 곳곳에 '기도처'라는 이름으로 부처 또는 어떤 신상(神像)이나 제대(祭臺)를 간단히 차려놓고 기도하는 곳이 수없이 많다. 정통 종교에서의 기도가 아니라 무속 또는 샤머니즘의 기도를 드리는 곳이다. 이것은 여전히 샤머니즘을 믿는 사람이 많다는 것을 의미한다.

굿의
─────────── 목적

　아주 먼 옛날부터 인간은 자신의 능력으로는 어쩔 수 없는 초자연이나 초능력 현상을 경외했다. 그리하여 모든 자연현상과 동물이나 식물 등의 생명체, 심지어 모든 사물에 신 또는 정령이 있다고 믿었다. 죽은 사람도 영혼은 살아 있다고 믿었다.

　어찌 보면 신은 너무 많고 다양할 뿐만 아니라 저마다 숭배하는 신이 다를 수밖에 없었다. 그러다 단 하나의 신, 유일신을 숭배하는 종교들이 탄생했다. 수많은 신을 단순화시키고 집중화했기 때문에 공감하고 호응하는 사람이 많아서 오늘날에도 번성하고 있다.

　그러나 유일신을 믿든 다신을 믿든 신·정령·영혼(혼령) 등은 볼 수도 없고 형체를 알 수 없다. 오직 관념뿐이다. 그런데 이들과 직접 소통하고 교신하는 신비스러운 능력을 지닌 샤먼이 등장했다. 그리고 샤먼이 신 또는 정령이나 영혼과 소통하는 제례의식이 필연적으로 생겨나면서 샤머니즘이 탄생했으며 세계의 거의 모든 종족의 토속신앙이 됐다.

그럼 샤머니즘이 토속신앙이 된 가장 큰 이유는 무엇인가? 그것은 병의 치료와 치유였다. 전문적인 의료행위가 없었던 시대, 사람들이 믿을 수 있는 것은 초능력을 지닌 신과 소통한다는 샤먼뿐이었다. 샤먼은 신 또는 정령이나 혼령의 힘을 빌려 환자를 여러 가지 방법으로 치료하고 치유했으며 뚜렷한 성과가 있었다. 그리하여 샤먼은 공동체에서 가장 존경받는 인물이 됐다.

다시 말하면 샤먼이 신·정령·영혼과 소통하고 접신하는 제례의식을 통해 병을 치료하는 것이 바로 굿의 기본적인 목적이라고 할 수 있다. 그러나 인류의 문명이 빠르게 발전하고 의료행위를 전문으로 하는 의사와 약사, 병원과 같은 의료시설이 생기면서 병 치료를 위한 샤먼의 굿은 그 기능이 크게 쇠락할 수밖에 없었다.

오늘날 병 치료를 위해 샤먼(무당)을 찾는 사람은 거의 없다. 하지만 지금도 병원에서 병의 원인을 정확하게 밝혀내지 못하고 병이 지속되면 물에 빠진 사람이 지푸라기라도 잡는 심정으로 무당을 찾기도 한다. 그러면 무당은 대부분 어김없이 굿을 권유한다.

어찌 됐든 굿의 가장 큰 목적이었던 병 치료는 그 효용성이 사라졌다고 해도 과언이 아니다. 그런데도 굿이 여전히 사라지지 않는 이유는 무엇일까? 요즘 굿의 목적은 무엇일까? 한마디로 불행·불운 따위를 막고 행운과 복을 비는 기복(祈福)이다. 정통 종교의 신도에게도 기복신앙이 있음은 잘 알려진 사실이다.

그리하여 학자나 전문가는 굿의 목적을 간단명료하게 정리하고 있다. 예컨대 "가무에 의해 유발된 황홀경 속에서 신령과의 직접적인 교제를 경험하고 입신 상태에서 영능(靈能)을 빌려 제재초복(除災招福)하는 데 있다." 조금 쉽게 풀이하면, 샤먼(무당)이 춤과 노래 등을 통해 엑스터시 상태에 이르러 신이나 혼령과 직접 소통하면서 트랜스 상태에서 신이나 혼령의 능력을 도움받아 재앙을 없애고 복을 부르는 것이 굿의 목적이라는 것이다.

전쟁과 같은 특수상황이 아니라면 누구나 자신과 관련된 문제에 가장 큰 관심을 갖는다. 자신의 인생 목표, 욕망과 욕구, 통과의례, 생로병사, 가족문제 등에 관련된 갖가지 어려움을 극복하고 자랑스럽고 떳떳한 인간이 되고 싶어 한다. 흔히 하는 말로 입신출세, 부귀영화를 누리고 싶은 것이다. 한마디로 정리하면 '행복 추구'라고 할 수 있다.

그러나 이 세상은 자기 혼자 사는 것이 아니어서 인간관계와 시대상황, 사회현상 등의 영향을 받기 마련이며, 자신이 어쩔 수 없는 각종 재난과 재앙 등 외부 조건에 따라 행복 추구가 좌우된다. 그에 따라 때로는 온갖 불행과 불운이 겹치기도 한다. 자신이 세운 공장이 잘되다가도 갑자기 화재가 발생해서 몽땅 태우기도 하고, 가축을 사육하는데 갑자기 전염병이 돌아 가축을 모조리 살처분해야 할 때도 있고, 가뭄이나 홍수로 농사를 완전히 망칠 수도 있다. 또한 아무리 집념을 가지고 열심히 노력해도 각종 시험에서 계속해서 낙방할 수도 있다. 또 자신이나 가족이 뜻밖의 큰 사고를 당하기도 한다.

이러한 불행과 불운은 신념이나 의지만으로는 해결할 수 없는 시련들이다. 합리적이고 과학적인 수단과 방법으로 극복하기 위해 노력하지만, 뜻대로 안 될 때 점쟁이를 찾아가 앞날을 점쳐보기도 하고 무당을 찾기도 한다. 물론 당장은 불행과 불운을 겪지 않더라도 그런 일이 자기 자신에게 일어나지 않기를 바라며, 굿을 통해 자신의 앞날을 미리 알고 불행과 불운이 닥쳐오기 전에 복을 비는 굿을 하기도 한다. 그 때문에 '기복굿'이 가장 많이 행해진다.

세상 만물뿐만 아니라 조상에게도 신이 있고 혼령이 있다고 믿기 때문에 여자 무당을 만(萬) 가지 신(神)을 섬기는 사람, 즉 '만신(萬神)'이라고 높여 부르기도 한다. 무당은 우리가 사는 집에도 수많은 가신(家神)이 있다고 믿는다. 대감신, 성주신, 조왕신, 업신 등 부엌을 비롯해 집 안팎 어디에도 신들이 있다.

대감신(大監神)은 인간의 재복과 집안의 평안과 번영을 관장하는 신이다. 집터를 관장하고 수호하는 신으로 터주, 터주신 또는 '터줏대감'이라고도 한다. 터줏대감은 집 울타리 안과 대문 앞마당까지 관장한다. 대감신 가운데는 천복(天福)대감도 있다. 하늘에서 복을 내려주는 신이다. 말하자면 대감신은 지신(地神)이다.

집의 건물은 성주신(城主神)이 관장한다. 가신 가운데는 최고의 신으로 집의 건물을 수호하는 신이다. 또 업신(業神)도 있다. 업신은 그 집안의 재물을 모아주는 신이다.

조왕신(竈王神)은 부엌신으로 부뚜막신이라고도 한다. 조왕신은 불(火)의 신이기도 하며 부녀자들의 수호신이기도 하다. 부엌은 불을 때는 곳이며 부녀자들이 출입하는 곳이어서 그런 신이 있다고 믿는 것 같다. 우리나라뿐만 아니라 중국, 일본 등 동양의 샤머니즘에는 집안을 지켜주는 가신들이 있다.

이러한 가신들은 무당이 기복굿을 할 때 끊임없이 등장하기 때문에 비교적 자세하게 소개했다. 가신은 모두 그 집안을 지켜주는 좋은 신이다. 무당이 굿을 하는 원래 목적이었던 병 치료도 결국은 재앙을 물리쳐 편안해지고 행복하기를 바라는 것이다. 죽은 자의 영혼과 소통하는 것도 결국은 죽은 자가 생전에 가졌던 원한과 억울함, 아쉬움 등을 풀어줘서 어떤 불행한 일로 고통받는 의뢰인이 행복해지기를 바라는 것이라고 할 수 있다. 따라서 굿의 가장 중요한 목적은 재앙을 막고 복을 부르는 것이다.

어쩌면 인간의 본성이라고 할 수 있는 행복 추구, 복 받기를 바라는 소망이 사라지지 않는 한 샤머니즘에서 굿은 사라지지 않을 것이다. 그와 함께 현대사회에서 미신·무속으로 아무리 폄하되더라도 무당도 사라지지 않을 것이다.

굿의

종류

굿의 종류는 무수히 많다. 민족마다 종족마다 자신의 정체성과 특성이 있고 자연환경이 다르며, 유목민이냐 농경민이냐에 따라서 차이가 클 수밖에 없다. 또한 그들 공동체의 흥망성쇠에 따라 굿의 종류도 달라진다. 우리나라만 하더라도 남북이 다르고 팔도에서 굿의 명칭이 다르며, 굿의 내용과 형식에 조금씩 차이가 있다. 그뿐만 아니라 굿을 주재하는 무당이 강신무냐 세습무냐에 따라 차이가 있다.

따라서 학자나 전문가도 굿의 종류를 구분하는데 서로 차이가 있다. 하지만 넓은 범위에서 굿의 종류를 나눠보면 서로 비슷하다. 즉 굿의 성격과 규모에 따라 그 종류를 나눌 수 있다.

먼저 굿의 성격에 따라 크게 세 종류로 나눌 수 있다. 기복굿, 치병굿, 사령굿이다. 전문가의 보편적인 견해라고 할 수 있다. 성격은 같더라도 민족이나 종족마다 지역마다 굿의 명칭에 차이가 있으므로 여기서는 우리나라에서 쓰는 굿의 명칭을 사용했다.

'기복(祈福)굿'은 무사 안녕과 복을 비는 굿이다. 크게 공동체를 위한 굿과 개인을 위한 굿으로 나눌 수 있다. 공동체를 위한 굿으로는 대동굿, 동제, 부락제, 당산굿, 별신굿 등을 비롯해 각종 기우제, 풍어제, 풍농제, 산신제 등이 여기에 해당한다. 별신(別神)굿은 특별히 공동체를 지키는 수호신을 모셔놓고 치르는 굿으로, 대부분의 지방에 있지만 특히 동해안 별신굿이 유명하다. 별신굿 가운데 경상도 '하회별신굿탈놀이'는 국가무형문화재 제69호로 지정됐으며 탈놀이에 쓰이는 탈(가면) 12종 13개는 국보 제121호로 지정돼 있다. 우리나라를 알리는 홍보물에 상징적으로 하회탈이 자주 등장한다. 그만큼 가치가 높다.

개인을 위한 기복굿은 그 종류와 명칭이 헤아릴 수 없이 많다. 개인적인 불행이나 불운을 막고 복을 받기 위해서, 또는 불행·불운·우환이 없더라도 개인의 성공, 사업·장사 등이 잘되기 등을 기원하는 재수굿, 안택(安宅)굿, 고사, 대감굿, 성주풀이 등 수없이 많다.

성주풀이는 집안의 최고 가신으로 집안에 복을 가져오게 하는 수호신인 성주신을 모시고 복을 비는 무당의 노래라고 할 수 있다. 굿거리 장단에 맞춘 무당의 춤과 노래는 그 가사 내용 등에서 민속적·문학적 가치가 매우 높다. 또한 "에라 만수, 에라 대신이야 … 낙양성 십리허에 높고 낮은 저 무덤에 영웅호걸이 몇몇이며 …"라는 가사의 민요 성주풀이도 있다.

'치병(治病)굿'은 샤머니즘을 대표하는 굿으로 개인이 무당을 가장 많이 찾는 이유이기도 하다. 물론 전염병이 창궐할 때 공동체의 무사 안녕을 위한 큰 굿도 있다. 하지만 대부분 갖가지 병으로 고통받는 환자가 무당을 찾아 치료와 치유를 부탁한다.

병의 원인을 알거나 모르거나 또는 상태의 경중에 따라 굿의 규모나 형식에 차이가 있다. 푸닥거리, 살풀이 등이 이에 해당한다. 특히 예전에 천연두가 크게 창궐할 때 '마마굿'을 했다. 예전에는 천연두를 '마마(媽媽)'라고 불렀는데, 마마는 왕이나 왕비에게 붙이는 극존칭이다. 그런데 천연두를 마마라고 부른 것은 그만큼 치사율이 높고 두렵고 강력한 전염병이었기 때문이다.

무당은 '호구별성마마(戶口別星媽媽)'라는 귀신(혼령)이 몸에 깃들었기 때문에 마마에 걸린 것이라고 진단했다. 여기서 '호구'는 마마의 신을 의미하는데, 천연두로 죽은 사람의 혼을 신격화한 것이다. '별성'은 원한을 품고 죽은 남성의 영혼을 뜻한다. 다시 말하면 천연두에 걸려 억울하게 죽은 남성의 혼령이 마마를 앓는 환자에게 깃들었다는 것이다. 따라서 마마굿은 그 혼령의 원한을 풀어줘서 편안하게 저승으로 떠나보내는 내용으로 진행된다. 또한 마마(천연두)가 유행할 때 미리 예방하는 굿을 '손님굿'이라고 했고, 마마의 혼령을 고이 떠나보내는 굿을 '마마배송굿'이라고 했다.

'살풀이굿'은 살(煞)을 풀어내는 굿이다. '살'은 세상 만물을 해치는 독하고 모진 기운을 가리킨다. 살을 '죽일 살(殺)'로도 쓴다. 샤머니즘에서는 '살'을 신령 가운데 하위에 속하는 잡귀·잡신이 되기 직전의 흉악한 기운으로 이해한다. 중국에서는 '살'을 흉악한 귀신으로 풀이하지만, 우리나라에서는 '살'을 좀 더 세분하기도 한다.

예를 들어 주당살, 상문살 등이 있다. 주당(周堂)신은 뒷간(변소, 화장실)의 신(귀신)이다. 좀 지저분한 신이지만 긍정적으로 보면 뒷간을 지키는 집안의 수호신이다. 그런데 주당신이 어떤 일로 분노하게 되면 집안의 누군가 병에 걸린다. 이것이 '주당살'이다. 주당살이 끼면 갑자기 정신이 혼미해지거나 무력해지고, 배 속이 불편해지면서 소화가 되지 않는가 하면 이유 없이 뼈 마디마디가 아프고 살짝 부딪쳐도 멍이 들기도 한다. 상문(喪門)살은 상갓집에 문상 갔다가 돌아와서 병을 앓는 경우다. 무당은 어떤 이유든 죽은 자의 영혼이 깃들었다고 진단한다.

무당은 그러한 병을 치료하기 위한 굿을 하게 되는데, 접신 과정을 거쳐 신 또는 죽은 자의 영혼과 소통하면서 살이 끼게 한 귀신이나 영혼을 쫓기도 하고 달래서 환자의 몸에서 빠져나가게 한다. 그것이 '살풀이굿'이다. 그리고 살풀이장단에 맞춰 기다란 하얀 헝겊을 들고 '살풀이춤'을 춘다. 살풀이춤은 예술성이 높아서 대구의 살풀이춤은 시도 무형문화재 제9호로 지정돼 있다.

풍수지리에서는 살이 낀 토지는 불행과 불운을 가져온다고 해서 그곳에 집을 짓지 않는다. 또한 일상생활에서도 '살이 끼다', '몸살이 나다', '망신살이 뻗치다', '역마살이 끼다' 등처럼 '살'이라는 표현을 많이 쓴다.

'사령(死靈)굿'은 죽은 자의 영혼을 저승의 좋은 곳으로 보내는 굿이다. 오구굿, 진오기굿, 씻김굿 등이 여기에 해당한다. '넋굿'이라고도 한다. 죽은 자가 어떻게 삶을 마감했든 그의 영혼을 저승의 좋은 곳으로 보내고자 하는 것이 유족을 비롯한 살아 있는 사람들의 소망이다. 그에 따라 죽은 자의 영혼을 좋은 곳으로 인도하는 천도재 등의 굿을 하게 된다. 그래야 살아 있는 사람들도 마음이 편하다.

그런데 죽은 자에게 어떤 원한이 있었다면 그 영혼은 편안하게 저승으로 가지 못하고 살아 있는 사람에게 빙의해서 원인을 알 수 없는 병 등으로 고통을 준다. 그렇다면 더욱더 굿을 해서 죽은 자의 원한을 풀어줘 저승의 좋은 곳으로 인도해야 한다. 오구굿, 씻김굿 등이 그것이다.

그 밖에 '내림굿'이 있다. 무당이 되기 위한 입무(入巫) 의례의 굿이다. 내림굿은 매우 진지하다. 열두 거리의 일반적인 굿에 내림굿이 추가된다. 내림굿을 주재하는 무당을 보편적으로 '신(神)엄마'라고 한다. 신엄마의 주관으로 내림굿을 진행해서 무병을 앓는 환자에게 눈에 띄는 확실한 변화가 일어나면 신엄마는 "어느 신이 강림하셨느냐"고 묻는다. 그러면 환자는 신의 이름을 댄다. 그 신은 무병을 앓은 환자가 무당이 돼서 평생을 모시는 신이 된다.

신내림을 하게 되면 환자는 느닷없이 주변 사람의 점을 쳐주기도 하고 무복을 입고 한바탕 춤을 춘다. 마침내 새로운 무당이 탄생한 것이다. 신기하게도 내림굿을 하고 나면 환자의 무병이 씻은 듯이 깨끗이 낫는다. 내림굿의 자세한 진행 과정은 다음 항목 '굿의 진행과정'에서 좀 더 자세히 소개하겠다.

내림굿에는 두 가지 의미가 있다. 환자의 원인 모를 병이 깨끗이 나았으니 치병굿이며, 누군가 운명적으로 무당으로 탄생하는 신기한 굿이기도 하다. 이렇게 신내림을 받아 무당이 되는 사람이 강신무다. 보편적으로 남성보다 여성이 훨씬 더 많다.

규모에 따라서 굿의 종류를 나누기도 한다. 황루시는 『팔도 굿』에서 다음과 같이 세 종류로 나누었다. 아마 다른 학자나 전문가도 비슷할 것이다.

먼저 '비손'이다. 비손이란 두 손으로 빈다는 뜻이다. 가족 가운데 전쟁터에 나간 군인이 있다든지, 어떤 일로 멀리 떠났는데 그가 무사히 돌아오기를 기원할 때 또는 부부 사이나 가족 사이가 원만하지 못할 때 화목하기를 바라는 매우 간단한 형식의 굿이다. 무당은 안방의 윗목이나 장독대에 간단한 음식을 차려놓고 고개를 숙이고 무사히 돌아오거나 화목하기를 축원하며 두 손으로 빈다. 꼭 무당이 아니더라도 괜찮다.

비손보다는 규모가 조금 큰 굿의 형식으로는 '고사'와 '푸닥거리'가 있다. 고사(告祀)는 우리에게 매우 익숙하고 흔히 볼 수 있으므로 긴 설명이 필요 없다. 원래 고사는 해마다 음력으로 10월 상달에 집안의 안녕을 위해 가신(家神)들에게 제사 지내는 개인적인 행사였다. 하지만 지금은 이사, 이전, 개업, 신축 등 무엇인가 새로 시작할 때 고사를 지낸다. 앞으로 좋은 일만 생기고 하는 일이 잘되라고 기원하는 것이다.

제상에는 돼지머리, 시루떡, 과일, 술 등이 올라간다. 무당이 없이 관계자들끼리 고사를 지내기도 하지만, 주최자의 의지에 따라 무당을 불러서 제대로 굿을 하기도 한다. 고사를 지낸다고 해서 주최자나 관련자들이 반드시 샤머니즘, 무속을 신봉하는 것은 아니다. 요즘의 고사는 축하연회 같은 특성을 지닌다. 그렇지만 샤머니즘의 뿌리가 여전히 남아 있음을 말해준다.

'푸닥거리'는 가족 가운데 누가 몹시 아플 때 귀신을 쫓아내는 치병굿이다. 하지만 집안에 불운이 겹쳐 형편이 좋지 않을 때도 푸닥거리를 한다. 무당이 주재하며 잽이들이 무악을 연주하고 무당이 춤도 추며 신에게 가족의 소망을 기원하지만, 규모가 큰 굿은 아니다.

진정한 굿은 규모가 크다. 신을 위해 갖가지 제물을 바치고, 신을 불러서 잽이들의 요란한 무악과 함께 무당의 춤, 노래, 축원 그리고 간단한 촌극과 재담까지 어우러지는 종합적인 제례의식이다.

굿의 규모는 굿을 하는 데 소요되는 시간과도 관계있다. 기본적으로 무당이 굿을 하는 시간은 길다. 푸닥거리와 같이 규모가 그다지 크지 않은 굿도 서너 시간이 걸린다. 큰 굿은 온종일 계속하는 것이 예사다. 내림굿은 밤새도록 이어진다.

굿의 구성원과

무구(巫具)

　제대로 된 큰굿을 하려면 여러 구성원과 굿에 사용되는 도구인 무구가 필요하다. 무구는 대부분 무당이 사용하는 필수적인 도구다. 공동체를 위한 대동굿 등은 제외하고 가장 흔한 굿인 개인적인 굿의 경우를 예로 든다.

　규모가 크고 짜임새 있는 완전한 형태의 굿을 하려면 여러 가지 준비가 필요하다. 먼저 굿을 하는 구성원들이 갖춰져야 한다. 굿을 주재하는 원무당, 즉 주(主)무당이 있어야 하고, 그를 돕는 몇몇 수습무당(제자무당, 새끼무당)이 필요하다. 또는 몇몇 무당이 참여하는데 역할과 기능은 원무당을 돕는 일이다. 굿의 과정이 길어 시간이 오래 걸리기 때문에 원무당이 모든 과정을 도맡아 진행하기는 너무 벅차고 힘들다. 그래서 다음과 같은 보조 무당들이 필요하다.

　• 창부(倡夫)무당: 굿에서 노래, 춤 등 가무를 맡은 무당이다. 창부는 남성 광대를 뜻하는데, 광대처럼 춤과 노래만을 하는 무당이다. 신

내림을 받은 무당은 아니다.

• 뒷전무당: 정통적인 굿은 대부분 열두 거리로 진행되는데, 그 마지막 거리가 뒷전거리다. 굿을 끝내는 과정으로 굿에 청했던 신들을 돌려보내는 의식이다. 이 뒷전거리만 맡아서 하는 무당이 뒷전무당이다. 역시 신내림을 받지 못한 무당이다.

• 기대: 기대는 굿에서 기무(技巫)를 가리키는 용어다. 굿을 할 때 예능적인 부분이나 음악만 맡은 무당이다. 마찬가지로 신내림을 받은 강신무는 아니다.

무당들과 함께 굿을 돕는 의뢰인과 여러 명의 보살이 있어야 한다. 대부분 여성인 보조원들을 흔히 불교식 용어로 보살이라고 부른다. 그와 함께 무악을 연주하고 분위기를 돋우는 악사인 '잽이'가 반드시 필요하다. 잽이의 악기는 북, 장구, 징, 바라, 해금, 피리 등이다. 잽이들은 남성이 많다. 구성원은 대부분 원무당과 한 팀으로 언제나 함께한다.

제대로 된 정식 굿은 적어도 몇 시간 또는 밤을 새워 진행되기도 하고, 며칠씩 계속될 때도 있다. 굿을 하는 도중에 휴식도 하고 식사도 하고 잠을 자기도 한다. 그에 대한 무당과 잽이들의 편의를 돕는 뒷바라지가 필요하다.

또한 굿은 신들을 모시는 제례의식이기 때문에 정성껏 빈틈없이 제사상과 제물을 준비해야 하는 것은 기본이다. 꼭 필요한 것은 떡과 육류다. 떡은 대개 시루떡이다. 신들은 청결한 것을 좋아하기 때문에 굿하는 장소를 깨끗이 해야 하고 구성원들도 청결에 주의해야 한다.

그다음, 굿을 주재하는 무당은 물론 그를 돕는 보조 무당들도 무당이 사용할 무구를 빠짐없이 챙겨놔야 한다. 가장 대표적인 것이 무당이 입을 무복(巫服)이다. 종류가 많아서 차질이 없도록 잘 챙겨야 한다.

신복(神服)이라고 하는 무복은 용도에 따라 종류가 무척 많고 색상 또한 매우 화려한 것이 특징이다. 사실 무당이 굿을 하는 데 무복에 대한 어떤 제한도 없다. 샤머니즘에는 아무런 매뉴얼도 없다. 가벼운 굿이나 무당이 앉아서 굿을 하는 충청도 굿에서 평소의 한복을 입어도 무방하다. 무당이 자기 취향에 맞는 다양한 옷을 준비하기도 한다.

그러나 굿에서는 무당이 돋보여야 하고 위엄이 있어야 한다. 그를 위해 매우 화려하고 돋보이는 무복을 입지만, 굿의 내용에 따라 무복의 형태가 다르기 때문에 수시로 갈아입어야 한다. 무당의 무복이 화려하고 다양해서 다채로운 색상을 지닌 생물에 무당벌레, 무당개구리라는 이름이 붙었다. 무복의 색깔이 그처럼 형형색색으로 다양하지만 오방색이 기본인 듯하다. 오방색은 다섯 방위를 나타낼 뿐만 아니라 우리 민족이 신령들에게 안녕을 비는 일종의 부적이라고 한다.

그렇더라도 무복에는 특징이 있다. 무당이 모시는 신에 따른 차이, 굿의 종류에 따른 차이가 있다. 전통적인 강신무는 자신이 모시고 불러오는 신에 따라 정해진 무복을 입는다. 예컨대, 장군신을 모시는 강신무는 관복을 입는다. 평안도나 함경도 등의 지방에서는 갑옷을 입고 투구를 쓰기도 했다. 또한 굿거리에 따라서 불러오는 신이 다르기 때문에 굿을 하는 동안 무당은 적어도 다섯 번은 무복을 갈아입는다. 무당은 옷에 따라 기운(氣運)이 바뀐다고 말한다.

무복의 공통적인 특징은 대부분 중성적이라는 것이다. 무당에는 남녀의 구별이 없기도 하지만, 무당은 여성이 많지만 모시는 신은 대체로 남성 성격의 신이 많기 때문에 누가 입어도 상관없는 중성적 스타일인

여러 가지 무구

것이다.

무당은 굿을 할 때 두루마기와 같은 무복에 넓은 쾌자(快子)를 입는다. 쾌자는 군복의 일종으로 겉옷 위에 덧입는 옷이다. 소매가 없고 무릎까지 온다. 무복은 소매가 널찍한 저고리여서 춤을 추면 춤동작을 돋보이게 한다. 무당이 쾌자를 입는 것은 춤을 출 때 극적인 효과를 위해서라고 한다. 머리에는 갓이나 패랭이, 고깔, 족두리 등 다양한 모자를 쓴다. 무당은 춤을 추기 때문에 무거운 모자가 아니라 가벼운 모자를 쓰며, 또한 춤출 때 벗겨지지 않도록 모자 위쪽이 좁다. 허리에는 금속 장식이 있는 허리띠를 맨다. 춤을 추면 화려한 장식들이 펼쳐져 더욱 극적 효과를 높여준다.

무당의 무복이나 장식이 화려하면 굿을 하는 관련자들이나 관람자에게 시각적으로 환각효과를 줄 수 있다고 한다. 실제로 무복은 그렇게 꾸며진다는 것이다. 화려한 색깔과 마주할 기회가 거의 없었던 예전에, 더욱이 별로 밝지 않은 실내에서 무당이 화려한 옷을 입고 빙글빙글 춤을 추면 요즘의 사이키델릭 조명처럼 현란해서 기절하는 사람도 있었다니까 굉장한 환각효과였다.

그리고 무당의 빼놓을 수 없는 무구로 무당부채가 있다. 무당부채(巫扇)는 일반 부채와는 전혀 다르다. 무당이 모시는 신의 모습과 해와 달 등이 그려져 있고 크기도 무척 크다. 색깔도 화려해서 무당이 부채만 휘둘러도 분위기가 사뭇 진지해진다.

무당은 또 칼을 자주 든다. '신(神)칼'이라고 하는 무당의 칼은 단검인 청룡도도 있고 삼지창도 있다. 칼을 휘두르는 것은 대개 귀신을 쫓아내는 행위다. 다시 말하면 신칼은 무당이 불러내는 신의 힘을 상징한다.

강신무는 자신에게 신이 깃들어 있다는 것을 보여주기 위해 삼지창에 돼지머리 따위를 꽂아놓고 똑바로 세우기도 한다.

또한 굿을 할 때 무당은 손에 방울을 들고 있다. 일곱 개의 방울로 된 작은 청동방울이다. 무령(巫鈴) 또는 무당방울이라고 한다. 일곱 개의 작은 방울은 칠성(七星, 북두칠성)을 상징한다. 가끔 방울이 여덟 개인 것도 있는데, '큰무당'이 사용한다는 뜻이라고 한다.

무당은 굿을 할 때 방울을 왼손에 들고 흔들어가며 춤을 춘다. 그리고 신이 내려 공수(신이 하는 말)를 줄 때는 방울을 왼쪽 귀까지 올려서 흔든다. 신령이 전하는 말에 집중한다는 표시다. 무당이 춤추며 방울을 흔드는 것은 잡귀를 쫓고 신령을 부르는 것이다. 또 종소리를 내는 작은 요령을 자주 손에 드는데 혼령을 깨우거나 불러오는 것이다. 또 원한을 품었던 죽은 자의 영혼을 달래고 귀신을 쫓는 데 쓰인다.

'신장(神將)대'도 있다. 지역에 따라 신장대, 손대, 천왕대, 서낭대 등으로 부르는 이 무구는 신령과의 접신에 사용하는 도구다. 대개 신내림을 받지 않은 대잡이들이 신장대에 신령의 의사를 묻는다. 신령이 내리면 신장대가 떨리고 흔들린다. 무당은 마지막으로 신장대를 잡고 신령의 의사를 전달한다. 세습무가 신을 받아들이는 유일한 무구이기도 하다. 무당에게는 가장 중요한 무구 중 하나다.

그 밖에 다섯 가지 색, 즉 오방색으로 된 '신기(神旗)'라는 깃발이 있다. 신령에게 굿판의 위치를 알리는 기능을 한다. '허개등'도 있는데, 굿을 하는 집 바깥의 높은 곳에 매다는 등불로 역시 굿을 알리는 기능을 한다. 거울도 있다. 무당이 손에 드는 작은 거울은 무당의 상징이기도 하다. 샤머니즘의 초기였던 청동기시대, 샤먼은 청동방울과 함께 청동거울을 지녔다. 거울은 원래 자기성찰을 뜻한다. 또 굿에는 지화(紙花)도 있다. 글자 그대로 종이로 만든 꽃이다. 저승의 꽃이며 죽은 자의 영혼을 상징한다.

때에 따라서 '작두'도 무구가 된다. 강신무가 엑스터시·트랜스 의식을 통해 접신했을 때 작두의 칼날 위에 올라서서 자신과 신령이 하나가 됐다는 것을 과시하는 용도로 쓰인다. 강신무만 가능해서 세습무는 하지 않는다.

굿의 구조와
—————————————— 진행 과정

샤머니즘에서는 당연히 초자연적인 능력을 지닌 모든 신은 인간보다 우위에 있다. 따라서 마치 인간이 신에게 종속된 것 같지만, 실제로 그렇지 않다. 평소에 인간은 조상을 숭배하며 집 안에 제단을 만들어놓고 제사를 지내지만 신을 모시지는 않는다. 항상 신을 모시는 것은 무당(샤먼)뿐이다.

또한 신 또는 혼령은 인간이 부르지 않으면 나타나지 않는다. 인간은 병이 나거나 불운, 불행, 우환 등이 있어야 무당을 통해 신과 혼령을 부른다. 그러면 무당이 신의 노여움을 풀어주고 잘 달래고 구슬리면 인간의 요청을 들어주고 얌전히 본래의 제자리로 돌아간다. 말하자면 신이 인간보다 우위에 있지만 인간이 얼마든지 조종할 수 있다는 뜻이다. 인간이 신과 혼령을 조종하는 제례의식이 바로 무당이 주재하는 굿이다.

굿은 샤머니즘의 필수요소다. 그러나 어떤 율법적인 요소나 규칙과

규정이 없다. 그 때문에 민족마다, 종족마다, 지역마다 굿이라는 제례의
식에 차이가 있고 다양하다. 그것은 굿의 형태와 구조에도 얼마든지 차
이가 있을 수 있다는 것을 말해준다. 하지만 결국 굿을 하는 목적이 비
슷하기 때문에 굿의 구조에도 분명한 공통점이 있다. 굿이라는 의식이
공통으로 무당과 신 또는 혼령, 그리고 굿을 의뢰하는 사람의 관계여서
굿의 구조를 크게 나누면 도입부, 중심부, 뒷전풀이로 짜여 있다.

　이것을 청신(請神), 오신(娛神), 송신(送神)의 세 단계로 표현하는 전
문가도 있다. 먼저 신이나 혼령을 불러 초청하는 의식이 '청신'이다. 이
어서 신이나 혼령과 소통하는 무당이 신격화돼서 신령에게 예의를 표한
뒤 신령을 불러 모시게 된 의뢰인의 불우한 상황과 요구를 들어주기를
간청하는 의식이 이어진다. 그리하여 신령이 자신을 정중하게 모시는 무
당의 요청을 들어주면 굿을 하는 목적이 이루어진다. 그러면 신령에게
고마움을 표시하고 신령을 즐겁도록 한바탕 여흥을 즐긴다. 이것이 '오
신'이다. 그런 다음 신령이 편안하게 돌아가도록 하는 의식이 '송신'이다.

　이 세 단계 구조는 규모와 짜임새가 있는 정상적인 굿이라면 어디서
나 똑같다. 방식에는 차이가 있을지 모르지만, 절차와 구조는 똑같다.
공동체를 위한 굿이든 특정한 개인을 위한 굿이든 마찬가지다. 물론 세
단계의 구조를 또 어떻게 세분하느냐는 굿의 성격이나 지역에 따라서
차이가 있다.

　우리나라의 서울과 경기지역에서는 보통 열두 거리로 나누어 굿을
진행한다. 그러나 굿의 성격과 규모 그리고 지역에 따라서 거리 수를 줄
이기도 하고 늘리기도 한다. '거리'란 세분된 단계나 과정으로 이해하면
된다. 또한 굿에 모셔 오는 신령의 숫자와도 관련이 있다. 아무튼 열두

거리 굿이 보편적인 굿이라고 보면 된다. 굿 열두 거리는 대략 다음과 같이 진행된다.

첫 굿거리인 '주당물림'은 부정한 기운인 주당살을 예방하기 위하여 베푸는 의식이다. 주당은 뒷간(화장실)을 지키는 귀신으로, 혼례나 장례, 굿 같은 의례에서 가장 꺼리는 귀신이기도 하다. 굿상이 차려지고 모든 준비가 끝났으면 무당들을 제외한 사람들을 집 밖으로 나가게 한 다음 장구 등을 무악에 맞추어 시끌벅적하게 울려서 주당살귀들을 놀라게 하여 물려내는 과정이다. 주당물림이 끝나면 사람들이 다시 굿청으로 들어와 자리 잡는다.

그다음 혹시라도 굿을 준비하는 과정에서 끼어들었을지 모르는 부정한 기운들을 하나하나 추슬러 가며 어르는 '부정거리' 또는 '부정청배'를 행한다. 굿상에 촛불을 밝히지 않은 채로 잿물(잿가루+고춧가루+굵은소금+물) 한 대접, 맑은 물 한 대접, 소지종이 세 장을 준비하여 사용한다. 이 의식은 일반적으로 무당이 앉아서 진행해서 '앉은거리'라고도 했다. 부정거리가 시작되면 의뢰인은 굿에 부정이 타지 않도록 성심을 다해서 빌어달라고 부탁하는 뜻으로 원무당이 잡은 장구줄에 '부정채'라는 돈을 끼워준다. 굿을 잘해달라는 일종의 팁이다. 두둑한 부정채를 받은 원무당은 그에 보답이라도 하듯 더욱 정성 들여 굿을 했다.

그다음, '진작 올리기'다. 신령을 맞이할 수 있도록 굿상(제사상)에 골고루 촛불을 밝히고 향을 피워놓고 정성껏 음식을 골고루 차린다. 그러고 나서 술잔에 술을 부어놓고 절을 하면서 무당들이 신령을 맞을 합창을 한다. 온갖 신령에게 어서 왕림하라고 초청하는 노래다. 굿은 대부분 비교적 밝은 분위기 즐거운 분위기로 펼쳐진다.

다음 순서는 '산거리'다. '산맞이', '가망거리'라고도 한다. '가망'은 굿에서 모시는 신령들을 일컫는다. 이제 본격적인 굿거리가 시작되는 것이다. 집 안마당에 자리를 깔고 밥과 국수, 전과 떡, 각종 나물, 술 따위를 차려놓는다. 그리고 무당이 팔도명산의 산신들, 호구말명, 의뢰인의 조상신 등 온갖 신령을 불러서 모신다. 굿에서 매우 중요한 대목이다.

'호구말명'은 무당들의 대선배 무당을 가리킨다. 한자로 '戶口萬明'인데 만명을 '말명'으로 발음한다. 전국 어디서나 굿을 할 때 그 지역에서 가장 유명했던 죽은 무당의 혼령을 모신다. 만명은 삼국시대 신라 김유신 장군의 부인 만명부인을 가리키는 것이라고도 한다. 김유신 장군의 부인이 어떻게 무당들의 대선배 무당이 됐는지는 알 수 없다. 또 다른 전설에서는 바리공주가 무조신(巫組神)이다.

아무튼 온갖 신령을 모시는데, 신령들은 대개 노여움으로 가득 차 있다. 신령들은 언제나 인간의 편에 서서 인간을 도와주고 싶은데 인간이 그 뜻을 모르고 소홀하기 때문이라고 한다. 그래서 초청된 신령들이 심술을 부리기도 하는데, 그 공수가 무당을 통해 전해진다.

> 내 대감이 어떤 대감이냐
> 내가 요만큼 챙겨주고 요만큼 먹여주었더냐
> 먹고 남고 쓰고 남게 도와주었건만
> 괘씸하다
> 갈비로 양치질하시던 내 대감인데
> 요것이 무어란 말이냐
>
> _황루시, 『팔도 굿』(대원사, 1989)에서 인용

대감신(大監神)이 굿상의 음식이 부족하다고 불평하는 것이다. 대감신은 이미 설명했지만, 가신으로 집안의 안녕과 번성 그리고 재물과 재복을 담당하는 신이다.

그런 대감신이 불평하니 굿의 도우미들은 어찌할 바를 모르고 쩔쩔매며 "아휴, 신령님, 죄송합니다. 당장 다시 차리겠습니다" 하고 굿상의 음식들을 보완한다. 그런가 하면 "아휴, 정성껏 차린 음식이에요. 저희 형편에는 최선을 다한 거예요. 웬만하면 노여움을 푸시고 그냥 잡수세요" 하며 응석을 부리기도 한다. 어찌 보면 헛수작으로 한 편의 촌극을 보는 것 같다. 그만큼 분위기가 어둡지 않다.

그런 촌극을 한바탕 벌이고 나면, 무당은 온갖 신령에게 굿을 하게 된 이유를 밝히고 연신 굽신거리면서 의뢰인의 소원을 들어달라고 빈다. 예컨대, 병을 치유하기 위한 굿인 '푸닥거리'의 생생한 모습을 황루시의 『팔도 굿』에서 그대로 옮겨 보겠다.

…장구 치는 여인은 두 팔이 빠져나갈 만큼 장단을 몰아가는 중이다. "얼씨구, 아 좋지. 얼씨구!" 장구 치는 사이사이 입으로는 추임새를 넣어 신명을 돋운다. 옆에 서서 제금 치는 여인은 잦은장단을 따라가느라고 이마에 구슬땀이 송골송골 맺혔는데 얼굴은 이상하리만치 무표정하다. 너무 힘든 탓일까. 그러나 훨씬 더 고된 사람이 있다. 바로 그 앞에서 위아래로 팔을 저으며 두 발을 모아 뛰고 있는 여인. 얼마나 오랫동안 그렇게 뛰었는지 숨은 턱에 닿았고 물먹은 솜처럼 두 팔이 무거운 모습이 완연한데, 분홍신을 신은 듯 제자리에서 동동 뛰는 발은 좀처럼 멈추지 않는다. 허공을 노리는 여인의 시선. 그

러나 초점이 없다. '당당' '잰잰' 변함없이 잦은장단 소리.

갑자기 여인이 헉 무릎을 꺾고 땅바닥에 엎드려 버린다. 급히 장구채를 놓은 무당이 엎드린 여인의 등 위에 빨강과 하양 기 둘을 덮고는 좁쌀과 붉은 콩을 힘있게 뿌린다. 제금 치던 여인은 소주병을 입에 대고 한 모금 물었다가 '후' 하고 뿜어낸다. 이것을 몇 번이고 되풀이한 뒤에 나머지 술은 병째 주위에 뿌려 버린다. 그제야 잡귀가 물렸는지 엎드렸던 여인이 꿈틀대고 일어나면 무당은 얼른 물그릇을 입에 대어준다. 몇 모금 마신 뒤에 깊은 한숨을 내쉬는 여인의 얼굴은 지치고 허탈해 보인다.

썩 야단스러운 이 광경은 병에 걸렸거나 신들린 사람에게서 잡귀를 몰아내기 위해 행하는 푸닥거리다. 때로는 신들린 당사자가 빨강·노랑·하양·파랑의 무복을 번갈아 입으면서 몇 시간이고 춤추고 울고 웃는 과정을 되풀이하는 걸진 장면을 볼 수도 있다. 실컷 춤추게 함으로써 그의 신명을 풀어주기 위해 무당들은 저녁 늦게까지 장구와 제금을 울려대는 것이다. …

어떻게 보면 푸닥거리 등으로 환자의 병을 치유했다면 그것으로 굿의 목적은 달성한 셈이다. 하지만 굿은 여기서 끝나지 않는다. 굿거리는 계속해서 이어진다. 더욱 많은 신령을 모셔온다. 굿은 신령들의 향연, 신령들의 파티이기도 하다.

'불사거리'는 굿에 따라 천궁거리, 제석거리, 칠성거리라고도 부른다. 불사(佛師)거리에 대해 전문가들은 이 대목은 예로부터 전해 내려오는 천신신앙, 불교신앙, 칠성신앙, 삼신신앙, 도교신앙 등 모든 종교의 신들까지 모셔서 함께 어울리게 하는 굿거리라고 말한다.

이 대목에서는 굿청에 모시지 않은 온갖 잡귀를 놀리기도 하고 특별히 대접하기도 한다. 의뢰인의 악한 기운을 모두 거두어 돌아가라는 의미로 굿상의 음식을 조금씩 골고루 나눠준다. '굿이나 보고 떡이나 먹는다'는 옛말이 있듯이 굿을 구경하는 사람들에게 시루떡을 돌리기도 한다. 떡을 받은 사람은 그에 대해 성의를 표시하는 것이 예의라고 한다. 흔히 작은 액수의 돈을 낸다.

그다음 '대신거리'가 있다. 이 대목에서는 천하대신, 지하대신, 벼락대신 그리고 여러 나라의 12대신 그리고 무당이 모시는 특정한 신령인 '몸주신'까지 모셔온다고 한다. 그리하여 수많은 신령에게 의뢰인과 그 가족의 크고 작은 문제나 소망 등을 묻고 예언과 충고를 듣는다는 것이다. 물론 대답은 신령들과 소통하는 신격화된 무당이 도맡는다.

그러고 나면 굿이 한결 여유로워진다. 굿이 긴 시간 진행돼서 모두 피곤한 까닭도 있겠지만 휴식할 겸 한바탕 여흥이 벌어진다고 해도 과언이 아니다. 굿을 주재하는 원무당이 지친 몸을 쉬는 동안 창부무당, 기대 등이 춤을 추고 타령을 하는 등 흥겨운 예능 솜씨를 보여준다.

그뿐이 아니다. 원무당 밑에서 무당의 기능과 역할을 익히고 있는 제자 무당인 이른바 '신딸' 새끼무당들은 그동안 배우고 익힌 무당으로서의 능력을 과시하기도 한다. 또한 엄숙한 신령들을 놀리기도 하고, 농담을 던지기도 하고, 응석을 부리는 등 웃음을 자아내는 일종의 쇼타임이 펼쳐진다. 진지한 굿이 즐겁고 재미있는 볼거리가 된다.

그다음 '호구거리'가 있다. 호구는 이미 설명했지만 '호구별성마마'라는 신령의 줄임말이다. 여성의 성격을 지닌 이 신령은 좀 까다로워서 조금만 잘못해도 심술을 부리거나 안 좋은 일들이 일어나게 한다. 예컨대 전염병 같은 것이다. 예전의 대표적인 전염병은 천연두였기에 천연두 즉 '마마'를 앓게 되는 것은 호구별성마마의 심술 때문이라고 생각했다.

그에 따라 호구별성마마의 노여움을 풀고 의뢰인의 집안이 무병장수하도록 비는 대목이다. 무당에게 굿을 청한 의뢰인은 자신이나 가족의 병환을 치료하기 위해 굿을 하는 것이 대부분이기 때문에 집안의 편안과 무병장수를 기원하는 것은 당연하다.

이어서 굿의 백미라는 '조상거리'가 있다. 의뢰인 집안의 조상들을 모두 모셔서 살아 있는 자와 죽은 자의 혼령을 연결하는 대목이다. 죽은 조상들 가운데는 여러 가지 이유로 한이 맺힌 채 눈을 감은 조상도 있을 것이다. 한 많은 조상의 영혼이 후손에게 깃들면 원인 모를 병으로 고통받거나 우환이 겹치고 하는 일들이 제대로 안 된다고 한다. 조상 혼령의 한을 풀어줘서 편히 저승에 가도록 천도하는 대목이다. 조상의 영혼과 소통하고 교신하는 무당이 조상의 혼령이 돼서 그의 말을 후손들에게 전한다. 후손들에게 잘못이 있다면 뉘우치게 한다. 그리고 무당은 조상의 혼령을 달래는 의식을 통해 편안하게 저승의 좋은 곳으로 가도록 인도한다.

대다수 의뢰인은 이 대목을 가장 중요하게 받아들인다. 조상숭배의식이 강한 민족으로서 자식의 도리를 다하지 못한 죄책감은 무엇보다 크다. 무당이 그 때문에 집안에 우환이 많고 되는 일이 없다고 하면 더욱더 죄책감이 커진다. 따라서 굿에서 이 대목을 하고 나면 후손들도 한결 마음이 편해진다. 그 때문에 굿을 하는 의뢰인도 많다.

그다음 '큰거리'다. 장군거리, 대거리, 상산거리라고도 한다. 역대 영웅·장군들을 모시는 장군거리다. 강감찬, 최영, 이순신 등 역사적으로 유명한 장군을 모두 모신다. 또한 원통하게 죽은 임금이나 장수를 모시는 '별상거리'도 있고, 액(厄)을 막고 재수나 소망을 관장하는 신령들을 모시는 '신장거리'도 있다.

그뿐만 아니라 오복(五福)과 재운을 관장하는 대감신도 모신다. 역사적으로 위대한 신령들을 모셨기 때문에 무당들이 겸손한 자세로 정성을 다하는 대목이다. 반드시 경험이 많은 큰무당이 진행한다. 한마디로 의뢰인과 그의 가정에 만복이 깃들기를 위대한 신령들에게 기원하는 대목이다.

'안당제석'도 비슷하다. 가신들을 비롯해서 거의 모든 신령을 모셔놓고 의뢰인과 그의 가정에 부귀영화가 깃들기를 기원한다. 모든 신령은 인간이 불러내야 나타나듯이 굿은 의뢰인이 있기 마련이다. 그에 따라 무당은 철저하게 의뢰인의 소망을 들어주는 것이다.

'성주 군웅거리'도 마찬가지다. 의뢰인의 집을 지켜주는 성주 신령과 성주의 부인 신령, 성주대신, 성주군웅, 성주별감 등 성주 신령과 관련된 모든 신령을 모셔놓고 의뢰인 가정의 안녕과 번영을 비는 대목으로 비교적 간단한 굿거리다.

이어서 '창부거리'가 진행된다. 굿이 거의 마무리됐으니까 만사(萬事)가 해결된 것으로 믿고 일종의 뒤풀이로 창부무당의 '창부타령' 등 노래와 춤판이 펼쳐진다. 말하자면 분위기를 흥겹게 하는 창부무당의 원맨쇼인 셈이다. 그래서 굿판은 즐겁기도 하고 놀이가 되기도 한다.

열두 거리 굿의 마지막 거리는 '뒷전거리'다. 길고 긴 굿판이 몇 시간이 걸렸든, 밤을 지새웠든 또는 며칠 동안 이어졌든 끝이 있기 마련이다. 굿판을 마무리하는 대목이 '뒷전거리'다. 이 대목은 모셔 왔던 온갖 신령들을 돌려보내는 의식이다.

굿판에 모셨던 온갖 신령들은 잘 대접 받으며 노여움도 풀고 의뢰인에게 공수(신령이 전하는 말)도 주었으며 무당들이 마련한 향연에서 흥겹게 놀았다. 하지만 굿이 끝났으니 이제 돌아가야 한다. 뒷전거리는 신령들에게 안녕히 가시라는 배웅의 굿거리라고 할 수 있다.

이 뒷전거리는 뒷전만 전문으로 하는 뒷전무당이 담당한다. 뒷전무당은 아직 신내림을 받지 못한 무당이다. 그래서 신령들에게 잘 보이라고, 속된 표현으로 신령들에게 점수를 따라고 뒷전을 맡기는 것 같다. 뒷전거리가 끝나면 굿상에 놓았던 제물들을 골고루 조금씩 떼서 바가지에 담고 술 한 잔을 부어 내버리면 굿이 끝나게 되는 것이다.

지금까지 굿의 진행 과정을 살펴봤다. 하지만 반드시 정해진 순서와 절차가 있는 것은 아니다. 지역마다 차이가 있고 무당에 따라서도 차이가 있으며 굿의 내용에도 차이가 있다. 어찌 되었든 앞에서 살펴본 것은 일반적인 굿의 경우라고 할 수 있다.

의뢰인이 없는 굿도 있다. 무당이 되려는 '내림굿'이 그것이다. 무당이 될 운명을 타고난 사람은 어느 때 갑자기 무병(巫病)을 앓게 된다. 신령의 뜻이라고 해서 신병(神病)이라고도 한다. 원인도 모르고 병명도 모르는 무병은 어느 전문가의 표현처럼 불가사의한 병이다. 무당이 될 운명을 거부할 수 없다. 자신의 운명으로 알고 받아들여야 한다. 그리하여 무당과 날짜를 정해 내림굿을 하게 된다.

내림굿이라고 해서 일반적인 굿과 크게 다르지 않다. 굿 열두 거리에 내림굿 과정이 추가되는 것이다. 내림굿 과정은 보통 세 단계로 진행된다. 허주굿, 신명(神名) 밝히기, 말문 열기가 그것이다.

허주굿은 열두 거리 굿에서 주당물림, 부정거리 등이다. 무당 될 사람의 집이든 무당의 집이든 굿을 할 장소를 깨끗하고 정결하게 한다. 잡귀나 잡신을 몰아내는 의식이다. 그다음 온갖 신령을 불러 모으는 산거리 또는 가망거리, 말명거리, 상산거리 등이 진행된 뒤에 내림굿 과정을 진행하게 된다.

내림굿을 주재하는 무당을 신어머니 또는 신엄마라고 한다. 무당이될 사람은 그의 딸, 신딸이 되는 것이다. 박수무당이 주재하면 신아버지, 무당 될 사람이 남성이면 신아들이다. 내림굿에서는 신부모가 반드시 필요하다. 그들의 도움을 받아야 하기 때문이다. 가령 무당이 될 사람이 여성이라면 신어머니 무당이 신딸의 몸으로 신령이 내려오는 의식을 진행한다.

내림굿 의식은 먼저 신령들을 위한 굿상에 신명상(神名床)을 놓는다. 신령들의 이름을 써놓은 것이 아니라 쌀, 콩, 팥, 참깨, 물 그리고 소의 여물이나 나무 또는 향이 불에 타고 남은 재 따위를 똑같은 모양의 종지에 담아 흰 종이로 덮어놓은 것이다.

신어머니 무당이 온갖 신령을 부르는 노래를 하고 나서 무당이 되려고 하는 신딸에게 자기 마음에 드는 무당옷을 골라서 입게 한 다음 부채와 방울을 들고 춤을 추게 한다. 잽이들이 빠른 장단의 무악을 쳐주면 신딸은 넋이 빠진 듯 점점 격렬하게 춤을 추다가 자기도 모르게 사시나무 떨듯 몹시 몸을 떨며 춤을 춘다. 신이 내린 것이다.

신딸에게 마침내 신이 내리면 자신의 자의식은 사라지고 신령에게 완전히 지배당한다. 그에 따라 성격이 완전히 변하는 등 딴사람이 된다. 갑자기 신령이 된 것이다. 신어머니 무당은 그것을 알아차리고 온몸을 떨며 격렬하게 춤을 추다가 지친 신딸에게 어느 신이 들었느냐고 묻는다. 그러면 신딸은 거의 무의식 속에서 자기 몸에 깃든 여러 신령의 이름을 댄다. 이것이 '신명 밝히기'다.

무당에게는 자기 자신만 모시는 특정한 신령이 있다. 신딸은 이때 자기 몸에 깃든 신령을 무당이 돼서도 평생 모시게 되는 것이다. 신어머니, 신아버지 등 신부모도 무당으로서 평생 부모-자식 관계를 유지한다.

신이 내린 신딸은 마치 무당이 된 것처럼 신격화된 상태에서 느닷없이 주변 사람의 점을 치고 공수를 한다. 그것이 '말문 열기'다. 말문을 열었다고도 하고, 말문이 트였다고도 한다. 신딸이 자기 몸에 신이 깃들어 신격화된 상태에서 처음으로 입을 여는 것이다.

신딸에게 말문이 트이면 무당이 다 된 것이나 다름없다. 그런 상태에서 신어머니 무당은 신딸에게 신명상에 놓인 여러 곡식이 담겨 있는 흰 종이가 덮인 종지 하나를 골라 집게 해서 신의 이름을 알아낸다. 종지에 담긴 곡식들은 그냥 곡식이 아니라 신령을 상징하는 것이다.

이를테면 쌀은 제석(帝釋), 콩은 군웅, 참깨는 산신(山神), 물은 용신(龍神)을 뜻한다고 한다. '제석'은 집안사람의 수명이나 운명 등을 관장하는 가신이다. 소의 여물이나 재 따위는 잡귀를 뜻한다. 신딸이 신령과 관련 없는 것을 집게 되면 제대로 집어낼 때까지 계속한다. 그리고 신딸이 고른 곡식은 직접 삼키게 한다. 바로 그 신령이 무당으로서 모셔야 하는 신령이다.

또한 신딸의 신내림을 시험하기 위해서 무당부채나 무구를 감춰놓기도 한다. 무당의 필수무구인 쇠방울은 어느 곳에 묻어놓기도 한다. 그러고 나서 잽이들의 격렬한 무악과 함께 신들린 상태에서 신딸이 감춰놓은 무구들을 찾아내게 한다. 제대로 찾아내면 진정으로 신이 내린 것이다. 무당으로서의 능력에 대한 시험이다.

그런 의식이 끝나면 신딸에게 다시 춤을 추게 한다. 무당으로서의 춤이다. 신명 나는 잽이들의 연주와 함께 한바탕 춤이 끝나면 굿상에 있던 '열두 방기떡'을 구경꾼에게 나눠준다. 방기떡은 방기라는 식물의 잎사귀로 싼 떡이다. 이 떡을 먹으면 운수가 좋아지고 병에 걸리지 않는다고 해서 구경꾼은 다투어 먹는데, 이를 '방기떡 판다'고 한다.

방기떡을 돌리고 나면 무당이 된 신딸이 다시 잽이들의 격렬한 무악에 맞춰 신명 나는 춤을 춘다. 그런 다음 구경꾼의 점을 쳐주는데, 새로 무당이 됐기에 영험하다고 해서 앞다투어 공수를 받으려고 한다. 이렇게 내림굿 과정이 끝나면 다시 남아 있는 열두 거리 굿이 이어진다.

내림굿이 끝나고 사흘 뒤에 새로 무당이 된 신딸은 신어머니 집을 찾아가 그의 신전에 술과 메를 올리고 간단한 의식을 갖는데 이것을 '3일 치성'이라고 한다. 그 후 자신에게 신내림을 해준 신어머니를 따라다니며 무당의 역할과 기능을 배우는데, 몇 년이 걸리기도 한다. 그렇게 또 한 명의 무당이 탄생하는 것이다.

우리나라의

굿

우리나라의 굿과 관련해서 앞에서 설명했지만, 우리나라 굿의 역사 등 좀 더 설명해야 할 부분이 많다.

우리나라의 굿이 언제 시작됐는지는 기록이 없어서 정확히 알 수 없다. 중국의 사서(史書)에는 부여의 영고(迎鼓), 고구려의 동맹(東盟), 동예의 무천(舞天) 등 해마다 열리는 제천의식에 관한 기록이 있다. 하지만 무당의 굿과는 거리가 있어 보인다. 또한 시기적으로도 샤머니즘이 등장한 것은 그보다 훨씬 이전이다.

샤먼과 샤머니즘은 늦어도 신석기시대에 탄생했으며, 발상지인 시베리아 바이칼 호수 인근에서 우리 민족(북방계)이 발원한 것을 보면 매우 일찍이 샤머니즘이 전파됐을 것이다. 그와 관련해서 앞에서도 지적했던 단군신화를 살펴볼 필요가 있다.

신화에 따르면 천제(天帝)인 환인은 아들 환웅이 지상을 다스리고 싶어 하기에 천부인(天符印)과 무리 3천을 주어 지상에 내려보냈다. 이 대목부터 샤먼·샤머니즘과 깊은 관련이 있다. 일부 사학자들은 '환인 (桓因)'은 하늘님, 한님 등으로 불렀을 것으로 보고 있다. 말하자면 환인은 하늘님을 한자로 표기한 것이라고 한다.

환인의 아들 환웅은 샤먼 즉 무당이었을 것이다. 그가 아버지인 천제(하늘님)로부터 지상에 내려가 백성을 다스려도 좋다는 증거로 받은 삼부인은 하늘님의 허락을 받았다는 신표(神票)다. 그래서 도장을 가리키는 '인(印)' 자가 붙어 있지 않은가.

그러면 환인이 아들 환웅에게 준 세 가지 물건은 무엇인가? 학자들은 청동검, 청동거울 그리고 청동방울이었을 것이라고 한다. 모두 샤먼이 사용하는 무구다. 이것은 청동기 문화를 바탕으로 고조선이라는 고대 국가가 건국됐음을 의미한다. 그 당시 샤먼은 지배자와 제사장을 겸해서 공동체를 통치했다는 것은 잘 알려진 사실이다. 샤먼인 하늘님의 아들 환웅은 토착 세력의 웅녀와 혼인해서 단군을 낳았으며 단군은 고조선을 세워 단군왕검이 된다. 통치자와 제사장을 겸한 것이다.

우리 민족의 샤머니즘은 북방의 다른 민족과 마찬가지로 하늘의 신을 숭배하는 천신신앙이었다. 천신신앙은 우리의 토속신앙·민간신앙으로 오랫동안 이어졌다. 하지만 삼국시대에 이르러 큰 변화를 겪었다. 삼국시대에 불교가 우리나라에 전파됐다. 나라에서도 백성에게 불교를 적극적으로 권장하며 불교를 믿도록 강요하다시피 했다. 전통적인 샤머니즘은 살아남기 위해서 불교와 융합했다. 무당의 굿당에 부처님도 모시면서 타협한 것이다. 그때부터 굿에서 불교 용어가 등장하기 시작했다.

인도의 불교에서도 신들이 등장한다. 불교 역시 인도의 민족종교인 다신(多神)의 힌두교와 타협한 것이다. 불교에서 최고의 신, 천신은 인드라(Indra)다. 이것을 한자화한 것이 '제석(帝釋)'이다. 따라서 통일신라에 와서는 천신을 제석이라고 불렀다. 『삼국유사』를 쓴 일연은 고조선을 세운 단군의 할아버지인 환인(桓因), 즉 하늘님을 '환인제석'이라고 표현했다.

그러나 고려시대에도 불교가 국교화되면서 민간신앙과 샤머니즘은 더욱 소외됐으며 무당은 천시되고 멸시됐다. 고려시대와 조선시대에는 무당을 도성 밖으로 쫓아내기도 했다. 그에 따라 한때는 나라굿(제천의식)에서 하늘님으로 숭배하던 제석도 최고의 신에서 차츰 격하될 수밖에 없었다. 특히 조선시대에 와서는 억불숭유, 즉 불교를 배척하고 유교를 숭상하면서 불교와 융합했던 샤머니즘은 그야말로 설 자리를 잃었다.

하지만 이미 깊게 뿌리 내린 민간신앙은 사라지지 않았다. 겉으로는 아무리 유교를 숭상하고 유교식 의례를 갖춘다고 해도, 백성의 실생활에서는 신의 존재를 믿었고 죽은 자에게 영혼이 있다고 믿었다. 다만 하늘님이 집안과 가족들의 운명과 수명 등을 관장하는 가신(家神)으로 격하되고 말았다.

우리나라의 굿은 지역마다 차이가 있지만 어느 곳에서도 굿거리에 '제석거리'가 빠지지 않는다. 무당들은 제석거리에서 '제석본풀이'라는 사설조(辭說調)의 무가를 구송(口誦)한다. 내용은 역시 지방마다 약간의 차이가 있지만 주요 골자는 다음과 같다.

옛날 전통 있는 훌륭한 가문에 어여쁜 딸이 있었다. 어느 날 가족들이 불가피한 일로 모두 떠나고 집에는 딸 혼자만 남게 된다. 그런데 딸의 미모가 뛰어나다는 소문을 들은 스님이 찾아와 시주를 청하면서 딸과 성관계를 갖고 사라진다. 그리하여 딸이 임신하게 되고, 집으로 돌아온 부모는 이 사실을 알고 가문을 더럽힌 딸을 내쫓는다. 딸은 온갖 고생을 하며 아들 세쌍둥이를 낳아 혼자 기른다. 그리고 자신과 관계를 가진 스님을 찾아가 아들들의 이름을 짓고 신의 지위에 오르게 한다. 그리고 자신은 삼신(三神)이 되고 아들들은 제석신이된다.

삼신은 무당이 모시는 삼신할머니이며, 하늘님이었던 제석이 시대 상황에 따라 가신으로 전락했음을 보여주는 내용이다. 또한 빼놓을 수 없는 굿의 종류 중 하나인 죽은 자를 저승으로 인도하는 오구굿, 씻김굿 등의 사령굿에는 어느 지역이든 반드시 무당들의 조상이라는 전설적인 '바리공주'가 무당의 사설과 함께 구송된다. 그 내용 역시 지방마다 약간의 차이가 있지만 골자는 다음과 같다.

옛날에 어느 왕이 있었는데 자신의 뒤를 이을 아들을 낳지 못하고 계속해서 딸만 낳았다. 그러다 왕비가 일곱 번째도 딸을 낳자 그 막내딸을 내버린다. 그 막내딸이 바로 바리공주다. 그러나 다행스럽게도 어느 늙은 부부가 바리공주를 발견하고 데려다가 정성껏 키운다. 그러던 어느 해 왕과 왕비가 죽을병에 걸려 사경을 헤매게 됐다. 과연 병을 치료할 수 있을지 점을 쳐보니 저승에 있는 생명수로만 병이 나을 수 있다는 것이다. 하지만 저승에 있는 생명수를 어떻게 구한단 말인가? 신하들도 모두 꽁무니를 빼고 왕과 왕비는 할 수 없이 여섯 공주에게 부탁해 보지만 모두 거절한다. 누가 약을 구하러 저승에 가겠는가. 그럴 때 바리공주가 이 소식을 듣고 자신을 버린 부모의 생명을 구하기 위해 자기가 저승에 가겠다고 한다.

바리공주가 마침내 저승에 다다랐는데 저승의 문을 지키는 수문장이 있었다. 바리공주가 자초지종을 이야기하자 저승의 수문장은 자신과 7년 동안 같이 살면서 아들 일곱 명을 낳아야 생명수를 주겠다고 하는 것이었다. 부모의 생명을 구하려면 어쩔 수 없었다.

바리공주는 저승 수문장과 7년 동안 같이 살면서 아들 일곱 명을 낳았다. 그리하여 저승의 생명수를 구해 아들들과 함께 이승으로 돌아오는데 마침 궁궐에서 나오는 왕과 왕비의 상여와 마주치게 됐다. 바리공주는 급히 저승에서 가져온 생명수로 부모를 되살릴 수 있었다. 그녀의 아버지인 왕이 감동해서 바리공주의 남편이었던 저승의 수문장은 장승이 되게 했고, 일곱 아들은 칠성원군, 즉 북두칠성이 됐으며 바리공주는 스스로 아버지에게 청해서 무당이 됐다. 다시 말하면 무당의 조상인 무조신(巫組神)이 된 것이다.

이 설화에는 심청의 이야기처럼 효(孝) 사상과 죽은 아버지인 국왕을 다시 살렸으니 나라를 구한 것으로 충(忠) 사상, 즉 충효사상이 담겨 있다. 한마디로 샤머니즘에 유교가 섞인 것이다.

이처럼 우리나라의 샤머니즘, 우리의 굿에는 불교와 유교가 시대상황에 따라 섞이게 돼 샤머니즘의 원형이 변화된 것이 특징이라고 할 수 있다. 그와 같은 또 다른 예로 '서울 새남굿'을 들 수 있다. 중요무형문화재 제104호로 지정된 새남굿은 서울과 경기도 일부 지역에서 볼 수 있는데, 죽은 자의 넋을 위로하고 저승의 좋은 곳으로 보내기 위한 망자

서울 새남굿의 불사거리

천도굿으로 천도재라고 할 수 있다.

새남굿의 특징은 주로 상류층과 부유층을 대상으로 하기 때문에 무척 화려하다. 무당의 무복도 궁중의 화려한 복식을 따르고 특히 춤이 무척 우아하다. 또한 이틀 동안 계속되는 등 13~16거리 굿이어서 매우 긴 시간이 소요되기 때문에 무당도 보통 5~6명이 참여하는 아주 큰 굿이다.

그런데 새남굿에는 샤머니즘·불교·유교의 의식이 모두 포함돼 있다. 무조신 바리공주에 대한 무당의 길고 긴 사설 구송이 있고, 죽은 자의 넋을 천도하는 과정에서 불교의 지장보살이 등장하는가 하면, 유족이 유교식으로 제사 지내는 대목도 있다.

알다시피 무당은 강신무와 세습무가 있다. 우리나라의 한강 이북(경기도 일부 포함)은 전통적으로 강신무이며 한강 이남은 세습무가 대부분이라고 한다. 북쪽은 아무래도 북방에서 유래한 샤머니즘의 영향을 많이 받은 것 같다.

강신무가 주관하는 굿과 세습무의 굿에는 큰 차이가 있다. 가장 큰 차이로 강신무의 굿에서는 신령이 무당의 몸에 깃들어서 신격화된 무당이 공수(신령이 전하는 말)를 하는데, 신내림을 받지 않은 세습무는 그런 의식을 할 수 없다.

흔히 '당골'이라고 하는 세습무의 굿에서도 온갖 신령을 불러 모시지만, 신령을 찬양하고 그에게 굿의 의뢰인이 병과 불행과 불운에서 벗어나기를 기원하고, 춤과 노래로써 신령을 기쁘고 즐겁게 하는 것이다. 이를테면 굿을 진행하는 세습무는 정통 종교의 사제와 같은 역할과 기능을 하는 것이다.

하지만 세습무의 굿은 신령을 기쁘게 하는 춤과 노래가 뛰어나 '굿놀이'라고도 하며 일반 대중을 위해 연희(演戲)될 정도로 예술성이 풍부하고 민속문화로서 그 가치가 매우 높다. 따라서 큰무당 김금화의 '서해안 배연신굿'과 '대동굿', '서울 새남굿', '진도 씻김굿', '하회 별신굿의 탈놀이' 등 많은 굿이 중요무형문화재로 지정되어 있다. 무형문화재에는 강신무도 있다. 그러나 굿 그 자체보다 그 굿의 무당이 연희하는 춤, 노래, 기예 등이 문화재로서의 가치를 인정받은 것이다. 큰무당 김금화의 경우는 전국민속예술경연대회에서 개인연기상을 수상하기도 했다.

강신무든 세습무든 '무당은 춤으로 먹고사는 팔자'라는 옛말이 있지만, 반드시 그들의 춤과 노래만이 민속적 가치가 큰 것은 아니다. 샤머니즘에는 그 어떠한 경전이나 교리도 없으며 정해진 규칙과 규정도 없다. 굿에서 무당의 주술·사설 등이 입에서 입으로 계승될 뿐이다. 하지만 그것 역시 구비문학(口碑文學)으로서의 가치가 무척 크다. 그것에는 우리 민족의 정체성과 사유(思惟), 집단의식, 내세관, 우주관, 생로병사, 통과의례 등과 같은 삶의 방식이 담겨 있다. 요즘은 학자나 민속연구가가 무당의 구술을 거의 모두 채록해 놓고 있다.

무당은 여성이 압도적으로 많다. 무당이라고 해서 결혼하지 못하는 것은 아니지만, 직업적인 특수성과 일반상식에서 벗어난 말과 행동을 해야 하는 까닭에 결혼이 쉽지 않다. 그래서 대개 박수무당과 또는 굿판에서 무악을 연주하는 잽이와 결혼하는 경우가 흔하다.

요즘에는 세습무가 거의 없다고 한다. 무당이 되고 싶어 하는 사람이 없기 때문이다. 집안이 대대로 무당 집안이라고 하더라도 많고 많은 직업 중에 굳이 무당이 되겠다는 사람이 없다. 따라서 요즘의 무당은 대부분 강신무다. 그러나 운명적으로 신내림을 받아 강신무가 되는 사람도 있지만 가짜 강신무가 매우 많다고 한다.

굿을 하는 비용이 너무 비싼 것도 문제다. 진짜든 가짜든 무당이 상담자를 여러 방법으로 유혹해서 굿을 하게 하는데 비용이 너무 비싸서 굿을 하지 못하는 사람도 많다고 한다. 어느 유명한 사찰은 새남굿처럼 상류층·부유층만을 상대로 천도재를 하는데, 시주라는 명목의 그 비용이 터무니없이 비싸서 천도재를 치렀던 사람들이 승려 6명을 사기죄로 고소한 일도 있었다.

고려시대 이래로 무당은 미신의 대명사로 천대받고 멸시당했으며, 요즘도 크게 다르지 않다. 그런데도 우리나라의 무당 숫자가 세계 1위라고 한다. 그만큼 무당을 필요로 하는 사람이 많기 때문일 것이다. 치열한 경쟁사회에서 낙오되고 극심한 압박감으로 고통받는 사람이 많기 때문일 것이다.

샤머니즘은 수많은 신적 존재와 정령을 믿고 죽은 자의 영혼이 존재한다는 사실을 믿는 신앙이다. 샤머니즘의 절대적 필수조건인 샤먼(무당)은 그들과 소통하면서 살아 있는 사람과 중개하는 역할과 기능을 한다고 여러 차례 설명했다. 중요한 것은 항상 인간이 승리한다는 것이다. 신령을 달래고 기쁘게 해줘서 인간이 원하는 것을 얻어내는 것이 굿이다.

서양도 마찬가지다. 그리스·로마 신화에는 초자연적인 능력을 지닌 숱한 신들이 등장한다. 하지만 그 많은 신이 인간과 갖가지 관계를 갖게 되면서 더 이상 인간은 신을 두려워하지 않는다. 그리하여 신이 타락해서 괴물이 되기도 한다. 인간의 영웅은 신이나 괴물과 싸워서 승리

한다. 결과적으로 인간이 신을 이기는 것이다.

샤머니즘에서 굿이라는 것도 무당이 어떤 수단을 써서라도 마침내 신령을 이기는 것이다. 과학이 아무리 발전하더라도 세상이 험할수록 예상하지 못한 어떤 괴물이 인간의 앞을 가로막고 불운·불행 따위로 고통을 준다. 그래서 행여 미신·무속일지라도 무당에게 맡겨 괴물을 퇴치한다. 무당은 천시되고 멸시되지만 참된 무당은 어떤 의미에서 영웅일지도 모른다.

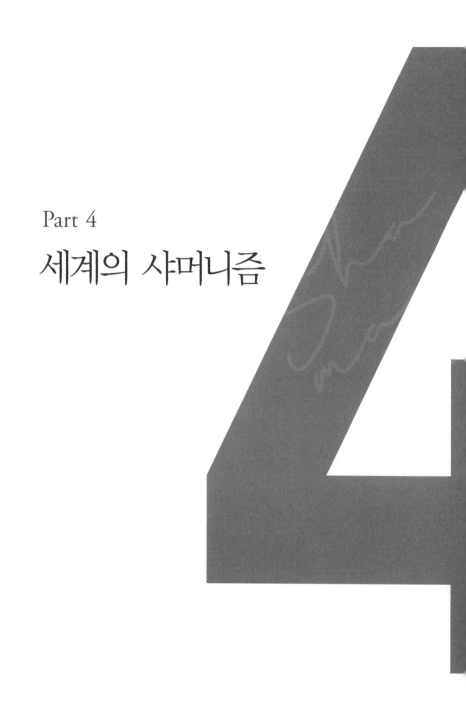

Part 4

세계의 샤머니즘

Part
4

동북아시아

샤머니즘이 시베리아에서 발원했기에 동북아시아에 대해서는 비교적 충실하게 설명했다. 하지만 샤머니즘이 전파되는 과정에서 북아시아의 몽골 그리고 한반도를 거쳐 일본까지 전파됐기 때문에 이 지역의 샤머니즘은 좀 더 살펴볼 필요가 있다. 그러나 한반도는 '우리나라의 샤머니즘'이라는 별도의 항목으로 다루었기에 몽골과 일본의 샤머니즘에 대해 살펴보려고 한다. 특히 일본은 샤머니즘의 형태가 다른 지역과 크게 다르고 특이해서 자세히 살펴볼 충분한 가치가 있다.

몽골

몽골은 한반도의 7배가 넘는 광활한 나라다. 하지만 국토 대부분이 산악 고지대, 사막, 준사막, 드넓은 초원, 황무지 등이며, 겨울은 몹시 춥고 여름은 무더운 대륙성 기후여서 사람이 살기에 좋은 지역은 결코 아니다. 물론 울창한 산림지대도 있지만, 알타이산맥의 끝자락에 있어서 국토의 평균고도가 해발 1,585미터라고 한다. 우리나라에서 산 높이가 열 번째 안에 들어가는 태백산이 1,567미터니까 얼마나 높은 지역인지 짐작이 간다. 따라서 인구가 무척 희박해서 그 넓은 영토에 현재 약 330만 명이 살고 있다. 세계에서 가장 인구밀도가 낮은 나라다.

그러나 몽골족은 중국에만 500만 명 가까이 살고 있으며 특히 아시아 곳곳에 많은 몽골족이 흩어져 살고 있다. 아무래도 13세기 칭기즈칸이 아시아 대륙 전체를 정복하고 거대한 원(元) 제국을 세웠던 영향일 것이다. 현재 몽골 국민의 약 80%는 목축을 하는 유목민이다. 광활하고 삭막한 드넓은 영토의 이곳저곳에 부족들이 서로 멀리 떨어져 양 등을 사육하며 살았던 때문인지 몽골에는 창세신화(創世神話)가 무척 많고 다양할 뿐만 아니라 부족끼리도 다르다.

그러나 그 많은 신화의 공통점을 찾아보자면 역시 어디나 마찬가지로 신이 세상을 창조했다는 것이다. 신이 황토를 빚어 사람을 만들었든, 양(羊)과 수간해서 사람을 탄생시켰든, 신이 인간과 세상을 창조했다. 가축과 더불어 살아가는 유목민이기 때문에 양과 수간했다는 그런 발상을 했을 것이다. 또 다른 공통적인 특징은 서로 다른 신화들이지만 신이 하늘에만 있는 것이 아니라 땅에도 있다는 것이다. 이를테면 형제 신이 있었는데 형은 천상(하늘)을 관할하고 동생은 지상을 관할했다는 식이다.

그리하여 몽골족은 아주 오래전부터 자연발생적으로 신의 존재를 믿었고, 자연과 만물에 정령이 있다고 믿었다. 그럴 때 샤머니즘이 탄생했으니까 자신들의 토속신앙이 곧 샤머니즘이었다. 더구나 샤머니즘이 시베리아의 바이칼 호수 인근에서 발원했다면 몽골족 터전의 바로 이웃이어서 샤머니즘이 전파된 것이 아니라, 발상지 자체일 수도 있다. 거듭 말하지만, 몽골족에게는 샤머니즘의 원형이 곧 자신들의 토속신앙이며 원시신앙이었다.

몽골과 시베리아는 지리적으로 가까울 뿐만 아니라 열악한 환경도 비슷하다. 그런데도 그들은 환경을 탓하기보다 위력적인 자연환경을 경외했다. 어차피 자연환경을 긍정적으로 수용하고 그곳에서 의식주를 해결해야 했기 때문이다. 그러한 집단의식에서 몽골족은 하늘과 땅을 생명의 근원으로 생각했으며, 하늘을 자신들이 태어난 커다란 탯줄로, 땅을 거대한 자궁으로 생각했다.

그에 따라 천지의 모든 자연물에는 신 또는 정령이 있다는 집단의식을 갖게 됐으며, 이를 집약시키고 자연을 숭배하는 어떤 제례의식의 필요성을 느끼게 됐다. 그럴 때 등장한 것이 샤먼이다. 하늘과 대지, 모든 자연에 신과 정령이 있다고 믿지만 그 실체는 알 수도 볼 수도 없으므로 관념뿐이었다. 그러나 샤먼은 실제로 신내림을 받고 신 또는 정령과 소통했다.

몽골의 샤먼은 신내림을 받은 강신무다. 아무래도 영험함이 떨어지는 세습무나 습득무는 없다. 그들은 샤먼을 존경하지 않을 수 없었다. 그리하여 샤먼이 부족의 수장(首長)이 된 부족이 많았으며 신과 정령을 숭배하는 제례의식을 주재하게 됐다.

그뿐만 아니라 샤먼은 이 땅에 자신들을 있게 해준 조상숭배를 강조하고, 주술을 통해 신과 소통하면서 부족공동체의 안녕을 기원하고,

신들의 도움으로 미래를 내다보며 앞날을 예언했으며, 개인적으로 온갖 질병을 치료했다. 샤먼은 더욱더 부족에게 꼭 필요한 존재가 됐다. 샤머니즘의 원형이 몽골족에 깊숙이 자리 잡았고 그들의 절대적인 신앙이 된 것이다.

당연히 샤먼은 최고의 대우를 받았다. 대부분 부족 또는 씨족집단의 수장이 된 그들은 공동체의 크고 작은 모든 행사를 주관했다. 조상 숭배를 매우 중요한 가치로 내세운 그들은 죽은 자에게도 영혼이 있다고 믿었다. 집단 내에서 누군가 죽으면 샤먼은 장례를 주관하면서 죽은 자의 영혼을 저승의 좋은 곳으로 가도록 제례의식을 거행했다. 또한 누군가 원인을 알 수 없이 질병으로 고통을 받고 있으면 죽은 자의 영혼이 몸에 깃들었기 때문이라며 구마(퇴마)의식을 거행했다. 신기하게도 구마의식을 하고 나면 원인을 알 수 없는 질병이 깨끗하게 낫는 경우가 많아서 샤먼은 더욱 신뢰를 얻었다.

특별한 계급이 된 샤먼은 항상 흰옷을 입고 흰말을 탔다고 한다. 샤먼은 남녀의 구별이 없다. 부족 집단은 해마다 조상을 숭배하는 큰 제사를 지냈는데, 이 행사는 여성 샤먼이 주관했으며 주로 여성들이 참석했다고 한다. 이러한 제례의식에는 반드시 양이나 말고기 등을 제물로 바쳤다고 한다. 목축을 하는 유목민이었기 때문일 것이다. 샤먼이 제례의식을 거행할 때 사용하는 큰 북은 검은 황소의 가죽으로 만들었다. 검은 황소의 가죽에는 정령이 깃들어 있어서 귀신을 쫓아내는 구마의식에 큰 도움을 주기 때문이라고 한다. 그에 따라 몽골군에서도 검은 황소 가죽으로 만든 북을 사용했다고 한다.

13세기에 이르러 칭기즈칸의 몽골군대가 아시아 전역을 휩쓸 때도 군대 안에서 샤머니즘 의식을 가졌다. 또한 그들이 정복한 지역에 샤머니즘을 전파했다. 칭기즈칸의 원 제국에서 샤머니즘은 국교나 다름없었다. 16세기경에 몽골에 불교가 전파됐다. 라마교라고도 부르는 티베트 불교였다. 당시 몽골은 국가 차원에서 티베트불교를 정식으로 승인하고 지원했다.

티베트불교는 대승불교다. 중생을 제도하기 위해 적극적으로 포교했지만, 몽골족의 뿌리 깊은 샤머니즘 신앙을 이겨내기는 어려웠다. 어쩔 수 없이 몽골의 티베트불교는 샤머니즘을 수용하고 융합했다. 그에 따라 불교의 의식은 승려가 주재하고, 그 밖의 민속이나 샤머니즘과 관련된 의식은 여전히 샤먼이 주재했으며, 살생을 금하는 불교 의식에서도 샤먼이 굿을 할 때처럼 양 등 가축의 젖과 고기를 제물로 올렸다고 한다. 샤머니즘과 불교가 융합했다는 증거다.

몽골에서 샤머니즘은 결코 흔들리지 않는다. 몽골은 현재 국민의 약 50%가 불교도지만 그들도 생활습관에서 샤머니즘에 충실하다. 그래서 몽골족의 겉옷은 불교, 속옷은 샤머니즘 신앙이라고 말한다. 몽골은 러시아와 중국의 잦은 침략을 받았다. 특히 중국의 침략이 심했다. 몽골은 그들을 막아내지 못하고 1930년 공산화됐다. 그 후 약 60년은 샤머니즘이든 불교든 종교의 암흑기였다. 모두 심한 탄압을 받아 겉으로는 자취를 감춘 듯했다.

하지만 몽골인의 개인적인 행위, 특히 초원이나 산악의 깊숙한 곳에서 가축을 사육하는 소수의 유목민을 일일이 감시할 수는 없었다. 그들은 산에 오를 때나 산길을 지나갈 때 돌더미를 만들고 천으로 된 형형색색의 깃발을 매달며 무사 안전과 안녕을 기원했다. 하늘과 자신들이 태어난 대지(땅)에 신이 있다고 믿는 몽골족은 산악지대가 많은 땅에서 드높이 솟아 하늘에 맞닿을 듯한 높은 산을 매우 신성시했다. 그곳에 산신이 산다고 생각했다. 더구나 높은 산에서 물(水)이 발원한다. 산악·사막·초원에서 유목민과 가축은 물이 있어야 살 수 있다. 그래서 한층 더 높은 산을 신성시한다. 그들은 이러한 산을 성산(聖山)이라고 한다. 몽골족의 표현으로는 '어워(Ovoo)'라고 한다. 하늘과 땅 사이의 산이라는 뜻이다.

몽골에는 국토 전역에 성산이 무척 많다. 성산들에는 갖가지 샤머니즘의 상징물이 있다. 돌탑과 돌무덤 그리고 색색의 깃발은 기본이고 성스러운 나무도 있고 바위도 있다. 몽골인은 성산에 오를 때마다 샤머니즘 상징물들에 돌을 올려놓으며 돌탑 주위를 돌고 진지하게 자신의 소망을 기도한다.

1990년대 체제 전환 이후 몽골 정부는 전통적인 민속과 풍속, 샤머니즘인 민속신앙 등의 복원에 적극적으로 나섰다. 그러한 노력의 하나로 여덟 곳의 유명한 산을 대통령령으로 성산으로 공식 인정했다. 또한 이 성산들을 무형문화유산으로 지정하고 유네스코에 문화유산으로 등재를 추진하고 있다. 아울러 4년마다 정부 차원에서 성산을 경배하는 공식적인 의식을 치르고 있다. 이들 여덟 곳의 성산 이외에도 몽골 전역에는 약 1,000곳의 성산이 있으며 이 가운데 적어도 20% 이상이 해마다 경배의식을 갖는다고 한다. 물론 이 성산을 숭배하는 의식은 샤먼이 주재한다.

유네스코 세계유산인
몽골의 성산(聖山) 부르한('버드나무'라는 뜻으로
'신'을 가리킨다)에 있는 색색의 깃발

일본

일본은 오직 일본인 또는 야마토(大和)족의 단일민족 국가라고 자랑해왔다. 하지만 그 실상은 그렇게 단순하지도 않고 분명하지도 않다. 역사적으로 일본이 부각된 것은 기원전 1만 4000~1만 3000년부터 기원전 300년에 이르는 이른바 '조몬시대(繩文時代)'부터다. 중석기에서 신석기에 이르는 시대다. '조몬'이란 꼰무늬·꼰실무늬의 토기를 일컫는 말이며, 이 시기 일본에 살았던 인류를 '조몬인'이라고 한다.

조몬인이 어디서 유래했는지는 분명하지 않다. 북방 도래설, 남방 도래설 등 다양한 견해가 있지만, 북방에서 내려왔다는 견해가 유력하다. 그렇다면 한반도를 거쳤을 것이다. 조몬인에 이어서 등장한 '야요이인(弥生人)'은 한반도에서 건너간 북방민족이라는 견해가 지배적이다. 또한 이 시기에 홋카이도에는 '아이누족'이 살았다. 아이누족은 러시아의 사할린·쿠릴열도 등에 거주하는 고아시아계 종족으로 보인다. 이들이 가까운 홋카이도로 흘러들었으며 일본인과 섞였다. 또 일본 남쪽의 류큐(현재의 오키나와)에는 19세기 후반까지도 독자적인 왕국이 있었다. 류큐의 원주민은 동남아시아에서 유입된 종족으로 보고 있다. 이 여러 갈래의 종족이 서로 섞여 일본인, 이른바 야마토족이 된 것이다.

이러한 역사적 사실로 볼 때 일본인의 주류는 북아시아에서 건너간 종족들이며 결과적으로 북방 시베리아의 샤머니즘 원형이 그대로 전파됐다고 말할 수 있다. 따라서 일본인도 이미 조몬시대부터 샤머니즘을 신봉했으며 이것이 토속신앙·민속신앙이 된 것이 분명하다.

일본의 창세신화를 보면, 하늘에서 남녀 신이 내려와 교합해서 인간을 낳았고 삼라만상과 온갖 만물을 탄생시켰다고 한다. 그리고 그리스 신화처럼 저마다 역할과 기능을 수행하는 수많은 신이 서로 어울리고 갈등하며 세상을 다스리다가 천황(天皇)으로 이어졌다는 것이다. 지금도 여전히 일본의 상징인 천황을 신격화시킨 것이다. 여담이지만 이에 대해 『총·균·쇠』로 잘 알려진 재레드 다이아몬드는 신들에게서 천황으로 이 어졌다는 것은 전혀 논리에 맞지 않는 조작일 가능성이 높다고 밝혔다.

아무튼 일본인도 모든 자연현상과 인간세계를 지배하는 신적 존재 를 일찍부터 믿었다는 것을 창세신화에서부터 말해 주고 있다. 일본은 지리적으로 태풍, 지진, 화산폭발 등 자연재해가 무척 많은 나라다. 그 때문에 조몬시대의 일본인도 초자연현상을 일으키고 다스리는 신적 존 재를 믿었다. 그리하여 애니미즘이나 토테미즘을 거쳐 아주 자연스럽게 샤머니즘을 신봉하게 됐을 것이다.

교토시에 있는 이나리산(稲荷山)은 일본 토속신앙의 총본산이다. 산 기슭에는 벼농사의 신 이나리 대신(大神)을 모시는 사당이 있으며, 이러 한 '이나리 신사(神社)'가 전국에 2만여 곳이 있다고 한다. 샤머니즘은 일 본인의 토속신앙·민간신앙으로 차츰 체계화·집약됐다. 그것이 바로 오 늘날까지도 일본인의 신앙을 대표하는 '신토(神道)'다. '신토'는 종교라고 말하기는 어렵다. 창시자도 없고 경전도 교리도 없다. 말뜻 그대로 '신의 길'이다. 하지만 일본인에게는 종교 그 이상의 가치를 지닌다. 따라서 신 토만 알면 일본 샤머니즘의 본질을 파악할 수 있다.

신토는 많은 신과 모든 자연물과 자연현상·삼라만상에 깃든 정령을 숭배했다. 그리고 공동체의 무사 안전과 안녕을 비는 공동체 행사의 고 사(告祀) 같은 제례의식을 가졌다. 그 제례의식을 하는 장소가 신사(神社)

일본 이나리산의 신사

였다. 이처럼 전형적인 샤머니즘의 동제(洞祭), 대동제(大同祭) 같은 공동체의 의식을 주관하던 신토가 차츰 성격이 바뀌기 시작했다.

신사가 일본 역사에 정식으로 등장한 것은 일본의 가장 오래된 역사서이며 정사(正史)라는 『니혼쇼키(日本書紀)』에서다. 이 역사서는 7세기 말 덴무(天武) 천황의 지시로 편찬에 들어가 8세기 초에 완간됐다. 이 역사서에는 일본은 오키미(聖王)가 군림하는 귀한 나라, 아라히토가미(現人神)인 천황이 지배하는 신국(神國)이라고 서술하고 있다.

이후 신토와 신들을 모시는 신사에서 행해졌던 공동체의 종교의식이 조상숭배와 천황을 신으로 숭상하는 행사로 바뀌었다. 공동체 의식이 강한 일본인은 이러한 변화에 반발하지 않았다. 반발을 막기 위해 슬쩍 끼워 넣은 조상숭배는 샤머니즘의 핵심 요소이기도 하며, 신격화된 천황을 섬기는 것에 반발할 이유가 없기 때문이다.

사실 일본인의 공동체 의식은 대단하다. 일본인이 갖는 공동체 의식의 기본정신은 남에게 절대로 폐를 끼치지 말라는 것과 현존하는 신인 천황에 대한 무조건적 충성이다. 말하자면 샤머니즘을 신봉하는 신토를 천황을 신봉하고 숭배하는 신토로 바꾸고 일본인이 이러한 변화에 순응한 것이다. 6세기경 일본에 불교가 전파됐지만, 신토에 묻히거나 섞이고 말았다. 따라서 일본에서 신토와 불교는 서로 합쳐졌다가 분리되기를 되풀이하고 있다. 물론 지금은 서로 분리된 상태다.

천황을 신으로 모시는 만큼 국민의 단결과 단합을 위해 근대에 들어서도 각급 학교에서 신토를 가르쳤다. 그 때문인지 태평양전쟁 때 미군함을 공격한 '가미카제(神風)' 특공대는 세계적으로 유명하다. 오로지 천황에 대한 맹목적인 충성심 하나로 돌아올 연료도 넣지 않은 전투기로 무작정 미 군함에 달려들어 폭발하고 자살한 것이 가미카제다.

현재 일본 전역에 무려 약 8만 5천 곳의 신사가 있다고 한다. 지금도 어디에서 신사의 문이 보이면 젊은이들도 신사에 들어가 절차와 예의를 갖추고 두 손 모아 기도한다. 그렇다고 해서 신들을 숭배하고 기도하는 것은 아니다. 조상숭배와 자신과 가족의 복을 비는 것이다. 일본인에게 일본은 신이 세운 신국인데 왜 신을 믿지 않느냐고 물으면, 일본이 신에게서 부여받은 나라는 맞지만 막연한 신을 숭배할 생각은 없다고 한다.

그런 까닭인지 일본인 대부분은 죽은 다음의 세계, 내세관이 희박하다. 내세를 잘 믿지 않고 무척 실용적인 사고방식을 가지고 있다. 그리하여 신을 믿고 내세를 내세우는 정통 종교도 잘 믿지 않는다. 어쩌면 세계에서 정통 종교의 신자가 가장 적은 곳이 일본일지도 모른다. 천황을 신격화시켰기 때문이다. 살아 있는 천황이 신인데, 형체도 없는 막연한 신을 왜 믿느냐는 생각이다.

일본은 공식적으로 신토를 믿는 신자가 약 1억 3천만 명 가운데 1억 명 이상이라고 밝히고 있다. 하지만 일본인 가운데 약 70%가 자신은 종교가 없는 무교(無敎)라고 말한다는 것이다. 도무지 앞뒤가 맞지 않는다. 샤머니즘이 신토로 말미암아 철저하게 변질·왜곡된 곳이 일본이다.

중국과 소수민족

　중국은 역사적으로 무척 복잡한 나라이고, 영토가 드넓어 동서남북으로 다른 나라들과 국경을 맞대고 있다. 그 때문에 한족(漢族)은 자신이 세상의 중심이라며 중화(中華)를 내세우고 있지만, 여러 다른 민족이 요(遼)·금(金)·원(元)·청(淸) 등의 나라를 세우고 중국을 지배했었다. 지금도 중국에는 56개의 소수민족이 있다고 한다. 소수민족이라지만 웬만한 나라보다 훨씬 인구가 많은 민족도 여럿이다. 그들은 자기들만의 정체성과 독특한 민속·토속신앙을 가지고 있다.

　중국은 현재 전체 인구의 90%가 넘는 약 12억 명의 한족이 중심인 나라다. 그들의 창세신화도 천강신화다. 하늘의 신이 남매를 지상에 내려보냈으며 신의 허락을 받고 교접해서 인간을 번성시켰다. 그들이 한족이다. 하늘의 신이 한족을 탄생시켰으니 당연히 신적 존재를 믿는다. 더욱이 그들은 중국의 중심인 중원(中原)에 자리 잡았지만, 시베리아에서 발원한 샤머니즘이 서양까지 전파되는 과정에서 반드시 거쳐 가는 통로였다. 주변의 그 많은 여러 민족이 샤머니즘을 신봉했다. 한족도 예외일 수 없었다.

그러나 중국은 5천여 년 전에 황하문명을 일으켰듯이 한족은 오랜 역사를 가지고 있다. 그들의 역사 기록에 따르면, 약 4천 년 전에 전설적인 삼황오제(三皇五帝)가 한족의 모든 문물을 만들었으며 그 가운데 황제(黃帝)가 한족을 다스렸다고 한다. 황제를 천자(天子)라고 불렀다. 하늘의 아들, 즉 하늘 신의 아들이라는 뜻이다.

황제가 죽은 후 그 자리를 요(堯)가 물려받았고 그 뒤가 순(舜)임금이다. 이때가 '요순시대'로 최고의 태평성대였다는 것이다. 그들이 황하 유역에 세운 나라가 하(夏)나라다. 한족은 자기 민족을 '화하족(華夏族)'이라고도 부른다. 하나라에서 유래된 것이다. 하지만 삼황오제와 요순시대는 어디까지나 전설이라는 것이 학계의 지배적인 견해다. 역사에서 중국 최초의 국가는 약 3,500년 전에 세워진 은(殷, 또는 商)나라다. 이 시대만 하더라도 샤머니즘이 한족의 절대적인 신앙이었다.

한족은 나라를 다스리는 황제(皇帝)를 하늘의 아들, 즉 천자(天子)로 부를 만큼 하늘(신적 존재)을 믿었으며 농경민족이었기에 하늘에 좋은 날씨 그리고 풍요와 다산을 기원했다. 또한 자신들을 낳고 키워준 조상들을 숭배했으며 죽은 자에게 영혼이 있다고 믿었다. 그래서 사람이 죽으면 영혼이 하늘로 간다고 했다.

그런데 중국인(한족)의 특성은 무척 현실적이며 실리적이다. 신적 존재를 믿고 죽은 자에게 영혼이 있다는 것을 믿지만 그것은 눈에 보이는 것도 아니고 실체도 없다. 오직 관념뿐이어서 현실적인 그들이 의구심을 가질 수밖에 없었다. 일찍이 이러한 심리를 간파하고 탄생한 것이 중국의 전통적 민간신앙이라는 도교(道敎)다.

도교는 불로장생, 방중술 등과 같은 현실적이고 구체적인 생활방식을 강조해서 실리적인 한족에게 큰 공감을 얻었다. 또한 막연하고 관념적인 신을 인격화시켰다. 인간도 자신의 노력에 따라 신이 될 수 있다는 것이다. 도교에도 신이 있다. 그들에게 최고의 신은 '원시천존(元始天尊)'이다. 그리고 원시천존을 인격화한 것이 '옥황상제(玉皇上帝)'다. 보통 사람도 1만 번의 선행을 하면 옥황상제가 될 수 있다는 것이다.

하지만 꾸준히 선행을 하다가 한 번이라도 악행을 저지르면 그동안 쌓아온 선행이 모두 헛된 일이 된다고 했다. 선행에는 부모에게 효도하고, 조상을 공경하고, 자신을 희생하는 자비심 등이 포함돼 있다. 또한 사람이 죽으면 저승에서 온 심부름꾼인 저승사자가 하늘나라로 데려가는데, 하늘에는 염라대왕을 비롯한 '명부십왕(冥府十王)'이 있어서 죽어서 온 자가 생전에 어떤 행실을 했는지 조사해서 옥황상제에게 보고한다. 옥황상제는 그에 따라 극락세계, 지옥 등 죽은 자의 영혼이 머물 곳을 판결한다.

그러나 염라대왕이나 저승사자는 도교에서 나온 말이 아니다. '염라(閻羅)'의 원조는 힌두교라고 한다. 인도에서 뒤늦게 탄생한 불교가 대중의 공감을 얻기 위해 힌두교의 신들을 흡수하는 과정에서 '염라'도 포함됐다는 것이다. 따라서 염라는 불교에서 지옥을 관장하는 4대 왕이 있는데 최고격이어서 염라대왕이 된 것이다. 도교에서는 불교의 저승 4대 왕이 명부십왕으로 늘어났다. 아무튼 도교에는 샤머니즘과 불교의 여러 요소가 포함돼 있다. 그리하여 자연스럽게 한족의 민간신앙이 된 것이다.

그보다 조금 늦게 탄생한 유교는 사람이 지켜야 할 올바른 생활철학이자 사상이다. 유교는 기본교리라고 할 수 있는 '삼강오륜'에서 알 수 있듯이, 사람은 착하고 어질어야 하고 의리와 예의가 있어야 하며, 나라에 충성하고 부모에게 효도해야 한다고 가르친다. 또한 어른을 공경해야 하며 남녀에는 차이가 있다고 했다. 이러한 엄격한 생활철학이 실용적인 도교에 밀려 한족에게 큰 영향을 주지는 못했다. 그러나 조상숭배와 효도, 노인공경 등이 도교와 큰 차이가 없어 한족의 정신과 실생활에 스며들었다. 특히 예의를 중시하며 격식이 분명한 여러 제례의식이 큰 공감을 얻었다.

예를 들어 한족의 전통적인 장례에 '지전 태우기'가 있다. 지전은 종이로 진짜 지폐처럼 만든 가짜 돈으로 죽은 자의 영혼이 저승으로 갈 때 노잣돈(여비)으로 주는 것이다. 지전과 함께 죽은 자의 옷도 태운다. 불에 태워야 저승으로 가지고 갈 수 있다고 생각했던 것이다. 또한 관을 운구할 때는 악대가 요란한 음악을 연주하며 장례 행렬에 앞장서서 간다. 죽은 자의 영혼과 귀신을 놀라게 하기 위해서다. 또한 한족의 혼례 절차인 '납길(納吉)'은 결혼할 남녀의 길흉을 점치고 좋은 날을 결혼식 날짜로 선택하는 것이다. 다시 말하면 한족의 신앙은 전통적인 민속신앙과 샤머니즘에 도교와 불교 그리고 유교까지 뒤섞여 특별한 민간신앙이 되고 말았다.

그러나 56개의 소수민족은 여전히 자신의 정체성과 토속신앙을 유지하고 있다. 소수민족은 규모가 다를 뿐만 아니라 거주지역도 언어도 다르고, 장족·만주족·몽골족 등은 고유한 문자(文字)를 가지고 있다. 또한 거주지역이 중국 영토로 편입된 민족도 있고, 여러 이유로 중국으로 흘러들어온 소수민족도 있다. 어찌 되었든 한족과는 크게 다르다.

중원절(中元節)의 지전 태우기

따라서 당연히 각 민족의 정체성이 담긴 토속신앙도 다르다.

중국 소수민족 가운데 짱족(藏族, 티베트족)은 칭짱고원(青藏高原)에서 기원했다. 티베트와 중국, 인도 북부에 걸쳐 있는 광대하고 삭막한 찡창고원은 중국에서 가장 높은 고원지대다. 티베트와 가까워 서양에서는 이 지역을 티베트와 합쳐 모두 티베트라고 부른다. 이 지역은 현생인류가 전 세계로 이동하는 과정에서 거쳐 간 매우 뜻깊은 지역이다. 하지만 워낙 자연조건이 열악하고 삭막해서 사람이 살기에는 무척 어려운 지역이다. 하지만 짱족은 이곳에서 기원해서 지금은 중국에 약 550만 명이 있다.

티베트의 샤머니즘을 뵌교(bon po)라고 하는데, 이에 따르면 짱족의 조상은 붉은털원숭이라고 한다. 관세음보살이 바위로 된 마녀와 결합해서 붉은털원숭이 여섯 마리를 낳았는데, 이들이 여섯 번의 윤회를 거친 후 다시 환생해서 짱족의 조상이 됐다고 한다. 열악한 환경에서 그나마 사냥으로 의식주를 해결했던 그들은 삭막한 산악지대에서 흔치 않은 동물을 찾아 헤매는 것이 일상생활이었기에 동물에 대한 애착이 그런 신화를 낳았을 것이다. 또한 그들은 동물을 귀하게 여겼고, 자연과 모든 동물에게 정령이 있다고 믿었다.

후이족(回族)은 선조는 아랍계·페르시아계 무슬림으로, 소수민족 가운데 네 번째로 인구가 많으며 중국 전역에 흩어져 산다. 이들은 실크로드를 따라 아랍의 향료와 상아·약재 등과 중국의 비단·차·도자기 등을 교역했다. 그들 가운데 일부가 아랍으로 돌아가지 않고 중국에 눌러앉았고, 중국 여성과 결혼한 이들도 많았다. 후이족은 자신들의 부락을 형성하고 모여 살았으며, 이슬람 문화에 중국 문화를 융합한 독특한 문화를 지니고 있다. 결과적으로 이슬람과 샤머니즘이 융합한 것이다.

중국 소수민족의 샤머니즘을 다루면서, '위구르족'을 빼놓을 수는 없다. 중국 전역에 1,000만 명이 훨씬 넘는 위구르족이 있는데, 그중 800만 명 이상이 신장위구르자치구에 살고 있다. 또한 종교를 인정하지 않는 중국에서 위구르족 대다수는 당당하게 이슬람교를 믿고 있으며, 지금까지도 중국으로부터 분리독립을 위해 끈질긴 투쟁을 계속하고 있어서 세계적인 관심을 끌고 있는 종족이다.

'위구르'는 그들의 언어로 단결, 연합, 협동 등을 뜻한다고 한다. 여름에는 기온이 섭씨 40~50도에 이르고 겨울에는 영하 10~20도까지 내려가는 중앙아시아의 광활한 지역에 처음으로 자리 잡은 종족은 '정령족(丁零族)'이었다고 한다. 정령족은 원래 시베리아 바이칼 호수 서쪽 예니세이강 주변에 살았는데, 돌궐족의 침입을 받아 멸망하고 그 유민들이 위구르 지역으로 이동했다. 따라서 엄밀히 말하면 정령족이 위구르족의 선조다. 그런데 더욱 세력이 강성해진 돌궐족이 위구르도 침략해서 완전히 정복했다. 조금 넓게 보자면 위구르족의 조상은 튀르크어를 쓰는 돌궐족이라고 할 수 있다. 또한 위구르에는 국경이 맞닿아 있는 몽골족이 많이 흘러들어 동화됐다.

이러한 상황을 종합해 보면, 위구르족의 토속신앙은 두말할 것 없이 바이칼 호수 주변에서 기원한 샤머니즘의 원형이었다. 더욱이 그들은 유목민이어서 샤머니즘에 전적으로 의지했으며 그들의 일상생활이 됐다. 마니교, 불교 등이 유입됐지만 그들의 철저한 샤머니즘에 별다른 영향을 미치지 못했다.

그들은 광활한 영토를 다스리는 위구르 제국도 세웠다. 그런데 10세기경 이슬람교가 전파되면서 상황이 달라지기 시작했다. 위구르 제국은 여러 가지 정치적 계산으로 이슬람을 국가 차원에서 수용했으며, 위구르족에게 노골적으로 이슬람교를 믿도록 강요했다. 샤머니즘 자체가 위구르족의 일상생활이었지만 그들도 어쩔 수 없었다. 이렇게 위구르족 대부분이 거의 타의에 의해 이슬람교도가 됐다.

그런데 위구르 지역이 전략적으로 꼭 필요했던 중국은 오래전부터 이곳을 공략하고자 했다. 그러다 전쟁을 불사한 중국의 집요한 위구르 공략은 기어코 성공을 거두어, 18세기 청나라가 마침내 위구르를 점령하고 합병시켰다. 하지만 중국의 중심지에서 너무 거리가 멀어 실질적으로 위구르는 차츰 중국의 영향력에서 벗어날 수 있었다. 중국과는 이질적인 이슬람 민족으로 거의 독자적인 세계를 구축했다.

그러나 1949년 공산화된 중국은 다시 이 지역에 군대를 보내 점령하고 중국 영토에 포함시켰다. '신장위구르자치구'도 이때 붙여진 명칭이다. '신장(新疆)'은 '새로운 영토'라는 뜻이다. 그것만 보더라도 원래 중국의 영토가 아니라 새롭게 차지한 영토인 것이다. 위구르족은 중국의 강압적인 통치에 치열하게 맞섰고, 1997년에는 대규모 폭동을 일으켰다. 그러나 중국은 무력으로 폭동을 진압하고 이 지역을 중국화하기 위해 온갖 노력을 다하고 있다. 위구르족은 튀르크어를 사용하지만 강제로 중국어를 쓰게 하고, 한족(漢族)을 적극적으로 유입시켜 위구르족과 동화시켜갔다. 현재 신장위구르자치구 인구의 약 40%가 한족이라고 한다. 하지만 이슬람을 내세운 위구르족의 분리독립 요구는 좀처럼 수그러들지 않고 지금도 계속되고 있다.

학자들은 한결같이 위구르족이야말로 겉옷은 이슬람, 속옷은 샤머니즘이라고 지적한다. 전략적이고 강요된 신앙은 진실일 수 없다. 겉으로는 이슬람을 내세워도 그들의 민속과 관습 등을 비롯한 실질적인 일상생활은 일찍부터 조상 대대로 이어져 온 샤머니즘에 의지하고 있는 것이 진실이다.

중국 소수민족은 저마다의 독특한 정체성이 있고 토속신앙이 있어서 그것을 모두 알기도 어렵고 소개할 수도 없다. 하지만 전체적으로 서로 비슷한 공통점들이 있다. 그것은 바로 전통적인 샤머니즘이 그들 토속신앙의 기본요소라는 점이다.

소수민족 토속신앙은 해와 달, 천둥, 번개, 비, 바람, 물, 산, 숲, 나무, 동물 등 모든 자연현상과 생명체에는 정령과 혼령이 있다고 믿었다. 사람이 사는 세상에는 신적 존재와 여러 정령·신령으로 가득 차 있으며 인간의 삶에서 일어나는 모든 현상은 이들 신적 존재와 정령이 작용하기 때문이라고 믿었다.

또한 민족에 따라서 우주를 3단계로 나누기도 하고, 7단계로 나누기도 했다. 3단계의 가장 높은 층에는 갖가지 신들이 살고 중간층에는 사람과 동식물이 산다. 그리고 가장 아래층에는 죽은 자를 저승으로 인도하는 신들과 죽은 자의 영혼, 온갖 귀신이 산다고 믿었다.

그리고 신들도 우리 인간과 똑같이 어떤 의지와 욕망, 정욕 등을 가지고 있다고 믿었다. 또한 신들은 기본적으로 선(善)한 성품이기 때문에 괴롭히지 않으면 사람을 괴롭게 하지 않는다고 믿었다. 그리하여 신과 정령이 화내지 않기를 빌며 사람들의 희망을 담아 정성껏 제사를 지냈다.

이처럼 소수민족은 태양과 달을 숭배했으며 삶의 터전인 산·숲 등을 숭배하며 제사를 지냈다. 더욱이 삶의 필수요소인 물과 불을 숭배했다. 집집마다 불의 신이 있을 정도였다. 불을 무척 신성시해서 불결한 물건을 던지거나 침을 뱉지 못하는 등의 금기사항이 많았다. 어떤 소수민족은 남녀가 혼인하면 가장 먼저 남편 집의 화신(火神)에게 절을 하며 인사한다고 한다. 또 어떤 소수민족의 유목민은 이동할 때 모닥불을 피워놓고 동물들이 그 위로 통과하게 한다고 한다.

이러한 샤머니즘 요소들은 시대 상황에 따라 희박해지기도 하고 일부가 사라지기도 했지만 모든 소수민족의 가장 확실한 공통점은 조상숭배다. 민족 전체의 조상도 있고, 혈연에 따라 자기 혈통을 지키는 조상도 있으며, 어느 가정이나 세상을 떠난 조부모·부모 등 자기 가족의 조상도 있다. 이들에게는 모두 영혼이 있어서 자신을 지켜준다고 믿으며 정해진 날짜에 반드시 제사와 같은 의식을 치른다. 이들이 세상에 존재하는 한 샤머니즘은 그 형태가 어떻게 변하든 결코 사라지지 않을 것이다.

중앙아시아

중앙아시아는 아시아의 중앙에 있는 지역이다. 중앙아시아는 바다가 없는 내륙이라서 기후는 극히 건조하고, 파미르고원, 쿤룬산맥, 텐산산맥, 알타이산맥 등의 험준한 산악지대, 광활한 사막지대, 나무는 없고 풀만 있는 흔히 스텝이라고 하는 초원지대 등으로 이루어져 있다. 인간이 거주하기에 결코 좋은 자연환경은 아니었으나, 북쪽의 산악지대나 초원지대에서는 유목을 했고 남쪽 사막지대에서는 오아시스를 중심으로 농경을 했다.

중앙아시아에는 아리안족, 스키타이족, 흉노족 등 수많은 종족이 살았고 대부분 유목민으로 생활했다. 그중 이란계 스키타이족인 소그드족은 인류 최초로 유목 생활을 한 종족이라고 한다. 타지키스탄 국민의 대부분은 소그드족 후예들이다. 이처럼 숱한 종족이 살았던 중앙아시아에서 가장 많은 종족은 중국 북부에서 활동하던 흉노족의 후예들이다. 따라서 흉노족의 튀르크어가 지금도 중앙아시아에서 가장 많이 사용되는 언어이며, 튀르크어에서 파생된 언어를 쓰고 있다.

뛰어난 기마민족이자 유목민인 흉노족은 북방의 유목민이 그렇듯이 샤머니즘을 신봉했다. 샤머니즘의 발원지가 그들이 활동한 지역과 매우 가까울 뿐만 아니라, 항상 위험에 시달리는 유목민으로서 초자연·초능력적인 신의 존재를 믿었고 모든 자연현상과 동식물에 정령이 있다고 믿었으며 조상을 숭배했다. 그런데 그러한 전통적인 고정관념에 제례의식 등 훨씬 체계적이고 실질적인 신앙으로서의 샤머니즘을 만나게 됐으니, 절대적으로 신봉할 수밖에 없었다. 흉노족은 멀리 유럽의 스칸디나비아반도까지 진출했고 그 먼 곳까지 샤머니즘을 전파했다. 아니, 전파했다기보다 흉노족에 의해 유럽에 샤머니즘의 원형이 자연스럽게 전해졌다.

중앙아시아의 다른 여러 종족도 마찬가지였다. 대다수가 튀르크어를 사용하는 그들은 흉노족처럼 샤머니즘이 토속신앙이나 다름없었다. 하지만 중앙아시아의 유목민은 종족도 다르고 드넓은 지역에서 뿔뿔이 흩어져 유목 생활을 했기 때문에 공동체를 형성하지는 못했다. 더욱이 동쪽 중국과 서쪽 유럽에는 강대국이 버티고 있어서 중앙아시아의 유목민은 독자적인 세력을 형성하기 어려웠다. 따라서 씨족집단·부족집단이 의지할 수 있는 것은 샤머니즘뿐이었다. 집단마다 샤먼이 있었으며 샤먼이 자기 집단의 모든 것을 통솔하고 지휘하는 지도자 역할을 담당했다.

그런데 이들에게 다른 신앙이 유입됐다. 가장 먼저 유입된 종교는 기원전 8세기경에 유입된 조로아스터교였다. 박트리아 지역에서 탄생한 이 종교는 불(火)을 매우 신성시하고 숭배했기 때문에 동양에서는 배화교(拜火敎)라고 불렀다. 조로아스터교는 유일신을 창조신으로 믿었고 하루 다섯 차례씩 기도하고 제례의식을 올렸다.

이러한 조로아스터교의 종교적 교리와 규율은 샤머니즘에서 믿고 숭배하는 수많은 신과 정령을 하나로 단순화시켰고, 하루 다섯 차례의 엄격하고 철저한 제례의식을 거행하며 신뢰감을 주었다. 그리하여 중앙아시아의 많은 유목민은 조로아스터교를 받아들였다. 하지만 이미 생활화된 샤머니즘을 버린 것은 아니었다. 함께 섞여 조로아스터교를 믿으면서도 실제 생활은 샤머니즘에 의존하는 것이 보편적이었다. 샤머니즘은 변함없는 그들의 일상적인 생활방식이었다.

이어서 마니교(摩尼敎)가 유입됐다. 마니교 역시 페르시아에서 탄생한 종교로 조로아스터교와 불교·기독교의 요소가 뒤섞인 것이 특징이었다. 마니교 교리의 특징은 '영지주의(靈智主義)'였다. 영지주의란 진리에 대한 영적 지식을 통해 구원에 이를 수 있다는 것이다. '영적(靈的) 지식'이란 선택받은 자만 신의 계시를 받아서 그야말로 영적인 지식을 얻을 수 있다는 것이다.

얼핏 보면 끊임없는 자기 수련과 고행이 있어야 신과 소통할 수 있다는 신앙적 교리였지만, 실제로는 신내림을 받은 샤먼이야말로 신의 계시를 받고 가장 영적 지식이 풍부한 사람이었다. 그러고 보면 샤먼이 마니교의 사제나 다름없었다. 중앙아시아의 종족들이 마니교를 굳이 거부할 이유는 없었다. 그러나 마니교 역시 고착화된 샤머니즘에 별다른 변화를 주지 못했다.

그런데 7세기경 이슬람교가 중앙아시아에 진출했다. 중동에서 이슬람교가 탄생하면서 지리적으로 가장 가까운 중앙아시아에 가장 먼저 진출한 것이다. 이슬람교는 율법이나 규율이 엄격하고, 규제와 통제가 많으며 강제성마저 갖춘 매우 적극적인 종교였다. 하지만 중앙아시아의 여러 종족에게는 받아들이는 데 별로 어려움이 없었다. 이미 조로아스터교나 마니교를 통해서 대부분 체험한 것들이어서 이렇다 할 거부감 없이 받아들여졌다. 이후 이슬람교에 의해 조로아스터교와 마니교는 배척·탄압받으며 거의 소멸했고, 이슬람교가 중앙아시아의 지배적인 종교로 우뚝 섰다. 그러나 샤머니즘은 결코 사라지지 않았다.

지금의 중앙아시아 국가들은 이슬람교도가 대다수를 차지하는 이슬람 국가라고 해도 과언이 아니다. 하지만 정통적이고 교조적인 이슬람과는 뚜렷한 차이가 있다. 이슬람교는 남녀 차별이 매우 심하다. 여성은 무조건 남성이 통제한다. 여성은 철저하게 자기 몸을 감춰야 하고, 혼자서는 외출할 수도 없다. 그러나 중앙아시아는 다르다. 여성도 히잡이나 차도르 등으로 얼굴과 몸을 가리지 않는다. 자유롭다. 얼마든지 남성과 단둘이 데이트도 한다. 이슬람교는 예배 시간이 되면 사이렌을 울리지만 사이렌도 없다. 이슬람이 금기하는 돼지고기도 먹고 술도 마신다. 기독교의 크리스마스도 즐긴다. 테러를 자행하는 과격한 이슬람 극단주의자·원리주의자들도 없다.

전문가들은 이러한 중앙아시아의 이슬람을 두고 '생활 이슬람' 또는 '이슬람의 세속화'라고 말한다. 그들이 오래도록 의지해온 샤머니즘의 영향으로 그러한 행태를 가져오게 했을 것이다. 산악지대·사막지대·초원지대의 외진 곳에서 유목 생활을 하는 종족들은 질병으로 고통받을 때 멀리 떨어진 모스크(이슬람교의 사원)나 이맘(예배를 진행하는 지도자)을 찾지 않는다. 그보다 훨씬 가까이 있는 자기 부족의 샤먼을 먼저 찾고 그의 신통력을 통해 치료한다.

이처럼 중앙아시아의 변형된 이슬람교를 종교학자들은 '수피즘(su-fism)'이 보편화된 것으로 평가한다. 수피즘은 정통 이슬람의 완고하고 융통성이 없으며 명령과 같은 획일주의·전체주의 형식에 반발해서 신과 인간의 개인적인 소통으로 신과의 합일(合一)을 강조하는 신비주의적 관념을 지닌 이슬람의 분파라고 할 수 있다. 이들은 이슬람의 정통적인 교리나 율법보다 현실적인 방법을 통해서 신과의 합일을 지향한다. 그리고 신과 하나가 되기 위해 춤과 노래 등으로 구성된 독자적인 의식을 갖는다. 이것은 샤머니즘에서 샤먼이 되기 위한 신내림 의식과 크게 다른 것이 없다. 어떤 형식으로든 중앙아시아에서 샤머니즘이 살아 숨 쉬는 것이다.

하지만 이러한 종교적 현상은 중앙아시아 5개국이 모두 소련에 강제 편입되고 공산화되면서 자취를 감출 수밖에 없었다. 종교를 인정하지 않는 소련은 이슬람이나 샤머니즘 할 것 없이 모든 종교행위를 탄압하며 금지했다. 다만 국제적 비난을 피하기 위해 러시아 정교만을 인정했다. 당연히 공식적으로 그 많던 샤먼들도 사라졌다. 소련 치하에서 기능과 역할을 잃게 된 샤먼은 점을 치는 것으로 생계를 유지했다. 점술은 은밀한 사적 행위여서 통제와 감시를 피할 수 있었다. 어느 종족이나 점쟁이가 된 샤먼의 점술을 크게 신뢰했다. 그들에게 신과 소통하는 신통력이 있다고 믿었기 때문이다. 특히 점쟁이 샤먼은 액운을 막아주는 부적을 팔아 비교적 풍족한 생활을 할 수 있었다.

1990년대에 들어와 소련이 개혁·개방으로 해체되면서 중앙아시아 5개국도 독립했다. 이후 이슬람과 샤머니즘도 다시 활기를 찾았지만,

샤먼들이 예전 위치로 돌아가기는 힘들었다. 더욱이 그들의 주업이 돼 버린 점술의 인기가 대단했다. 샤머니즘에 대한 향수가 여전하기 때문이다.

샤먼은 대부분 그대로 점술가로 눌러앉았다. 신통력이 있다고 소문난 점술가에게는 고객이 밀려들었다. 그들은 인생사와 미래를 예언하는 점술뿐만 아니라, 예전의 민간 치료를 되살려 의료행위도 하고 있다. 그들의 실력은 샤먼으로서 신과 소통하고 교신하는 데 달려 있다. 그 때문에 카자흐스탄에서는 점술가가 샤먼과 같은 신통력을 지녔는지를 평가하는 자격시험까지 있다고 한다.

동남아시아

동남아는 크게 세 지역으로 나눌 수 있다. 하나는 인도와 스리랑카, 네팔, 티베트, 부탄 등이고, 또 하나는 태국, 미얀마, 베트남, 라오스, 캄보디아, 말레이시아 등이며, 나머지는 필리핀, 인도네시아 등이다. 이 세 지역은 문화적 특성이 다르고 차이가 커서 구분할 수밖에 없다. 아열대 지역인 동남아시아는 울창한 숲과 산악지대가 대부분이다. 자연히 수많은 소수 부족이 아주 깊숙한 곳까지 흩어져 살았다. 그들도 아프리카 소수 부족처럼 외부와 거의 단절된 채 고립된 생활을 할 수밖에 없었다.

인도

인도의 샤머니즘과 종교를 간단하게 설명하기는 어렵다. 어쩌면 책한 권으로도 모자랄 것이다. 인도는 매우 넓은 영토에 인구가 약 13억 명에 이른다. 그뿐만 아니라 인도인에게는 3억이 넘는 신(神)이 있다고 한다. 개인마다 또는 가족마다 신이 있다고 해도 결코 허튼소리가 아니다.

또 이슬람의 침입으로 이슬람 왕국이 세워지기도 했으며, 근세에는 영국의 식민지로 서양 문화의 영향을 많이 받았고, 인도인의 전통적인 종교인 힌두교와 이슬람교의 다툼이 심각했다. 결국 영국의 식민지 시대가 끝나고 독립하면서 이슬람교를 추종하는 파키스탄과 힌두교의 인도로 갈라졌다. 파키스탄의 정식명칭은 파키스탄이슬람공화국(Islamic Republic of Pakistan)이다. 인구가 약 2억 명으로 95%가 이슬람교도다.

인더스문명의 발상지인 인도에는 세계의 다른 지역이나 마찬가지로 신석기시대부터 애니미즘·토테미즘·샤머니즘의 원시신앙이 있었다. 초자연적·초월적 존재를 믿었으며 자연의 모든 생물과 사물에 정령이 있다고 믿었다. 아울러 그들을 숭배하는 주술과 의례의식이 있었다. 샤먼의 역할과 기능을 하는 인물이 있었다는 뜻이다. 하지만 약 3,500여 년 전 인도인의 의식(意識)과 정신세계를 지배하는 '베다(Veda)'가 등장하면서 사정이 크게 달라졌다.

유럽의 동쪽 끄트머리 서남아시아의 카스피해 연안의 캅카스에서 발원한 아리안족이 일찍이 지리적으로 멀지 않은 인도에 대거 유입돼 마침내 주도 세력이 됐다. '베다'는 그들의 종교 브라만교 경전이라고 할 수 있다. 베다가 이루어진 정확한 연대는 알 수 없으나 학자들은 기원전 1600~1200년경으로 추정하고 있다. 경전이라고 하지만 경전이라기보다 신을 찬양하는 찬가들이다.

아리안족이 제례의식을 거행할 때 불(火)을 붙이는 사제가 가장 성스러운 사제였는데, 그는 '베다'를 노래하듯 암송했다. 찬가의 내용은 자연과 우주의 현상을 인격화한 존재인 신들을 찬양하는 내용이다. 긴 역사를 두고 사제에서 사제에게로 구술로만 전해졌는데, 훗날 인도의 고어인 산스크리트어로 번역돼 황토판으로 된 경전이 만들어졌다고 한다.

아리안족의 특성은 인간 같은 신, 즉 신과 인간을 동등하게 보는 것이다. 즉 신은 인간의 가장 완벽한 구현이며, 신은 사람과 같은 형상과 성격을 지녔으며 사람의 최고 전형과 개성이 가장 크게 확대된 것으로 생각한다. 이를 '신인동형동성론(神人同型同性論)'이라고 한다. 그들의 최고 신인 브라만을 비롯해 태양, 달, 불, 폭풍 등 자연과 우주 현상을 관장하는 모든 신의 특성이 이와 같다. 이 신들은 인간의 삶에 절대적인 영향을 미친다. 그리하여 베다는 신을 찬양하는 내용과 함께 인간이 삶에서 겪는 관혼상제의 의례·의식까지 모두 포함하고 있다고 한다.

이러한 아리안족의 브라만교가 인도의 토착 민간신앙과 융합된 것이 힌두교다. 말하자면 아리안족의 브라만교가 힌두교의 모태이다. '힌두(Hindu)'는 인더스강을 뜻하는 산스크리트어에서 유래한 말로 '인도'와 어원이 같다. 따라서 힌두교는 하나의 종교를 지칭한다기보다 인도 전체를 뜻하는 말로서 '인도의 종교'라고 할 수 있다. 인도의 지배 세력이 된 아리안족의 브라만교도 자연스럽게 힌두교에 녹아들었다.

아리안족은 브라만교의 경전인 '베다'를 적극적으로 내세웠는데, 나름의 속셈이 있었다. 브라만교에서 사제도 브라만이라고 부른다. 브라만교의 사제는 최고의 신과 같다는 의미다. 그에 따라 아리안족이 인도를 지배하기 위해 계급사회(카스트제도)를 만들고 브라만(사제)을 최고의 계급에 올려놓으려고 했다. 알다시피 인도의 카스트제도에서 브라만은 네 가지 '베다' 중 가장 오래된 『리그베다』(대영박물관).
신을 찬미하는 운문 형식의 찬가 모음집인 『리그베다』가 만들어진 정확한 연대는
알 수 없으나, 기원전 1500~1200년경으로 추정한다.

최상위 계급이다.

힌두교의 종교적 개념은 한마디로 표현하기 힘들다. 초자연적·초월적인 존재에 대한 관념이 모두 섞여 있기 때문이다. 원시의 애니미즘과 토테미즘은 물론 샤머니즘의 모든 요소, 신적 존재로 여겨지는 온갖 정령, 주술과 제례의식, 유일신을 믿는 일신교, 수많은 신을 숭배하는 다신교에 신비주의까지, 좀 속된 표현으로 잡탕 종교다.

또한 여기에는 인도인의 전통, 생활양식, 관혼상제를 비롯한 습속, 문화 등이 다 담겨 있어 거의 모든 인도인의 문화이자 직접적인 삶이 되고 있다. 따라서 흔히 말하듯 인도가 곧 힌두교이며 힌두교가 곧 인도다. 그 밑거름은 당연히 '베다'다. 베다와 함께 인도의 역사가 시작됐다고 해도 지나친 말이 아니다.

약 2,500년 전에는 불교와 자이나교가 탄생했지만, 이들은 '베다'를

받아들이지 않았기 때문에 거의 외면당하고 변방으로 밀려났다. 자이나교는 고행과 금욕을 중시하는 종교로 인도에만 존재한다.

힌두교는 3억 개가 넘는 수많은 신을 숭배하지만, 크게 세 가지로 집약할 수 있다. 우선 최고 신격(神格)의 창조신 브라흐마(Brahma)다. 창조신 브라만은 성이 없는 중성적 존재지만 브라만을 남성화해서 인간과 동격화시킨 것이 브라흐마다. 그리고 우주의 삼라만상과 인간을 현상대로 유지시키는 신 비슈누, 이들을 파괴하는 신 시바다. 이 셋이 모든 신의 대표격이며 힌두교의 핵심이 되는 신들이다. 하지만 이 세 가지의 신도 궁극적으로는 하나라는 삼위일체설을 추종한다.

인도 어디를 가거나 소가 거리를 어슬렁거리며 자유롭게 돌아다닌다. 누구도 소를 건드리는 사람이 없다. 힌두교에서는 소, 특히 암소를 무척 신성시한다. 소에게도 신이 깃들어 있다는 믿음과 힌두교 최고 신의 하나인 시바 여신이 소를 타고 다녔기 때문이라고 한다.

힌두교는 매우 복합적인 종교로 총체적으로 샤머니즘의 모든 요소가 포함돼 있다. 그 가운데 하나가 죽은 자의 영혼이다. 힌두교에서는 이것을 업(業)과 윤회사상으로 가장 중요하게 생각한다. 인간 행위의 모든 결과는 반드시 원인이 있으며, 현재의 삶은 과거의 행위가 가져온 결과라는 것이다. 이것이 카르마(karma), 즉 '업'이다. 인간은 자신이 뿌린 대로 거둔다는 것이다. 또한 삶과 죽음이 영원히 반복적으로 순환하는 것이 윤회사상이다.

그런데 '업'에 따라 죄가 많은 사람은 짐승으로도 다시 태어나고 하찮은 벌레로도 태어난다는 것이다. 줄여 말하면 힌두교는 이 끝없이 반복되는 윤회의 속박에서 벗어나는 것이 궁극적 목표라고 할 수 있다.

그를 위해 생전에 꾸준히 자비를 베풀고, 죄를 짓지 않으며 혹독한 고행과 수행으로 몸과 마음을 정화시키는 것이다.

인도 북부, 갠지스강 연안에 '바라나시'라는 오래된 도시가 있다. 아리안족이 인도에 흘러들어와 처음으로 정착했던 곳이며, 한때는 왕국의 수도이기도 했던 유서 깊은 옛 도시다. 이 바라나시가 힌두교의 성지다.

지금의 갠지스강은 매우 불결하다. 워낙 오래된 도시로 인구가 많고 끊임없이 성지 순례자와 관광객이 몰려들어 각종 오물과 쓰레기를 이곳에 버려 물고기도 살지 못하는 몹시 오염된 강으로 전염병 콜레라가 발생하는 곳이기도 하다. 그런데도 힌두교도는 이 강물로 몸을 씻거나 마시면 온갖 죄를 씻고 정화된다고 믿는다.

더욱이 이 갠지스 강변에 '버닝 카트'라는 화장터가 곳곳에 있다. 힌두교도는 죽으면 이곳에서 화장해서 재를 강물에 뿌리는 것을 가장 큰 축복으로 생각한다. 바라나시 관광의 필수코스가 된 이 화장터에서는 관도 없이 천으로 싼 시신을 옮겨와 장작으로 화장한다. 그런데 장례용품이 된 장작이 너무 비싸 가난한 사람은 최소한의 장작으로 화장하기 때문에 불타는 시신의 모습이 거의 다 보이기도 한다.

스리랑카

인도에서 탄생한 불교는 힌두교에 밀려 주변 국가로 전파됐다. 특히 인도 남쪽 인도양의 섬나라 스리랑카에는 기원전 3세기경 불교가 전해져 지금까지 불교의 원형이 가장 잘 계승되고 있다고 한다. 그래서 인도 보다 오히려 스리랑카가 불교의 성지라고 말한다. 석가모니를 따르는 남 방불교의 본산이 되고 있다. 이들의 불교는 소승불교다.

스리랑카에는 그들의 역사가 담긴 전통적인 민속무용극이 있다. 춤을 통해서 정령들에게 불행과 갖가지 질병을 막아주기를 기원하는 '악마의 춤'이 그것이다. 불교가 전해지기 훨씬 전부터 샤머니즘이 그들의 정신세계를 지배했다는 것을 말해 준다.

티베트

인도의 북쪽으로는 히말라야산맥 기슭의 티베트, 네팔, 부탄 등에 불교가 전해졌다. 그 가운데서도 티베트가 대표적이다. 티베트에는 불교가 전해지기 전에 '뵌교'가 있었다고 한다. 이 종교에서는 주술을 통해 악령을 막아내는 의식 그리고 예언과 점술을 행했다고 한다. 모두 샤머니즘의 요소들이다. 짐작건대 샤머니즘을 체계화해서 종교의 형태를 빌린 것 같다.

티베트에서는 불교가 전파되는 과정에서 많은 변화를 겪었다. 인도의 산스크리트어로 된 불교의 경전을 번역하기 위해 티베트문자를 만들 정도로 적극적이었지만, 어느 경전을 교리로 삼느냐에 따라 4개 파로 나뉘었다고 한다.

전체적으로 대승불교인 이들은 종교적 스승을 '라마(Lama)'라고 불러 한때는 티베트불교를 '라마교'라고 부르기도 한다. '라마'는 종교적 지도자일 뿐만 아니라 정치를 이끄는 지도자이기도 하다. 현재의 라마는 가장 큰 종파인 겔룩파의 달라이 라마다. 티베트를 자신의 자치구로 만들고 통치하려는 중국에 맞서 티베트 망명정부를 세우고 이끄는 국제적으로도 잘 알려진 인물이다.

티베트 인근의 국가들도 티베트불교를 신봉하는데 이들의 의식에서 잘 알려진 것이 '삼보일배'와 '오체투지(五體投地)'다. 삼보일배는 세 걸음마다 엎드려 절을 하는 것이고 오체투지는 그보다 훨씬 힘든 고행으로 온몸을 땅에 대고 절하는 것이다. 즉, 두 팔을 벌려 무릎을 꿇고 두 팔꿈치와 이마가 땅에 닿도록 절을 하는 것이다.

티베트인은 평생의 한 번이라도 티베트불교의 성지인 티베트 수도 라싸의 조캉사원에 가는 것이 소망이다. 아무리 먼 곳에 있어도 오체투지로 성지를 찾아간다. 그들에게는 성지 순례다. 멀리 떨어진 곳에서는 몇 달, 때로는 몇 년이 걸려도 오체투지로 찾는다. 오랫동안 더없이 힘든 오체투지를 하다가 길에서 죽으면 오히려 영광으로 생각하고 그곳에서 장례를 치른다.

네팔

네팔은 좀 특이하다. 네팔은 인구의 80% 이상이 힌두교를 믿는다. 불교도는 10% 정도이고 이슬람교도도 있다. 말하자면 힌두교 국가인데 불교를 서슴없이 받아들였다. 힌두교가 모든 종교에 관대하기 때문일 것이다.

그들은 불교를 창시한 석가모니가 힌두교 비슈누 신의 아홉 번째 현신이라고 한다. 불교사원에 힌두교 신들도 모신다. 그러면서 티베트불교의 오체투지 같은 고행도 하고, 여전히 샤머니즘도 신봉한다. 히말라야산에 오르거나 대부분이 산악지대에서 먼 길을 갈 때 안전을 기원하며 돌무덤도 만들고 서낭나무에 형형색색의 천(형겊)을 매달아 놓고 안녕을 빈다. 온갖 신령과 정령을 믿는 샤머니즘을 오랫동안 신봉했다는 증거다.

미얀마, 태국

태국·미얀마를 비롯한 인도차이나반도의 국가들은 절대적으로 불교신도가 많은 불교국가라고 할 수 있다. 아침마다 승려들이 길게 줄을 서서 신도들로부터 음식 공양을 받는 '탁발'로 잘 알려진 이들의 불교는 소승불교다.

불교는 크게 소승불교와 대승불교로 나뉜다. 여러 종교적 차이가 있지만, 쉽게 말해서 소승불교는 자리주의(自利主義)라고 해서 자기만의 해탈, 즉 자기만의 깨달음을 얻고자 하는 불교로 흔히 남방불교라고 한다. 대승불교는 이타주의다. 자기뿐만 아니라 중생을 제도해서 중생도 깨달음을 얻게 하려는 불교다. 중국, 우리나라, 일본 등의 불교가 여기 속한다. 그에 따라 북방불교라고 한다.

동남아의 이 지역은 험준한 산악지대와 길도 없는 울창한 밀림지대가 많아서 수많은 소수 부족이 산속이나 밀림 깊숙이 흩어져 살아서 부족의 존재도 알기 어려울 정도다. 또한 이 지역의 국경 대부분은 중국과 맞닿아 있다. 중국의 산속으로 들어간 부족도 있고 많은 중국인이나 소수 부족이 이 지역으로 유입되기도 했다.

불탑이 많기로 유명한 미얀마는 수많은 부족으로 이루어진 나라다. 따라서 부족마다 자신만의 전통적인 토속신앙이 있다. 그 토속신앙의 공통점은 샤머니즘적인 원시신앙이다. 특히 이들은 자연의 모든 생물과 사물에는 정령이 깃들어 있다고 믿었다. 그 가운데서도 '낫(Nat)'이라는 정령을 숭배했다.

이러한 '낫'이 불교가 전파되면서 융합한 것이 오늘날 미얀마의 불교다. 따라서 미얀마의 사원에는 불상과 함께 여러 '낫'이 모셔져 있다. 그뿐만 아니라 '낫'을 숭배하는 의식을 보면 우리나라 무당이 굿을 하는

불상과 함께 있는 여러 '낫'

것과 매우 흡사하다고 한다. '낫' 의식을 주재하는 샤먼도 있다.

'낫'의 형상은 북방의 몽골리안을 닮았고 의식도 샤먼의 의식과 너무 비슷해서 북방 샤머니즘이 불교와 융합한 것으로 보인다. 지금도 미얀마에는 37개의 '낫'을 모신다고 한다. 이 정령들의 고향은 미얀마 제2의 도시인 만달레이 인근에 있는 뽀빠산이라고 한다. 이 산은 미얀마 토속신앙의 성지이기도 하다.

태국은 자연환경이 뛰어나고 땅이 비옥해서 수만 년 전부터 인류가 살아온 지역이다. 하지만 태국의 북부는 울창한 숲이 가득한 산악지대로 태국·미얀마·라오스의 국경이 맞닿은 산악지대 깊숙한 곳에 있는 '골든 트라이앵글(Golden Triangle)'은 한때 전 세계 마약의 약 70%를 공급하기도 했다. 사람의 발길이 닿지 않고 양귀비 재배에 천혜의 조건이 갖춰져 있기 때문이다.

태국은 인구의 90% 이상이 불교도인 불교가 국교인 나라지만, 원주민에게는 아직도 애니미즘·토테미즘·샤머니즘의 원시신앙이 거의 그대로 남아서 강력한 영향을 미치고 있다. 산악지대 숲속 깊숙한 곳마다 수많은 소수 부족이 여전히 문명을 등지고 원시생활을 하고 있어서 그런 현상이 빚어지고 있을 것이다. 원시적 생활을 하는 부족 가운데는 여전히 입으로 긴 대나무 막대기에 독화살을 넣고 쏘고 창을 이용해서 짐승을 사냥하는 부족이 있을 만큼 문명과 동떨어져 있다. 그들에게 원시적 토속신앙은 자연스럽고 당연할지도 모른다.

영화 〈랑종〉은 태국의 샤머니즘을 엿볼 수 있는 좋은 참고자료다. 태국 북동부 '이산' 지역을 배경으로 전개되는 이 영화는 전체 내용이 태국의 샤머니즘이다. 시나리오 작가들이 현지에서 30여 명의 무당을 만나 자문을 구했다고 하니, 그곳에는 여전히 샤머니즘이 크게 성행하고 있는 것 같다. 이 영화는 극영화라기보다 실화적 요소들로 구성된 작품이다. '랑종'은 태국어로 샤먼이며, 신내림이 대물림되는 가족에게 벌어지는 미스터리한 현상을 그려내고 있다. 물론 영화 〈랑종〉의 줄거리가 중요한 것은 아니다. 처음부터 끝까지 어느 것 하나 뺄 것 없이 총체적으로 샤머니즘이다. 태국에는 여전히 샤머니즘이 존재한다는 사실을 보여준다.

베트남

인도차이나반도 동부의 베트남·라오스·캄보디아는 베트남 전쟁, 크메르루즈에 의한 대학살 등 근래에 큰 참사를 겪은 지역이다. 이곳 역시 울창한 숲으로 둘러싸인 산악지대가 많아서 소수 부족과 고산족이 매우 많다. 또한 중국과 국경이 맞닿아 있어서 부족 간의 큰 싸움에서 부족 전체가 중국의 산속으로 피신하기도 하고 중국의 소수 부족이 이곳으로 유입되기도 했다. 그뿐만 아니라 중국인이 대거 유입돼 베트남의 경우 중국 문화권이 형성되기도 했다.

베트남은 국민의 약 70%가 불교신도인 불교국가다. 그러나 중국과 인접하고 중국인이 많은 탓에 유교와 도교가 유입돼 불교와 혼합된 양상을 보인다. 그 밖의 종교들은 포교가 잘 안 되는 지역으로 손꼽는다. 어떤 보이지 않는 신을 숭배하기보다 베트남 독립의 영웅인 호치민을 더 높게 평가한다는 것이다.

아울러 자존심이 강하고 실리적이어서 조상숭배가 대단하다. 불교를 믿으면서도 집집마다 조상을 모시는 제단이 있으며, 조상의 사진과 함께 호치민 사진도 있는 경우가 많다. 조상과 함께 호치민도 모시는 것이다. 이들에게는 조상숭배가 가장 중요하다.

하지만 도시를 제외한 시골이나 산악지대에 사는 소수 부족은 전통적으로 토속신앙과 샤머니즘을 믿는다. 어느 곳에나 샤먼이 있고, 많은 소수 부족이 일 년에 적어도 두 번은 꼭 샤먼을 찾는다고 한다. 태국이 주로 세습무인 것과 비교해서 베트남의 샤먼은 강신무다. 부족에 따라서는 무속의 신이 여신이기 때문에 남성 샤먼들도 여성 복장을 한다고 한다. 이들 샤먼은 약초나 약물을 이용해서 질병을 치료하는 것이 가장 큰 역할이며, 의식과 주술을 통해 악령을 퇴치하고 죽은 자의 영혼을 다스린다. 전통적인 샤먼과 다를 바가 없다.

말레이시아

말레이시아는 말레이반도의 서말레이시아와 말레이 제도 중앙부에 있는 보르네오섬 북부의 동말레이시아로 이루어진 나라다. 종족은 약 80%가 말레이인이지만 중국인도 약 20%가 돼서 중국 문화의 영향이 큰 곳이다. 그런데도 말레이시아는 국민의 약 60% 이상이 이슬람교도 여서 이슬람국가에 속한다.

말레이시아 역시 산악지역이 많고 소수 부족이 많지만, 특히 보르네오섬의 약 30% 가까이 차지하는 동말레이시아에는 무려 25개의 종족 집단이 있다고 한다. 따라서 소수 부족도 셀 수 없이 많다. 이들의 신앙은 자연히 토속신앙이다. 열대우림에 흩어져 사는 소수 부족은 부족 간의 소통도 어려울 뿐만 아니라 정통 종교에 별 관심이 없다. 자신의 삶에 직접적인 영향을 주는 자연현상과 먹거리 확보, 자신과 부족의 안전과 안녕이 가장 큰 관심이다. 그들의 토속신앙은 어떤 형식이든, 결국은 샤머니즘이며 이들이 가장 숭배하는 것은 조상숭배다.

필리핀

7천여 개의 섬으로 이루어진 필리핀은 가톨릭 신도가 가장 많은 국가로 인구의 약 80%가 가톨릭을 믿는다. 종족은 대부분 말레이인이다. 말레이반도에서 지속적으로 흘러들어온 사람들로서 서로 다른 언어를 쓰는 소수 부족이 수없이 많다. 수백 년 동안 에스파냐의 지배를 받았고 20세기에는 미국의 지배를 받기도 했다. 그 때문에 외면적으로는 정통 종교가 정착되고 그에 맞는 신앙생활을 하고 있지만, 수많은 섬에 흩어져 사는 소수 부족은 정통 종교의 영향을 적게 받았고 전통적으로 계승된 자신만의 토속신앙에 충실하다.

특히 크고 작은 섬들은 기후와 바다에 민감하다. 태풍이 빈번하고 바다는 그들의 생활 터전이기 때문이다. 그리하여 그들의 조상은 자연을 숭배했다. 바람, 물, 산, 모든 생명체에 사람의 힘으로는 어쩔 수 없는 초자연·초능력이 있다고 믿었다. 그들은 유령도 있다고 믿었다. 그에 따라 자신과 부족을 모든 자연재해로부터 지켜주기를 기원하는 어떤 의식이 필요했고 그것을 주관하는 사람이 필요했다. 따라서 주술로 기원하는 샤먼이 있었고, 그에 의해 원형의 샤머니즘이 자리 잡았다.

필리핀의 샤머니즘을 직접 본 사람들은 그들의 샤먼이 아메리카 원주민과 비슷했다고 말한다. 하지만 그 연관성은 알 수 없다. 또한 부족에 따라서 샤먼을 부족의 젊은 여성이 계승하는 세습무가 많다고 한다. 필리핀의 샤먼은 신내림을 받고 약초와 물약으로 질병을 치료하며 악령을 퇴치하는 의식을 주재한다고 한다. 악령을 막기 위해 샤먼은 소를 잡고 흰 소의 피를 제물로 바친다고 한다.

인도네시아

인도네시아는 오늘날에도 샤머니즘이 성행하는 대표적이고 특별한 나라라고 할 수 있다. 인도네시아는 중국, 인도, 미국에 이어 세계에서 인구가 네 번째로 많은 나라다. 인구가 2억 7천만 명이 넘는다. 또한 무슬림이 90% 가까이 되는 이슬람국가다.

인도네시아는 자바, 수마트라, 보르네오, 슬라웨시, 뉴기니 등을 비롯해 셀 수도 없이 많은 크고 작은 섬으로 이루어진 나라다. 섬의 숫자가 자료마다 차이가 있어 1만 3천~1만 9천 개까지 다양하다. 정확한 숫자는 알 수 없다. 아마 유인도와 무인도에 따라 차이가 있는 것 같다. 아무튼 세계에서 가장 섬이 많은 나라다.

열대우림과 고온다습한 열대성 기후의 인도네시아 섬들은 화산으로 유명하다. 세계에서 화산 폭발이 가장 많이 발생하는 나라로 지금도 불을 내뿜고 있는 활화산이 많다. 약 7만여 년 전 수마트라섬 북부의 토바 화산 폭발은 지구의 수많은 생명체를 멸종시켜 지구 대멸종의 하나로 손꼽히고 있다.

인도네시아는 무려 300개가 넘는 다양한 종족집단으로 이루어졌으며 250여 종의 서로 다른 언어가 있다고 한다. 그만큼 종족과 부족이 1만 개가 훨씬 넘는 섬 그리고 산악지대와 울창한 숲속에 흩어져 살다 보니 토속신앙도 다양할 수밖에 없다.

이슬람교가 국교지만 다른 종교에도 관대할 뿐만 아니라 종교의 자유가 있어 힌두교도와 불교신도도 적지 않다. 한 가지 흥미로운 것은 인도네시아의 주민등록증에는 어떤 종교든 반드시 자신이 신봉하는 종교를 표시하게 되어 있다는 점이다. 이를테면 종교의 자유는 있어도 종교를 믿지 않아도 될 자유는 없다는 것이다. 종교가 없는 무신론자는 공산주의자로 낙인찍힌다.

인도네시아는 자타가 공인하는 이슬람국가지만 종족집단의 전통적인 샤머니즘에 대한 집착이 워낙 강해서 이를 외면하지 못했다. 따라서 이슬람교도도 샤머니즘의 풍습을 수용하고 힌두교와 불교 등 다른 종교도 샤머니즘을 받아들여 그들의 종교와 샤머니즘이 뚜렷하게 섞여 있다. 그에 따라 정통 종교의 신도도 대부분 모든 자연과 사물에 존재하는 정령을 숭배하고 조상신, 지역의 수호신을 숭배한다. 이슬람의 의식에도 샤머니즘적 주술이 포함된다.

인도네시아에서는 샤먼을 '두꾼(dukun)'이라고 한다. 주술과 초자연적 영험한 능력을 지닌 두꾼은 이슬람교를 신봉하면서도 많은 이들의

인도네시아의 두꾼

관혼상제를 비롯한 의식을 주재한다. 정치인 가운데도 두꾼이 많고, 심지어 관료인 두꾼도 있다. 그만큼 샤머니즘과 두꾼의 권위와 영향력이 크다는 것을 말해 준다.

1965년부터 33년 동안이나 인도네시아를 통치했던 수하르토 대통령도 두꾼과 무관하지 않다고 한다. 더욱이 수하르토의 부인은 뛰어난 두꾼이었다는 것이다. 어떻게 보면 지금도 정통 종교보다 샤머니즘이 그들의 정신세계를 지배하고 있는 것 같다.

두꾼은 다른 두꾼에게서 샤머니즘의 주술과 의식을 배우고 그에게서 신내림을 받는 습득무(학습무) 과정을 통해 된다. 또는 두꾼의 대를 잇는 가문이라면 부모나 친족 두꾼이나 이미 사망한 두꾼의 영혼으로부터 신내림을 받기 위해 그의 무덤 곁에서 신령과 소통하고 교감하기 위해 수행과 고행을 한다. 그럭해서 세습무가 된다고 한다.

인도네시아의 출생·결혼·사망 등의 통과의례나 이사, 건물 신축, 승진 등의 일이 있으면 친족과 친지가 모여 잔치를 벌이는데, 이슬람과 샤머니즘의 요소가 섞여 있는 의식을 진행한다. 즉 의식을 시작하면서 먼저 이슬람의 창시자인 무함마드에게 경의를 표하고, 그다음 자연의 모든 정령과 조상신에게 경의와 감사를 표하는 샤머니즘 의식으로 진행된다.

인도네시아의 전통적인 풍습 가운데 가장 널리 알려진 것이 독특한 장례 풍습이다. 이들의 장례는 기본적으로는 매장이다. 하지만 종족이나 부족에 따라서 절벽과 같은 바위에 동굴을 파고 관을 넣는 암장(岩葬)도 있고, 시신을 야산에 놓아 짐승이나 독수리가 먹게 하고 유골만을 추슬러 매장하기도 한다.

이슬람교에 충실한 사람들은 이슬람 장례법을 따른다. 사람이 죽으면 시신이 부패하는 것을 막기 위해 하루 만에 매장한다. 장례식에 특별한 의식도 없다. 분향이나 부의, 음식 제공도 없다고 한다. 참석자도 그저 참석에 의미를 둘 뿐이다. 유족은 물론 누구도 슬퍼하지 않는다. 알라신의 곁으로 가기 때문에 오히려 축복할 일이라고 생각한다.

그러나 적지 않은 국민이 그들의 전통적인 관습에 따라 매우 독특한 장례를 치른다. 가족 중에 누가 죽으면 유족은 시신을 오랫동안 집안에 안치한다. 사람이 죽으면 저승으로 가기 전에 한동안 임시천국에 머문다는 그들의 샤머니즘과 관련된 풍습 때문이라고 한다. 따라서 시신에 앞에 음식상을 차려놓는 등 살아 있을 때와 똑같은 가족관계를 유지한다.

그와 함께 유족들은 진짜 장례를 치를 준비를 하는데 이 준비가 만만치 않다. 유족뿐만 아니라 마을주민이 모두 나서 준비를 돕는다. 그들은 장례가 성대할수록 저승의 좋은 곳으로 가서 편안히 지낸다고 믿는다. 따라서 장례를 치를 인도네시아 전통 양식의 가건물도 짓고 마을주민과 손님 수백 명이 먹을 수 있는 음식을 마련한다. 또한 육류를 제공하기 위해 물소를 잡아야 하는데 소값이 무척 비싸다. 부자는 여러 마리를 잡을 수 있지만, 가난한 사람은 소값 마련과 엄청난 장례비용 때문에 몇 년씩 장례를 미루기도 한다.

장례는 마치 마을잔치와도 같다. 슬퍼하는 사람은 거의 없다. 유족도 이미 오래전에 사망한 장례이기 때문에 별로 슬픈 기색이 없다. 오히려 축복하는 분위기가 돼 잔치처럼 웃고 떠들고 시끌벅적하다. 마을 청년들이 상여를 매장지로 운구하는데 그 역시 즐거운 분위기다. 구경꾼들이 돌을 던지며 장난친다. 그야말로 마을잔치이며 축제와 같다.

　이처럼 독특한 전통적인 장례 의식은 대개 두꾼이 주재한다. 이슬람국가지만 샤머니즘을 따르는 것이다. 인도네시아야말로 오늘날에도 변함없이 샤머니즘이 살아 있는 나라라고 해도 틀린 말이 아니다.

아프리카

아프리카는 인류가 기원한 지역이지만 열대 기후와 정글, 사막, 삭막한 황무지, 사바나라는 황량한 초원 등으로 이루어져 인간이 정상적으로 살아가기에는 너무 열악한 환경이다. 그러나 아프리카에는 많은 종족이 살아가고 있다. 민족이라기보다 숫자를 헤아릴 수도 없을 만큼 아주 많은 소수 부족이 정글의 깊은 곳까지 흩어져 살고 있다.

아프리카에는 고대 왕국들이 있었고 이집트처럼 인류 최고의 문명을 지닌 국가도 있었으며, 근현대에 이르러 수많은 국가가 탄생했지만, 나라와 국경은 큰 의미가 없다. 아프리카 대륙을 식민화했던 영국·프랑스 등 유럽의 열강이 부족의 생활공간이나 자연적 환경을 무시하고 무식하게 국경선을 지도에 반듯하게 그려 넣었기 때문이다. 또한 아프리카의 여러 종족이 독립해서 국가를 세운 것은 대부분 근래의 일이다.

아프리카에 독립 국가들이 세워지고 문명화·현대화된 도시도 많이 생겨났지만, 깊은 정글이나 외진 지역에 흩어져 살아가고 있는 수많은 소수 부족은 여전히 문명과 단절된 채 원시적인 생활을 하고 있다. 여전히 토속신앙이 그들의 삶을 지배하고 있다. 하지만 아무리 부족마다 독특한 토속신앙을 가지고 있다 하더라도 그 많은 부족을 모두 찾아내고 토속신앙의 특색을 알아보기는 절대 불가능하다. 그리하여 크게 지역별 그리고 잘 알려진 종족을 중심으로 아프리카의 샤머니즘을 살펴보려고 한다.

아프리카에 일찍이 샤머니즘이 전파되었더라도 정글이나 외진 지역에 세상과 단절돼 흩어져 사는 소수 부족에게까지 전해지지는 못했을 것이다. 더욱이 그들을 절대적으로 지배하는 것은 자신들만의 토속신앙이었을 것이다. 그들은 자연과 더불어 살며 모든 삶을 자연에 의지한다. 사냥으로 구한 육류, 나무 열매와 식물이 그들 먹거리의 전부였다. 물론 자급자족이다. 그들은 자연에 경외감을 가질 수밖에 없었다. 초자연현상인 자연재해뿐만 아니라 온갖 전염병, 뜻하지 않은 사고와 우환이 모두 자연에서 비롯된다고 생각했다.

그리하여 그들 나름의 집단의식에 의해 사람의 힘으로는 어쩔 수 없는 초자연적 존재가 있다는 것을 믿었지만 그 존재가 '신(神)'이라는 개념은 갖지 못했다. 따라서 자연의 모든 것에 깃들어 있는 초자연적인 존재를 정령(精靈)으로 생각했다. 이러한 자연발생적인 정령에 대한 관념은 서로 교류가 없었더라도 아프리카 거의 모든 부족의 공통된 의식이다.

또 하나의 공통된 의식은 조상숭배다. 고립된 생활을 하는 소수 부족에게 꼭 필요한 것은 결속력과 유대감 그리고 연장자에 대한 존경이다. 그와 함께 이미 세상을 떠난 조상에 대한 숭배는 거의 본능적이라고 할 수 있다. 그리고 어느 부족이든 그들의 삶에서 꼭 필요한 병 치료 술이 있었다. 전염병이나 갑작스러운 발병은 피할 수가 없었으므로 그 들에게는 전통적인 민간 치료 방법이 있었다.

아무리 미개한 부족이라도 어느 부족이든 구성원을 통솔하는 추장 이 있고, 부족의 안녕과 안전, 사냥 등 먹거리를 구하는 일이 잘되기를 기원하는 샤먼 비슷한 존재가 있기 마련이다. 그는 사제 역할뿐만 아니라 구성원의 갖가지 질병 치료를 맡아 주술로 병의 원인을 알아내고 약 초 따위로 병을 치료했다.

샤먼이나 영매나 주술사 또는 그 무엇이라 부르든 그는 실제로 샤먼 의 역할과 기능을 했다. 부족에서의 지위가 추장보다는 높지 않았고, 나이 든 여성이 많았다. 이러한 샤머니즘적 행위 역시 많은 부족의 공 통점이다.

대서양을 사이에 두고 아메리카 대륙과 가장 가까운 서아프리카에 도 여러 크고 작은 부족이 있었으며, 흔히 아프리카 종교라고 하는 '부 두교'가 그곳에서 탄생했다. 종교라고 하지만 애니미즘·토테미즘을 거 쳐 샤머니즘이 탄생한 것과 다르지 않다. 좀 더 정확하게 말하면 부두 교는 샤머니즘에 매우 가깝다.

부두교의 부두(Boodoo)는 서아프리카 베냉 남부에 살았던 종족의 언어로 신이나 정령을 뜻하는 'Vodun'에서 유래했다고 한다. 부두교에 는 창시자나 경전이 없고 체계적인 기구나 조직도 없다. 이 지역 많은 부족이 내력은 서로 달라도 다 같이 정령을 숭배하는 것에 기반해서 하나의 집단의식이 형성된 것이다. 또한 부두교는 '로아(lwa)'를 여러 정

'로아'와 소통하기 위해
격렬히 춤을 추는 부두교 의식

령 가운데서 신격으로 대우하며 대표적으로 내세운다. 따라서 부두교는 '로아'를 섬긴다고 말한다. 이처럼 부두교는 정령을 숭배하며 특유의 의례와 의식이 있는 종교다.

그들은 환각작용을 하는 식물을 먹거나 씹으며 강렬한 북 치기에 따라 그야말로 신들린 듯이 춤을 추면서 몰아의 경지에 빠져 '로아'와 소통하고자 한다. 환각 상태에서 뜨거운 불 위를 걷기도 한다. 샤머니즘의 의식과 큰 차이가 없다.

아프리카는 정통 종교의 발상지인 중동과 가까워 기독교와 이슬람교가 빠르게 전파됐으나 전통적인 토속신앙에 큰 영향을 주지는 못했다. 하지만 근세와 와서 사정이 달라졌다. 아프리카의 거의 전역이 유럽의 열강에 의해 식민지가 된 것이다. 특히 유럽의 열강은 기독교를 신봉했다. 그들은 식민지에 기독교 포교를 위해 선교사와 아프리카 부족에게 필요한 의사들을 파견했다. 그러나 선교사 대부분은 포교를 체념하고 말았다.

선교사들이 보기에 종교라고 할 수 없는 부두교나 원시신앙·토속신앙이 뿌리 깊게 자리 잡고 있어서 정통 종교의 개념이나 교리를 전혀 이해하지 못했다. 예컨대 문화종교라고 할 수 있는 기독교가 전혀 의미가 없었다. 더구나 수많은 소수 부족이 원시적인 생활을 하고 있어서 선교사들은 그들이 동물이나 다름없는 생활을 하고 있다고 말했다. 기독교의 포교도 안 되고 의미가 없다는 것이었다.

그러자 유럽의 열강은 아프리카 부족을 억압하고 지하자원과 문화재 등을 약탈하는가 하면, 아프리카인을 짐승 취급하면서 노예처럼 강압적으로 거칠게 다루었다. 그 대표적인 예가 '노예무역'이다. 노예무역이란 아프리카인을 아메리카 대륙이나 카리브해 국가들에 노예로 파는 인신매매다. 아프리카 부족은 남녀를 가릴 것 없이 백인에게 까닭도 없이 붙잡혀 강제로 노예시장에서 거래됐다. 그러한 노예무역의 중심지가 바로 서아프리카였다.

사냥 나갔던 젊은이가 총을 겨눈 백인에게 아무런 이유 없이 붙잡혀 끌려갔고, 가족이 공격받아 모두 노예시장으로 끌려가기도 했다. 가장 큰 거래처는 카리브해의 프랑스령 아이티, 미국 남부의 루이지애나였다. 노예무역의 대표적인 두 지역에는 차이가 있었다. 아이티는 주로 개인을 거래했고, 미국 남부에는 가족 단위의 거래가 많았다고 한다. 그러나 그들은 모두 짐승처럼 가혹한 노동과 굶주림, 폭력이 난무하는 최악의 환경에 시달렸다.

이런 상황에서 흑인 노예는 고향의 부두교에 의지했다. 하지만 아이티는 가톨릭이 절대적인 국가나 다름없었다. 당연히 부두교를 배척하고 통제했다. 흑인 노예들은 가톨릭과 타협할 수밖에 없었다. 그리하여 가톨릭의 제례의식에 부두교의 주술적 요소들을 혼합시켰다. 겉으로는 가톨릭의 의식과 절차를 따르지만 실제로는 그들의 신이었던 '로아'에게 고통을 호소하고 구원을 염원하는 부두교 의식이 이루어졌다.

가톨릭에서는 흑인 노예의 이러한 부두교 의식을 알았고 통제했지만, 흑인에게는 절대적이어서 어쩔 수 없었다. 할 수 없이 흑인의 구세주인 '로아'를 인정하고 가톨릭의 성인(聖人) 반열에 올려놓았다. 아프리카에서 강제로 끌려 온 노예들이 외면적으로 가톨릭을 내세우고 절차와 의식을 따른 덕분에 부두교는 쿠바 등의 카리브해 국가들, 미국 그리고 브라질의 흑인에게까지 퍼져나갈 수 있었다.

부두교를 신봉하는 이들에게는 '흑마술(黑魔術)'이란 것도 있었다. 흑마술은 악령을 쫓기도 하지만, 악한 인간을 저주하며 그가 죽든지 큰 고통을 당하기를 바라는 주술 행위다. 어쩌면 자신에게 큰 고통을 주는 백인이 그 대상이었는지도 모른다.

부두교와 관련해서 널리 알려진 것이 '좀비(Zombie)'다. 시체가 다시 살아서 움직이고 돌아다니는 괴이한 형태가 좀비다. 이 좀비가 아이티 노예의 부두교에서 비롯됐다고 한다. 실제로 그런 현상은 절대로 불가능하다. 그렇지만 노예들이 의지하는 그들의 샤먼(주술사)은 죽은 자도 다시 살릴 수 있다며 좀비를 통해 자신의 영험함을 과시하면서 널리 퍼져나간 것이다.

그럼 어떻게 좀비가 가능할까? 그 비밀을 아는 사람들은 결코 신(神)의 도움이 아니라고 한다. 복어의 독을 교묘하게 이용하는 것이라고 한다. 복어의 독을 살아 있는 사람에게 치사량에 못 미칠 만큼 복용하게 하면 실신하거나 사지가 마비돼 시체나 다름없이 된다는 것이다. 그런 상태에서 주술사가 주술을 거는 것이다. 그러면 얼마의 시간이 흐른 뒤 복어의 독이 사라지기 시작해 완전히 사라질 때까지 천천히 움직이거나 일어서서 비틀비틀 걷는다고 한다. 그것이 좀비다. 쉽게 말하면 병원에서 수술할 환자를 마취시키는 것과 같다. 마취가 풀리면 정상적으로 돌아오는 것과 같다.

부두교가 탄생한 서아프리카 기니만 연안, 지금의 가나, 베냉, 나이지리아 등에 사는 부족에게는 전통적으로 그 부족의 샤먼이 있다. 물론 샤먼이란 명칭을 쓰지 않지만, 사제·주술사·영매 등의 역할과 기능을 하는 인물이다.

그들 대부분은 일종의 신내림을 받는다. 심한 열병을 앓게 되고 그 것이 무병(巫病)이라는 사실을 알게 되면 따로 격리돼 신내림을 위해 혹독한 자기 극복 훈련을 하는데 짧게는 몇 개월, 길게는 몇 년씩도 걸린다고 한다. 그들은 신이 빙의하는 인물은 자신의 의지가 아니라 신이나 정령에게 선택된 것이라고 믿는다.

그렇게 신내림을 받고 나면 요란한 의식을 치르고 나름대로 신과 소통하면서 샤먼과 똑같이 신령과 사람을 중개하는 역할을 한다. 전염병, 풍토병 등 온갖 질병을 치료하고 장례를 맡아 죽은 자의 영혼과 살아 있는 사람을 중개하는데, 여성이 많다고 한다.

현재 모로코, 알제리, 리비아, 튀니지 등이 있는 북아프리카는 일찍이 베르베르족이 활동했던 지역이다. 베르베르족은 소수 부족이 아니다. 지금도 2천만 명이 넘는 규모가 큰 민족이다. 그들의 기원은 확실치 않지만 수천 년 전부터 북아프리카에 뿌리를 내렸다. 그들은 중동의 아랍인도 아니고 아프리카 흑인도 아니다. 백인인 그들은 이탈리아 라틴계에 가깝다고 한다. 그들은 한때 왕국도 세웠고 그들만의 언어도 있고 문자도 있었으며 약 3천 년 전에 자신들만의 달력도 있었다고 한다. 동쪽의 이집트 문명의 영향인지는 알 수 없어도 무척 깨우친 민족이었다.

그들은 전통적으로 농경생활을 했지만 기후의 변화와 끊임없는 외적의 침략으로 떠돌다가 완전히 유목민이 됐다. 물론 국가도 없이 사하라를 비롯한 사막 등에 뿔뿔이 흩어져 혈연 중심으로 부족 단위로 유목생활을 하고 있다.

일찍이 베두인족과 반달족의 침략을 받아 흩어졌던 베르베르족은 아랍족과의 혼혈이 많다. 리비아의 유명한 독재자였던 카다피도 아랍계 베르베르족이라고 한다. 더욱이 지중해를 사이에 두고 유럽과 매우 가까운 북아프리카 지역은 근세에는 대부분 프랑스, 에스파냐 등의 식민지였다. 또한 기독교와 이슬람교의 강력한 침입을 받았다.

무척 강인하고 투쟁적인 베르베르족은 '사막의 배'로 불리는 낙타 몰이와 사육으로 유명해서 낙타 기병대를 결성, 기독교와 이슬람교의 북아프리카 공략에 앞장서기도 했다. 에스파냐계 이슬람교도인 무어족의 침략을 받은 이래, 무어족과의 혼혈도 많아졌다. 지금 베르베르족은 대부분 이슬람교도다.

그들은 북아프리카 사막의 무역로를 장악했으며 아메리카 대륙과의 노예무역에도 깊숙이 관여했다고 한다. 북아프리카의 지중해 연안을 '바르바리(Barbary)'라고 하는데, 베르베르에서 유래된 말이다. 역사적으로 '바르바리 해적'이 유명하다. 베르베르족과 유럽의 교역이 많았던 지중해 연안에서 끊임없이 약탈한 해적으로 악명이 높다. 이 해적들은 이슬람교도였다.

소규모의 혈연집단으로 흩어져서 독자적으로 살아가는 유목민은 기후 변화와 갖가지 위험성 그리고 질병에 무척 민감하다. 베르베르족도 예외가 아니다. 기후 변화는 사람과 가축의 생존에 절대적인 영향을 미친다. 불과 몇십 명의 고립된 소규모 집단으로 유목생활을 하기 때문에 외부의 대규모 집단이 침입하면 속수무책으로 사람의 생명과 가축, 모든 재산을 약탈당하기 일쑤다. 그뿐만 아니라 크게 다치거나 병이 났을 때도 대책이 없다. 전혀 도움의 손길을 기대할 수 없기 때문이다. 모든 운명을 하늘에 맡길 수밖에 없었다.

따라서 시베리아나 북아시아와 비슷한 시기에 집단의식에 의해 베르베르족에게서도 샤머니즘이 탄생했다. 그들의 토속신앙·원시신앙은 모든 자연물에는 창조의 신이 있다고 믿었으며 죽은 자에게도 영혼이 있다고 믿었다. 샤머니즘과 똑같았다. 베르베르족은 그러한 믿음으로 모든 신이 자신들의 안전과 안녕을 지켜주고 불행을 막아주기를 기원했다.

그러자면 샤먼과 비슷한 역할을 하는 인물이 필요했다. 그에 따라 베르베르족의 소슈모 부족에는 반드시 족장이 있었으며 한 명의 사제가 있었다. 그는 우연히 무병(巫病)을 앓고 어느 신이나 조상의 혼령이 빙의한 인물이거나 혹독한 자기 수련으로 신비로운 능력을 지닌 인물이었다. 그는 부족의 사제로서 조상숭배와 신의 도움을 기원하는 모든 의식을 주재했으며, 영매로서 주술을 통해 온갖 질병을 치료했으며, 뜻하지 않게 죽음을 맞이한 사람의 장례와 저승의 좋은 곳으로 가기를 기원했다. 또한 죽은 자의 영혼과 살아 있는 사람을 중개했다. 한마디로 샤먼이었다.

동부·북동부 아프리카는 현생인류의 발상지다. 그곳의 토착민도 대부분 유목민이어서 다른 지역의 유목민과 비슷한 토착신앙을 가지고 있었다. 그런데 지리적으로 가까운 곳에서 탄생한 기독교와 이슬람교의 강력한 공략을 피할 수 없었다. 그에 따라 에티오피아는 기독교, 다른 대다수의 동부 지역 국가는 이슬람교를 신봉하게 됐다.

유목민의 특성 가운데 하나는 종교에 관대하다는 것이다. 부족마다 거의 고립된 생활을 하면서 결속력이 부족하기 때문인지도 모른다. 어찌 됐든 그들은 토속신앙이 있으면서도 정통 종교나 외래문화에 쉽게 동화됐다. 우간다. 케냐, 탄자니아 등의 여러 유목민 부족도 그러했다.

부족마다 샤먼의 역할과 기능을 하는 인물이 있어서 개인적으로 질병 치료와 점술, 예언 등 주술 행위를 했으며 초자연적이고 초능력을 지닌 신적 존재를 믿었지만 정통 종교가 침투하고 유럽 열강의 식민지가 된 이후에는 큰 변화가 있었다.

전통적으로 자신이 믿는 신적 존재나 혼령 이외에도 자연현상과 질병 등의 불행이 유럽인의 혼령, 죽은 이민족의 영혼 때문으로 판단하기도 했다. 심지어 비행기나 자전거 같은 외래 물품에도 혼령이 있다면서 그 탓으로 돌리기도 했다.

동부 아프리카에 마사이족이 살고 있다. 케냐, 탄자니아 등지의 건조한 초원지대에 살며 유목이 주업이다. 마사이족은 평균 신장이 173 센티미터나 되는 키가 크기로 유명한 부족이다. 마사이족에게도 전통적인 토속신앙이 있으며, 샤먼의 역할을 하는 제례의식 담당자가 있다. 그렇지만 지위는 그다지 높지 않다. 오로지 제례의식만 담당하는 사제 역할에 그친다. 부족의 크고 작은 문제는 나이가 많은 연장자들이 결정한다.

중부 아프리카는 대부분 열대 기후에 숲이 울창한 정글 지대다. 야생동물에게는 천국일지 모르지만 사람이 살기에는 결코 좋은 환경이 아니다. 수많은 부족이 정글 속에 흩어져 사냥으로 먹거리를 해결하면서 거의 고립된 생활을 하고 있다.

유럽 열강의 식민지였던 이곳은 20세기에 들어와 여러 독립 국가가 세워졌지만, 정체성이 강한 부족들 사이의 갈등과 대립이 오늘날까지도 그치지 않고 있다. 부족 간의 대립과 충돌은 거의 전쟁 수준이다. 대량 학살이 자행돼 국가가 부족들의 분쟁으로 내란 상태에 빠져 있을 정도다.

독립 국가가 세워지고 유럽 열강의 식민지 영향으로 도시들은 서구화되고 문명화됐지만 정글 지역에서 고립된 생활을 하는 소수 부족에게는 거의 영향이 없다. 여전히 원시생활을 하는 그들을 지배하는 것은 토속신앙·원시신앙이다. 자생적인 그 형태는 아프리카 다른 지역의 토속신앙과 비슷하다.

남부 아프리카에는 황무지와 황량한 초원지대가 많다. 이 지역의 대표적인 부족은 산(San)족이다. 일반적으로 '부시맨(Bushman)'으로 더 알려져 있다. 부시맨은 산족의 영어식 이름으로, 굳이 번역하자면 '숲속에 사는 사람'이다.

부시맨은 오래전에는 숲속에 살았지만 다른 부족들과 서구 열강의 침략으로 남쪽으로 내려와 지금은 칼라하리사막과 건조한 지역에 흩어져 살며 유목민 생활을 하고 있다. 평균 키가 150센티미터 정도로 작다. 이들은 혈연(가족) 중심의 소규모 집단으로 살아간다. 집단마다 자신의 영역이 있으며, 족장이나 추장은 없다. 가족끼리의 작은 집단이기 때문이다. 그 대신 나이가 많은 연장자 또는 뛰어난 사냥꾼이 집단의 중심이라고 한다.

산족에게는 두 개의 토속신앙 형태가 있는데, 집단에 따라 그 가운데 하나를 신봉한다. 다만 두 토속신앙의 공통점은 모두 초자연적·초월적 존재를 믿는다는 것이다. 하지만 서로 차이가 있다. 하나는 초월적 존재가 만물의 창조자라고 믿고 있으며, 또 하나는 초월적 존재로서의 초능력은 떨어지지만 질병이나 죽음을 주관하는 존재라고 한다. 그들은 신의 존재와 죽은 자에게 영혼이 있다는 것을 믿는다. 그러나 조상 숭배는 하지 않는다고 한다.

지금까지 살펴봤듯이, 인간의 본능에 가까운 집단의식으로 아프리카의 원시신앙·토속신앙은 그들만의 특성이 있다고 하더라도 다른 지역과 다를 바 없다. 인류학자들에 의하면 아프리카에는 55개 종족이 있다고 한다. 그 종족들에는 또 헤아릴 수 없는 많은 부족이 있고 그들은 흩어져 살면서 자기들만의 토속신앙을 가지고 있다. 그것은 결국 애니미즘·토테미즘을 거쳐 샤머니즘과 비슷한 형태로 자리 잡았다.

신이라고 할 수 있는 초월적 존재를 믿지만, 그 존재에게 자신들의 삶을 완전히 의지하지는 않는 것도 특징이다. 그들은 삶의 터전인 자연을 믿는 것이며, 초월적이고 초자연적 존재는 때로는 자신들의 삶에 도움을 주고 때로는 삶을 파괴하기 때문에 삶에 도움을 주기를 자연에 기원하는 것이 아프리카 거의 모든 부족의 특징이라고 할 수 있다.

또한 명칭은 샤먼이 아니더라도 부족마다 샤먼의 역할과 기능을 하는 인물이 있어서, 주술을 통해 부족의 안전과 안녕을 기원하고 조상을 숭배하며 의료 행위를 한다. 서구 열강에 의해 거의 모두 식민지가 돼 그들의 영향을 받을 수밖에 없었으며 기독교와 이슬람교가 전파돼 부족들의 토속신앙과 뒤섞이고 혼합되기도 했지만, 본질적인 샤머니즘의 원형은 변하지 않았다는 것이다.

북아메리카

아메리카 대륙은 현생인류가 가장 늦게 진출한 대륙이다. 역사가 아무리 길어도 1만 2천~1만 5천 년에 불과하다. 하지만 아메리카 대륙의 원주민은 모두 같은 조상의 후손들이다. 진화생물학자들에 의하면, 아메리카 대륙에 진출한 현생인류 3명의 어머니가 후손을 퍼뜨렸다고 한다.

그러나 1492년 콜럼버스가 상륙한 이래로 아메리카 대륙은 유럽 열강의 각축장으로 숱한 시련과 고난을 겪어야 했다. 마침내 유럽 열강의 식민지가 되면서 북아메리카는 영어권, 중앙아메리카와 남아메리카는 에스파냐어권과 포르투갈어권이 됐다. 그에 따라 문화적 차이도 크기 때문에 여기서는 아메리카 대륙을 셋으로 나눠 그들의 샤머니즘을 살펴보려고 한다.

아메리카 원주민의 조상을 밝히기 위해 세계적인 인류학자들이 공동으로 오랫동안 조사 연구를 계속했다. 그 결과, 시베리아와 동북아시아에서 몇몇 부족이 세 갈래로 아메리카 대륙에 진출한 것으로 밝혀졌으며 이것이 정설이 됐다. 세 갈래라고 하니까 아메리카 원주민의 조상이 3명의 어머니라는 견해가 더욱 의미가 있는 것 같다.

인류학자들의 연구 결과에 따르면 세 갈래는 시기적으로 서로 다르다.

첫 번째는 약 1만 5천 년 전, 시베리아의 레나강 계곡에 살던 '알곤킨족'의 일부가 얼어붙은 베링해를 걸어서 건너가 지금의 알래스카에 도착했고 계속 남하해서 지금의 캐나다와 미국으로 진출했다는 것이다. 물론 시기와 관련해서 여러 견해가 있다. 약 1만 년 전, 1만 1천~1만 2천 년 전, 1만 5천 년 전 등이다. 미국은 여러 근거를 들어 1만 5천 년 전을 주장하지만, 1만 1천~1만 2천 년 전이 가장 설득력을 얻고 있다.

어찌 됐든 이 시기는 아직 빙하기였다. 얼어붙은 베링해의 빙판을 걸어서 건너간 것은 틀림없어 보인다. 그 무렵 아메리카 대륙은 온통 얼음으로 뒤덮여 있었다. 시베리아에서 좀 더 살기 좋은 환경을 찾아 이곳까지 이동한 알곤킨족의 일부는 서쪽 태평양 해안을 따라 남쪽으로 차츰 이동했다.

두 번째는 약 6천여 년 전, 시베리아 동쪽 알단강 유역에 살던 아타바스칸, 나데네 두 종족의 일부가 아메리카 대륙으로 건너간 것으로 밝혀졌다. 이들은 배 또는 뗏목으로 베링해를 건넜을 것이다. 세 번째는 약 4천여 년 전, 만주 동북부 아무르강 유역에 살았던 에스키모인 알류트족과 동이족(東夷族)의 일부가 아메리카로 이동했다는 것이다. 이들 역시 배나 뗏목으로 건넜을 것이다. 동이족은 역사의 해석에 따라 그

범위가 넓지만, 시베리아 중부 예니세이강 유역에 살다가 만주로 이동했으며 다시 한반도로 이동한 우리 민족의 조상 예맥족의 일부가 아메리카 대륙으로 진출했을 것으로 보는 학자들도 있다.

아메리카 원주민 가운데 아파치족은 우리 한민족과 얼굴 생김새와 생활습관 등이 비슷하다고 한다. 그러면서 '아파치'가 우리말 '아버지'에서 유래한 것이 아닐까 하는 추측까지 한다. 그렇다면 우리 민족의 일부가 아메리카 원주민일 수도 있다는 것이다. 좀 지나친 추측 같지만, 아무튼 관심을 가질 만하다.

아메리카 원주민에 대해서는 인류학자들의 세 갈래 이주설 이외에 다른 견해들도 있다. 11세기 초에 스칸디나비아의 바이킹이 이 지역을 자주 왕래했다는 견해가 있다. 또한 자신의 역사를 길게 잡으려는 미국에서는 시베리아와 동북아시아에 살던 종족이 진출하기 훨씬 전에 태평양의 폴리네시아인이 배와 뗏목을 타고 아메리카로 건너왔다는 주장을 펴고 있다.

아무튼 시베리아와 동북아시아 여러 종족의 이주설이 학계의 정설이다. 그와 관련해서 앞에서 길게 설명한 이유를 짐작할 것이다. 덧붙일 것 없이 이들이 샤머니즘이 태어난 곳이며 자기들 고향의 신앙이었던 샤머니즘의 원형을 그대로 가지고 왔다는 것이다. 세 차례에 걸쳐 북아메리카에 도착했지만, 원형 샤머니즘의 숭배는 모두 같았다.

따라서 샤머니즘은 그들의 구심점이기도 했다. 세 차례가 시기적으로 차이가 크고 종족들도 달랐다. 종족마다 샤머니즘으로 단합했지만, 보다 넓은 영토를 차지하기 위해 종족들 사이에 경쟁이 치열했다. 종족들 사이에 죽고 살기의 전투가 계속됐다. 그러면서 여러 부족이 생겨났다. 조상은 같아도 부족은 다를 수 있다. 나바호족, 모히칸족, 아파치족 등 수십 개의 부족이 생겼다.

이들의 생업은 대부분 수렵, 즉 사냥이었다. 아메리카 대륙에는 대형동물인 매머드가 많았다고 한다. 그런데 이들의 사냥에서 가장 좋은 먹잇감이어서 몇 천 년이 흐르는 동안 멸종되고 말았다고 한다. 샤머니즘에서는 다양한 신을 숭배하고 모든 생명체에 정령이 있다고 믿는다. 아메리카 원주민도 동물들을 숭배했다. 사냥이 주업이었기에 더욱 그러했다.

그들은 곰, 까치, 여우, 독수리 등을 영물로 여기며 숭배했다고 한다. 곰이 자신의 최초의 조상이었다고 믿는 부족도 있었다. 그 때문에 곰을 숭배하며 절대 잡아먹지 않았다고 한다. 그뿐만 아니라 동물을 산 채로 포획해서 고기를 얻으려 할 때도 절대로 잔혹하게 죽이지 않았다고 한다. 포획한 동물에게 경의를 표하고, 고통 없이 죽도록 단숨에 급소를 찔렀다고 한다. 마을 입구에 서 있는 마을의 수호신상은 대부분 곰이나 까치 같은 동물상이라고 한다.

미국이 자랑하는 고대 유적으로 뉴멕시코주의 '클로비스 문화복합(Clovis Complex)'이 있다. 고대의 매머드 같은 대형동물 사냥의 흔적이 남아 있는 유적이다. 미국은 1만 5천 년 전에 형성됐다고 주장하지만, 학자들은 약 1만 2천 년 전에 형성된 것으로 보고 있다. 동물 뼈들과 그 당시의 원주민이 사용했던 긴 창 등의 유물이 있는데, 창의 촉은 매머드의 뼈로 만든 것이라고 한다. 원주민의 수렵문화를 보여주는 유적이다.

또한 뉴멕시코주에 있는 '차코 문화 국립역사공원(Chaco Culture Na-

클로비스 문화복합 유적에 전시된
동물 뼈

tional Historical Park)'은 1987년 유네스코 세계문화유산으로 등재된 10세기경 아메리카 원주민의 유적이다. 그랜드캐니언과 비슷한 이 유적지에는 원주민 유적지 13곳, 작은 집터 300곳이 있다. 푸에블로족의 거주지로 알려진 완벽하게 발굴된 가장 크고 넓은 집터에는 약 800개의 방과 32개의 지하 예배당이 있다. 10세기라는 연대로 보아 이 지하 예배당은 샤먼이 샤머니즘의 의례의식을 치르던 곳일 것이다.

수많은 원주민 부족마다 샤먼이 있었는데 샤먼이 치르는 의식 가운데 하나가 '기우제'(통칭 인디언 기우제)다. 미국 중남부에는 매우 건조한 사막지대가 있다. 그곳에 사는 원주민은 가뭄이 극심할 때 기우제를 지냈는데, 이 기우제가 유명해진 것은 샤먼이 주재하면서 비가 올 때까지 기우제를 계속했기 때문이다. 그러다 보면 마침내 언젠가는 비가 왔던 것이다.

콜럼버스가 상륙한 이래로 유럽의 열강이 앞다투어 아메리카 대륙을 정복하기 위해 원정대를 보냈다. 말이 원정대이지, 실제로는 병사들로 구성된 군대였다. 북아메리카는 영국과 프랑스가, 중앙아메리카와 남아메리카는 에스파냐와 포르투갈 등이 황금과 지하자원 등을 노리고 적극적으로 진출했다. 특히 에스파냐는 중남미는 물론 북아메리카의 남서부까지 침략했다.

그들은 원주민을 무자비하게 학살하고 닥치는 대로 황금과 유물 등을 약탈했다. 원주민은 창·칼·활과 같은 재래무기로 맞섰지만 총과 대포 등 신무기로 공격하는 유럽 열강을 막아낼 수 없었다. 대다수가 학살당하고 쫓기고 쫓기다가 외진 산골짜기 등으로 피신했지만 막다른 골목이었다. 현재의 미국은 그들 원주민에게 보호구역을 제공하고 나름대로 많은 지원을 하고 있다. 하지만 그 때문에 원주민은 나태하고 무력해졌다. 속된 말로 그냥 놀고먹는다. 할 일이 없는 원주민 젊은이들은 마약에 빠져 사회문제가 되고 있다.

이와 같은 원주민 보호정책은 어떻게 보면 그들의 삶에 대한 적극적인 간섭이기도 하다. 신앙도 마찬가지다. 노골적으로 기독교를 보급시켜 그들의 선조가 고향에서 가져와 계승돼 오던 샤머니즘과 전통문화가 크게 쇠퇴한 것이 사실이다.

중앙아메리카

중앙아메리카는 북아메리카와 남아메리카를 잇는 창자처럼 꾸불꾸불한 지역이다. 지리학적으로 멕시코에서 파나마 그리고 쿠바 등 카리브 제도를 포함해서 중앙아메리카라고 한다. 또한 지리적으로는 북아메리카에 가깝고 문화적으로는 남아메리카에 가깝다. 이들은 포르투갈어를 쓰는 브라질을 제외하면 대부분 에스파냐어를 사용한다.

1만여 년 전 이 지역에도 원주민이 있었다. 베링해를 건너 북아메리카를 거쳐 남하한 종족과 그들의 후손이었다. 그들이 선조들이 고향에서 가져온 샤머니즘을 신봉했다는 것은 설명할 필요가 없다. 세월을 두고 수많은 부족으로 분화됐지만 부족을 이끄는 우두머리는 대부분 샤먼이었으며 사냥으로 살아가는 고달픈 삶을 샤머니즘의 의례·의식에서 위안을 받았다.

기원전 4500년경에는 그들에게 농사가 보급됐고 기원전 2000년경에는 농경사회가 확립됐다고 한다. 농경사회가 가장 두려워하는 것은 자

풍요와 비의 신,
틀락록

연재해다. 가뭄, 홍수, 태풍, 지진, 화산 폭발 같은 자연재해에는 속수무책이기 때문이다. 특히 가뭄이 심한 멕시코 중부에 자리 잡은 나우아족의 최고 신은 '틀랄록(Tlaloc)'이라는 풍요의 신이자 비의 신(雨神)이었으며 농사를 관장하는 신이었다. 샤머니즘에서 동식물 등 모든 생명체에는 정령이 있다고 믿었듯이, 틀랄록 신은 원래 맹수 재규어였는데 나중에 날개 달린 뱀으로 변신했다.

틀랄록은 그들의 말로 '땅과 땅 위의 그 무엇'을 뜻한다고 한다. 짐작건대 '그 무엇'은 온갖 생명체의 정령을 의미하는 것 같다. 그들은 틀랄록은 틀랄록산에 산다고 믿었다. 그에 따라 산 중턱에 신전을 짓고 정기적으로 샤먼의 주재 아래 틀랄록을 숭배하는 의식을 치렀다.

의식은 엄숙하고 진지했다. 특히 신에게 바치는 제물이 그러했다. 정령이 깃들어 있다는 갖가지 꽃을 바친 것까지는 이해할 수 있지만, 인신공양 즉 산 사람을 제물로 바쳤던 것이 끔찍하다. 의식을 치를 때마다 인신공양을 했는데 어린아이 7명이었다. 아이를 죽여 심장을 바치는 것이다. 제물로 뽑힌 어린아이들은 산 중턱의 제단으로 걸어가면서 눈물을 흘렸다. 곧 죽게 될 것을 알고 있기 때문이다. 하지만 의식에 참여한 사람들은 아이들이 눈물을 많이 흘릴수록 비가 많이 내릴 것이라고 기뻐했다는 것이다.

원래 샤머니즘에서는 곡식이나 고기를 제물로 바치는데 인신공양까지 했던 것은 거친 자연환경에서 살아오면서 자연의 도움이 그만큼 절실했거나 심성이 거칠어지고 점점 포악해진 탓이 아닐까 추측해 볼 수 있다.

그런가 하면 마야족 등은 기원전 3000~2000년경 이 지역에서 '마야 문명'을 이룩했다. 피라미드 등 경이적인 석조 기념물들을 건설했으며 오늘날처럼 일 년을 365일로 하는 달력도 만들었으며 상형문자도 있었다. 인류의 역사에서 손꼽을 빼어난 문명이었다.

그런데 10세기경부터 이 지역에 북아메리카, 지금의 미국 남부에 살았던 나바호족, 푸에블로족, 아나사지족, 아파치족, 치치멕족 등이 이동해 오기 시작했다. 같은 원주민이지만 멕시코에 거주하던 나우아족이나 톨텍족 등과는 다른 종족이었다. 영역을 차지하기 위한 충돌과 분쟁은 불을 보듯이 뻔했다.

특히 치치멕족은 매우 거칠고 호전적이었다. 온몸에 색칠을 하고 새의 깃털로 치장한 그들은 농사를 짓는 것이 아니라 수렵을 하는 종족이었다. 그들은 "이곳의 모든 것은 우리 것이다", "피에 굶주린 신들을 숭배하라" 등의 기치를 내걸고 주변의 부족들을 마구 침략해서 남성과 가축을 잔혹하게 죽이고 여성은 노예로 삼았다. 워낙 호전적이고 용맹해서 당해낼 부족이 없었다. 그들은 지금의 멕시코 일대의 가장 큰 세력이었던 톨텍족 등을 물리치고 거의 전역을 장악했다.

멕시코 일대의 아스테카 문명은 아즈텍족을 중심으로 이룩한 문명이다. 아즈텍족은 치치멕족의 최대 분파였다. 이들은 그곳에 남아 있는 마야족, 멕시카족 등을 합쳐 흔히 아즈텍인이라고 부른다. 이들이 아스테카 문명을 이룩한 것이다. 원주민이 이룩한 마지막 고대 문명이었다. 그뿐만 아니라 그들은 아스테카 제국을 세웠다. 중앙아시아 일대에서 최대의 제국이었다.

아스테카 제국은 샤머니즘의 원형을 선조들로부터 물려받아 여러 신을 믿었다. 그 가운데서도 불멸의 태양신을 최고의 신으로 숭배했다.

태양신은 네 번 세상을 만들고 멸망했으며 자신들은 다섯 번째로 태양신이 만든 세상이라며 새 시대의 주인임을 자처했다. 아스테카 제국은 샤먼이 주재하는 태양숭배 의식에 철저했는데, 그때마다 살아 있는 사람을 제물로 바쳤다. 제물로 바친 살아 있는 사람은 순결한 처녀이거나 범죄자였다. 의식을 자주 가졌기에 제물이 모자랄 정도였다. 나중에는 다른 부족들과 끊임없는 전쟁을 벌여 포로들을 제물로 바쳤다.

그들은 살아 있는 사람의 뜨거운 피와 심장을 태양신에게 바쳐야 태양이 사라지고 우주가 멸망하는 것을 막을 수 있다고 생각했다. 그들이 태양신을 숭배하기 위해 지속적으로 거대한 신전(사원)을 지었던 것이 아스테카 문명에 크게 기여한 것이다. 그들은 자신의 수호신인 태양신을 숭배하는 신전을 짓는 조건으로 정복한 다른 부족들의 고유한 토속신앙, 즉 샤머니즘을 인정하기도 했다고 한다. 하지만 1519년 에스파냐의 원정대와 아스테카 제국이 전쟁을 벌일 때 주변의 다른 종족은 아스테카를 전혀 도와주지 않았다고 한다. 왜냐하면 자기 부족의 포로들을 제물로 바쳐 너무 많이 죽였기 때문이었다.

콜럼버스가 처음 도착한 곳은 중앙아메리카의 카리브해, 수백 개의 크고 작은 섬으로 이루어진 바하마 제도의 산살바도르섬이었다. 지리적으로는 미국과 가깝지만 카리브해의 국가들은 중앙아메리카에 포함된다. 콜럼버스는 원래 이탈리아인이지만 에스파냐 여왕의 지원으로 항해했고 아메리카 대륙에 도착했기 때문에 에스파냐는 이곳에 절대적인 영향력을 가졌다. 그 후 몇 차례 더 이 지역을 탐사한 에스파냐는 1510년 지금의 파나마 지역에 최초의 유럽인 정착촌을 세웠다. 아메리카 대륙을 차지할 근거지를 마련한 것이다.

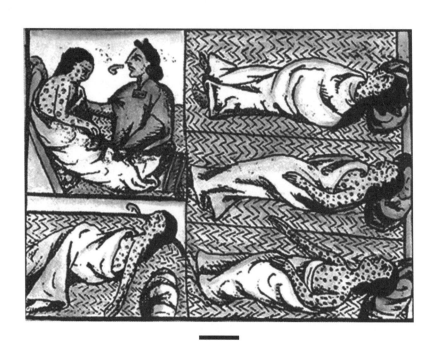

천연두에 감염된 아메리카 원주민.
16세기 에스파냐의 선교사가 그린 삽화.

이 지역 일대는 거대한 아스테카 제국의 영토였다. 에스파냐는 불과 600여 명의 병사로 아스테카 제국과 맞서 적극적으로 공격했다. 수적으로는 싸움이 되지 않았다. 아스테카 제국의 인구는 약 500만 명에 가까웠다. 그러나 아즈텍족은 총과 대포 등 신무기로 공격하는 에스파냐 군대에 맥없이 쓰러졌다.

아즈텍족은 제대로 대항하지도 못하고 궁지에 몰렸다. 그런데 에스파냐 군대가 아스테카 제국의 신전과 신상을 파괴하고 샤먼들까지 죽이자 더 이상 참지 못하고 죽음을 무릅쓰고 대규모 폭동을 일으켜 노골적으로 분노를 표출하기도 했다. 아즈텍족이 샤머니즘에 대한 신앙심이 얼마나 깊었는지를 말해주는 대목이기도 하다.

하지만 결과적으로 아스테카 제국은 그들에게 완전히 패해 멸망했다. 용맹한 원주민이었지만 어쩔 수 없었다. 너무 쉽게 패망한 원인을 두고 군사적인 요인도 있지만 치명적인 요인은 전염병 때문이라고 지적하는 학자들이 많다. 에스파냐인이 원주민에게 천연두를 옮겼다는 것이다. 천연두는 바이러스에 의한 급성전염병으로 유럽인은 면역력을 지니고 있었지만, 원주민에게는 전혀 경험하지 못한 무서운 전염병이었다. 면역력이 없어서 걸렸다 하면 원인을 알지 못한 채 죽어야 했으며 전염성이 빨라 삽시간에 원주민을 휩쓸었다.

아스테카 제국이 무너지자 아메리카 대륙 어디에도 유럽의 열강을 막아낼 세력이 없었다. 북아메리카는 영국과 프랑스 등이 차지했으며, 북아메리카 일부와 중앙아메리카·남아메리카는 포르투갈이 브라질을 차지한 것을 제외하면 대부분 선두주자인 에스파냐가 차지했다. 그에 따라 아메리카 대륙은 유럽인에게 황금의 땅, 기회의 땅이 됐다. 수없이 많은 유럽인이 밀려들어 오늘날, 유럽이나 다름없는 국가들이 됐다. 원주민은 그들에게 밀려 변두리 지역이나 고산지대로 쫓겨 가야 했다.

하지만 원주민은 조상 대대로 계승돼 온 토속신앙과 샤머니즘을 버리지 않았다. 유럽인에게 쫓겨 외진 지역에서 자신들만의 공동체를 형성했기 때문에 오히려 샤머니즘을 지킬 수 있었다. 그들의 공동체에서는 변함없이 샤먼이 있어서 병 치료도 하고, 공동체의 안전과 안녕을 빌고 샤머니즘 의례의식을 주관했다.

남아메리카

남아메리카와 중앙아메리카를 합쳐 '라틴아메리카'라고도 한다. 미국과 캐나다 등의 북아메리카는 영어를 사용하므로 '앵글로아메리카'라고도 하는 것에 비유해 에스파냐어와 포르투갈어 등 라틴어 계통의 언어를 쓰는 중남미를 라틴아메리카라고 하는 것이다. 또 중남미 사람들을 가리켜 '히스패닉(Hispanic)'이라고 한다. 이것 역시 미국에서 인종이나 국적과 상관없이 에스파냐어와 포르투갈어를 사용하는 사람을 일컫는 말이다. 또한 중남미 사람들을 가리키는 말 가운데 '메스티소(Mestizo)'라는 말이 있다. 대체로 중남미의 원주민과 유럽에서 이주한 백인의 혼혈을 가리킨다. 때로는 원주민과 흑인의 혼혈도 메스티소라고 한다. 남아메리카를 이해하는 데 중요한 인종이다.

남아메리카는 지구상에서 인류가 가장 늦게 정착한 대륙이다. 약 100만 년 전 호모에렉투스가 아프리카를 떠나 지구 전역으로 이동했지만 아메리카 대륙에는 가지 못했다. 이어서 약 6만~7만 년 전 현생인류인 호모사피엔스가 아프리카를 떠나 약 1만 2천~1만 3천 년 전에 베링해를 건너 아메리카 대륙에 진출했다. 그들 일부는 북아메리카에 진출했고, 또 일부는 남하를 계속해서 중앙아시아를 거쳐 약 1만 년 전에 남아메리카 대륙까지 진출했다. 그러고도 남아메리카 대륙 최남단까지 내려가 정착하는 데 약 5천 년이 걸렸다고 한다. 다시 말하면 남아메리카의 역사는 길어야 약 1만 년에서 5천 년에 불과하며 원주민은 역시 시베리아와 북아시아에서 건너간 북방의 아시아계 종족이라는 것이다. 더욱이 16세기 에스파냐 등 유럽 열강의 침입이 본격화되기 전까지는 오직 그들만의 세상이었다.

남아메리카는 해발고도가 높은 대륙이다. 높이가 6천 미터 이상인 봉우리가 100여 개에 이르는 세계에서 가장 긴 산맥인 안데스산맥이 있어서 고지대가 많고 티티카카라는 세계에서 가장 높은 곳의 호수도 있다. 그런가 하면 볼리비아의 수도 라파스는 3,600미터 고지에 있는 세계에서 가장 높은 곳에 있는 도시다. 또한 세계에서 가장 넓은 열대우림인 아마존이 있으며, 금, 은, 동, 주석, 석유 등 지하자원이 매우 풍부한 대륙이기도 하다.

원주민이 남아메리카까지 진출하는 데 오랜 세월이 걸렸기 때문에 여러 갈래로 분화돼 남아메리카에는 수많은 부족이 있었다. 그들은 지역의 자연환경에 따라 수렵을 하기도 하고 농경을 하기도 했다. 그러나 가장 큰 공통점은 조상들에게서 계승된 원형의 샤머니즘을 신봉하는 것이었다.

당연히 부족마다 샤먼이 있었으며 부족의 수장으로서 공동체를 이끌었다. 그들은 드넓은 영토에 흩어져 살았기에 부족의 정체성과 단결을 지키는 것이 무엇보다 중요했다. 그를 위해 샤먼은 매우 진지하고 엄숙한 의례의식을 쉴 새 없이 거행하며 신과 정령에게 부족의 안녕을 기원했다. 신에게 바치는 제물로 선조들의 선례에 따라 인신을 공양하는 부족도 있었다. 부족 안의 환자는 샤먼이 치료했다. 오랜 세월 동안에 혈통도 많이 바뀌고 갈라져 다른 부족이 됐는가 하면, 원형의 샤머니즘에도 많은 변화가 있었다. 그래도 샤머니즘을 제대로 보존하고 계승했다.

원주민 부족은 안데스산맥의 고지와 계곡에 가장 많이 거주했다. 다행히 부족들 사이에 큰 충돌 없이 생업에 충실해서 '안데스 문명'이라는 복합문화를 이룩했다. 문명이라고 하지만 거창한 것이 아니라 도자기 제조, 옷감을 만드는 직조, 옥수수 재배 등 영농기술을 크게 발전시킨 것이다. 그래서 복합문화라는 표현을 쓴다.

하지만 한 가지 기억할 만한 것이 있다. '나스카 라인(Nazca Lines)'이

나스카 라인의 벌새 문양과 거미 문양

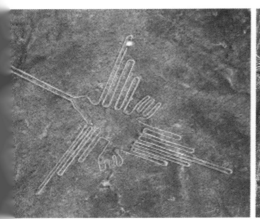

다. 페루 남부 나스카의 북쪽 자갈로 된 사막 평원에 그려진 거대한 동물 형태와 기하학적 형태로 된 그림이다. 전체적으로 수백 개가 되며 큰 그림은 한쪽 줄(line)의 길이가 수백 미터에 이르는 것들도 있어서 지상에서는 그림 전체의 모양을 파악하기도 어렵다. 그로 인해 1939년에야 항공기가 운항 중에 우연히 전체적인 모습을 발견했다.

이처럼 사람이 만들었다고 믿기 어려운 나스카 지상화는 외계인의 지구 기지라는 설 등의 온갖 추측이 난무하는 세계의 불가사의 중 하나였다. 1994년에는 유네스코 세계문화유산으로 등재됐다. 이 미스터리를 해결하기 위해 수많은 학자가 연구에 집중한 결과 천문학적인 목적도 있지만 비와 다산을 기원하는 종교적 의례 가운데 하나라는 견해를 밝혔다. 무척 건조한 지역이어서 물이 부족하기 때문에 비가 오기 바라는 기원과 농사의 풍요와 다산을 기원하는 의식이었다는 것이다. 거대한 그림 가운데 거미와 벌새의 그림이 있는데 거미는 비를 상징하고 벌새는 다산을 상징한다는 것이다. 동식물 등 모든 생명체에 정령이 있다는 샤머니즘과 상통하는 이야기다.

안데스산맥의 고지대와 계곡에 사는 원주민 가운데 잉카족도 있었다. 비교적 규모가 큰 부족으로 지금의 페루 쿠스코 인근에서 기원한 부족이다. 쿠스코는 안데스산맥의 3,700미터가 넘는 고원에 있는 도시다. 잉카족은 주변의 여러 부족을 합쳐서 쿠스코를 수도로 정하고 잉카 제국을 세웠다. 그리고 인류의 손꼽히는 문명인 '잉카 문명'을 이룩했으니 그야말로 대단한 부족이다.

16세기 초에 이룩한 잉카 문명은 청동기문화에 속한다. 다른 지역들은 이미 철기문화가 절정이었다. 잉카 문명은 비록 다른 지역에 비해 2

천 년 이상 뒤에 형성된 청동기문화였지만, 문화·예술 등에서는 뛰어난 문명이었다. 그들의 청동기 예술품은 지금도 높은 평가를 받고 있다. 또한 그들은 석조기술이 뛰어나서 금속으로 된 도구를 전혀 사용하지 않고서도 신전이나 궁전 같은 거대한 석조물을 돌과 돌 사이에 조금도 빈틈없이 축조했다.

잉카 제국은 건국 후 한동안 조용했지만 4대 왕조에 이른 1438년부터 주변의 종족을 닥치는 대로 공격하고 학살하기 시작했다. 세력이 막강해서 그들을 당해낼 부족이 없었다. 몇 년 걸리지 않아 페루를 비롯한 남아메리카 북부와 중앙아메리카 에콰도르까지 정복하고 남쪽으로도 칠레 중부까지도 정복지를 늘려나갔다. 그들은 건설기술도 뛰어나서 쿠스코부터 정복지들을 잇는 도로망도 건설했다.

또한 어느 부족을 정복하면 부족민을 여러 곳으로 강제 이주시켜 조직적으로 반란을 일으키는 것을 막았다. 그뿐만 아니라 잉카 제국의 최고의 신인 태양신을 믿도록 강요했다. 잉카족도 당연히 조상들로부터 계승된 샤머니즘을 신봉했다. 그들에게는 창조신도 있고, 건조한 지역이어서 비의 신도 있었으며, 모든 생명체에 정령이 있다고 믿었지만, 태양신을 최고의 신으로 숭배했다.

태양은 저녁에 지더라도 아침이면 반드시 떠오르는 불멸의 존재로 우주의 신이었기에 잉카족은 강력하게 태양신을 숭배했다. 하지만 잉카 제국에 복속된 다른 부족들에게 태양신의 숭배를 강요하면서도 그들의 샤머니즘을 허용했다. 왜냐하면 자신도 샤머니즘을 믿었고, 샤머니즘은 모든 부족의 정신적 뿌리이며 생활의 방식이었기 때문이다.

잉카 제국은 태양신을 위한 제례를 거창하게 거행했다. 이 국가적 행사는 샤먼이 주재했으며 제물로 산 사람을 바쳤다. 산 사람의 심장을 꺼내 피를 뿌려야 태양이 영원히 지지 않고 다시 떠오른다고 믿었다. 살아 있는 사람을 제물로 바치는 바람에 아주 많은 사람이 희생됐다. 그들은 샤먼을 존중했지만 두 종류로 구분했다. 국가가 주도하는 태양신 숭배의식이나 기우제 같은 공동체 의식은 큰 샤먼이 주재하고, 질병 치료나 점술 같은 개인적 의식은 작은 샤먼이 맡았다.

전성기에 잉카 제국의 인구는 약 1,200만 명에 달했다고 한다. 콜럼버스가 아메리카 대륙에 도착할 당시 대륙 전체의 인구가 2천만 명에서 3천만 명일 것으로 추정한다. 그렇게 보면 잉카 제국이 얼마나 넓은 영토를 차지했는지 충분히 짐작이 간다. 그러나 잉카 제국의 운명은 에스파냐 군대가 남아메리카 대륙을 침략하면서 멸망의 길에 들어섰다. 콜럼버스가 아메리카 대륙에 도착한 후 유럽에서는 중대한 합의가 있었다.

가톨릭 교황까지 참여한 이 합의에서 에스파냐와 포르투갈이 남아메리카에 대한 독점권을 갖게 됐다. 가톨릭이 두 나라에 독점권을 준 것은 가톨릭 국가인 두 나라가 남아메리카를 식민지로 개척하면 가톨릭을 전파할 수 있었기 때문이다. 그러한 합의에 따라 포르투갈은 남아메리카의 절반을 차지하는 브라질을 식민지로 만들 수 있었으며, 에스파냐는 그 이외의 전 지역으로 진출할 수 있었다.

에스파냐 군대가 잉카 제국을 침입한 것은 1532년이었다. 콜럼버스가 아메리카 대륙에 도착한 지 꼭 40년 만이다. 에스파냐의 총과 대포 등 신무기 앞에 속수무책이었고, 잉카 제국이 잘 닦아 놓은 사통팔달의 도로망은 안타깝게도 에스파냐 군대의 신속한 이동에 큰 도움을 주었다. 또한 에스파냐 군대가 옮긴 천연두가 창궐해서 잉카 제국의 왕까지 전염병으로 목숨을 잃었다.

에스파냐 군대는 어렵지 않게 잉카 제국의 수도까지 점령했다. 잉카의 왕과 대면하기 위해 에스파냐 군대의 총지휘관이 궁전에 다다랐을 때 그는 놀라지 않을 수 없었다. 잉카의 궁전이 온통 황금으로 장식돼 있었기 때문이다. 자신들이 노리는 황금이 그렇게 많은 것을 보고 총지휘관은 잉카 제국의 왕에게 살고 싶으면 나라의 황금을 몽땅 가져오라고 요구했다. 그들의 요구를 거절하면 왕은 당장 그들에게 죽임을 당할 상황이었다. 잉카의 왕은 그들의 요구를 받아들였다고 한다.

하지만 막대한 황금을 차지한 에스파냐 군대는 약속을 지키지 않았다. 잉카 왕에게 죽기 전에 가톨릭 세례를 받으면 화형에 처하지 않고 교수형에 처하겠다고 했다. 어쩔 수 없이 잉카 왕은 가톨릭 세례를 받았다. 그리고 교수형을 당했다고 한다. 왕이 억지로 세례를 받고 교수형을 선택한 것에는 나름대로 이유가 있었다. 잉카는 태양신을 숭배하기 때문에 시신이 온전하면 태양이 저물어도 다시 떠오르듯 영혼이 영원히 살아 있을 것으로 믿었기 때문이다. 역시 잉카족을 지배해온 샤머니즘을 신뢰한 것이다. 잉카 제국은 그렇게 에스파냐 군대에 의해 멸망했다.

오래 걸리지 않아 브라질을 제외한 남아메리카의 거의 전역을 차지하고 식민지로 만든 에스파냐는 원주민에게 가톨릭을 강요했다. 원주민은 죽임을 당하지 않으려고 억지로 가톨릭을 믿었다. 그렇지 않은 부족은 안데스산맥의 고지대와 더욱 깊은 곳으로 숨어들었다. 다만 한 가지, 에스파냐는 원주민에게 가톨릭을 믿도록 강요했지만 그들의 전통적인 토속신앙인 샤머니즘을 박해하거나 탄압하지는 않았다. 가톨릭은 하느님만을 믿는 유일신의 종교다. 샤머니즘처럼 여러 신이나 하느님을 믿지 않고 다른 신을 믿으면 우상 숭배로 배척한다. 그런데 샤머니즘을 수용하다니 어쩐 일인가? 그럴 만한 이유가 있었다.

기독교에는 모세의 '십계명(十誡命)'이라는 반드시 지켜야 할 계율이 있다. 그 두 번째가 간단히 말해서 '우상을 숭배하지 말라'다. "너는 위로 하늘에 있는 것이든, 아래로 땅 위에 있는 것이든, 땅 아래로 물속에 있는 것이든, 그 모습을 본뜬 어떤 신상도 만들어서는 안 된다. 너는 그것들에게 경배하거나 그것들을 섬기지 못한다." 이것이 두 번째 항목의 전체 내용이다.

자세히 소개한 이유는 그 내용을 보면 한마디로 샤머니즘을 믿어서는 안 된다고 해도 과언이 아니기 때문이다. 물론 꼭 샤머니즘을 겨냥해서 이런 항목이 십계명에 들어간 것은 아니지만, 결과적으로 그렇다는 말이다. 그뿐만 아니라 십계명이 만들어진 당시에 샤머니즘이 만연했다는 것을 간접적으로 말해준다.

그런데 이 항목에 대해 여러 논란이 있었으며, 5세기에 기독교는 이 항목을 삭제했다. 짐작건대, 우상을 숭배하지 말라는 항목이 있으면 샤머니즘이 만연한 시대에 기독교의 전파가 어렵기 때문일 것으로 생각된다. 중세에 이르러 종교개혁이 일어나고 기독교는 가톨릭과 개신교로 갈라졌다. 하지만 가톨릭은 그대로 우상 숭배가 삭제된 십계명을 지켰고, 개신교는 삭제한 것을 다시 복구했다. 가톨릭은 십계명이 아니라 9계명이 되니까, 다른 항목을 둘로 나눠 십계명이 되게 했다. 따라서 지금도 가톨릭과 개신교는 십계명에 서로 차이가 있다.

아무튼 남아메리카를 식민지화한 에스파냐는 원주민에게 에스파냐어의 사용과 가톨릭 신앙을 강요했다. 원주민은 지배자의 강요에 따를 수밖에 없었다. 하지만 거기에는 샤머니즘을 묵시적으로 수용한 가톨릭의 전략이 크게 작용했다. 그리하여 남아메리카에서는 가톨릭과 샤머니즘이 뒤섞여 겉은 가톨릭이지만 속으로 샤머니즘은 살아남았다. 원주민은 가톨릭을 믿는다면서도 거리낌 없이 자연숭배와 조상숭배 의식을 가졌다.

남아메리카가 에스파냐와 포르투갈의 식민지가 되자 에스파냐인을 비롯한 수많은 유럽인이 새로운 기회를 찾아 밀려들었다. 아시아인도, 태평양의 폴리네시아인도 밀려왔고, 백인의 필요에 따라 수많은 흑인 노예도 팔려 왔다. 어쩔 수 없이 그들 사이에 혼혈이 생겨났다. 그렇게 태어난 세대가 '메스티소'다. 현재 메스티소는 남아메리카 인구의 절반 이상을 차지한다. 이렇게 남아메리카는 다인종·다민족 국가가 됐다.

순수한 원주민은 안데스산맥의 고지대와 골짜기로 밀려났지만 여전히 조상들을 숭배하며 그들에게서 물려받은 샤머니즘을 신봉하고 있다. 지금의 남아메리카는 절대다수가 가톨릭을 믿는 가톨릭 국가지만 메스티소 등은 겉으로는 가톨릭 신도면서 실생활에는 샤머니즘의 생활 방식을 버리지 않고 있다. 아프리카인이나 흑인 노예의 후손 가운데는 그들의 전통 종교인 부두교를 신봉하는 사람도 많다.

남아메리카의 약 절반을 차지하는 브라질과 아마존의 원시부족을 빼놓을 수는 없다. 브라질은 남아메리카에서 포르투갈어를 사용하는 유일한 나라다. 16세기 초 포르투갈 해군이 이 지역에 처음으로 들어와 식민지로 삼기 전까지 브라질에 대해서는 잘 알려진 것이 없다.

이미 밝혔듯이, 아메리카 대륙으로 건너온 시베리아와 북아시아의 종족들은 꾸준히 남쪽으로 내려갔다. 초기의 현생인류가 수렵·채집으로 생활했던 것처럼 수천 년에 걸쳐 조금씩 남쪽으로 내려갔다. 잠시 정착하고 사냥감이 많은 곳을 찾아 자꾸 남쪽으로 내려가 마침내 남아메리카까지 이동했다. 그러다 그들은 더없이 좋은 자연환경을 찾아냈다. 바로 아마존강 유역이었다. 큰 강물이 흘러 먹을 물이 충분했고 물고기를 얼마든지 잡을 수 있었다. 더구나 그 일대가 울창한 밀림, 즉 아마존 정글이었다. 사냥감은 물론 먹을 수 있는 열매나 식물의 채집도 부족함이 없었다. 근래에 와서 학자들이 밝혀냈지만 그 당시 아마존 일대의 환경은 지금보다 훨씬 풍요로웠다고 한다.

아마존강은 6,600여 킬로미터(자료에 따라 7,000여 킬로미터)에 달하는 세계에서 가장 긴 강이다. 지류만 하더라도 1천 개가 넘어 사실 정확한 측정이 거의 불가능하다. 페루의 안데스산맥에서 발원해서 대서양으로 흘러가기 때문에 여러 나라를 거친다. 얼핏 브라질의 강 같지만 페루, 콜롬비아, 볼리비아, 에콰도르, 베네수엘라 등을 거친다.

이 길고 복잡한 강을 '아마존(Amazon)'이라고 부르는 것은 에스파냐 원정대가 처음 그곳에 들어섰을 때 용맹한 원주민 여전사들에게 활과 창으로 공격받았기 때문이라고 한다. 에스파냐 원정대는 그리스 신화에 나오는 여전사 부족 '아마조네스'를 떠올리고 그 일대에 아마존이라는 이름을 붙였다는 것이다.

지구의 산소량의 약 30%를 공급해서 '세계의 허파'라고도 부르는 아마존에 자리 잡은 부족들은 주로 아마존강 유역에 터전을 마련하고 별다른 불편 없이 만족스러운 생활을 했다. 생활이 풍요로워 여유가 있어서 나름의 문화와 문명을 창조하기도 했다. 절대로 지금처럼 문명이 뒤떨어진 지역이 아니었다.

더욱이 원주민 부족들은 풍요로운 생활이 지속되기를 하늘에 빌었다. 그들의 원천적인 신앙이 샤머니즘이었기에 부족마다 샤먼이 있었다. 샤먼은 부족 공동체의 의례를 주재하고, 부족의 미래를 점치고 예언하기도 하고, 환자들을 치료했다. 정글이어서 사냥하다가 또는 맹수의 공격을 받아 다치거나 해충에게 물리는 등의 사고와 풍토병이 많았다. 샤먼은 정글에 풍부한 환각성 식물을 이용해서 환자를 치료했다.

또한 샤먼이 신과 소통하고 접신하는 의식, 신내림 의식 등 엑스터시의 환각 상태는 부족이 샤먼을 신뢰하고 존경할 수밖에 없는 최고의 의식이었으며 부족에게 큰 용기를 주었다. 정글이 워낙 드넓고 아마존강도 더할 수 없이 길 뿐만 아니라 지류가 많아서 부족들이 곳곳에 흩어져 살았으므로 다른 부족과 충돌하는 일도 별로 없었다.

그러나 사냥하다가 우연히 다른 부족과 충돌하거나 개인적으로 마주쳐 시비가 벌어지면 부족 사이의 큰 싸움으로 번졌다. 어쩌다 다른 부족에게 영역을 침범당해도 마찬가지였다. 싸움이 벌어졌다 하면 사생결단, 즉 죽기 살기로 격렬하게 싸웠다. 무기는 칼과 창과 활이었다. 전투에서 승리하면 패배한 부족의 시신들을 수습해 공동체 의식이나 조상숭배 의식에 제물로 바쳤다. 그리고 그 시신들을 먹었다. 그들에게 식인풍습도 있었던 것이다.

하지만 아마존 일대도 16세기 브라질을 식민지로 만든 포르투갈 군대의 침략을 피할 수 없었다. 원주민을 잔혹하게 학살했고 아이들과 여성은 노예로 삼았다. 아마존의 부족들은 뿔뿔이 흩어져 정글의 더욱

브라질의 열대우림에 사는 원주민은 샤먼을
'파제(Pajé, Pagé)'라고 부른다. 그들은 영적 세계와 소통하고
제례를 주관하고 병자를 치유한다.

깊숙한 곳으로 숨었다.

그 뒤 브라질에도 다른 남아메리카 지역과 마찬가지로 유럽의 백인이 대량으로 이주해 왔다. 브라질은 사탕수수를 이용한 설탕 수출이 호황을 맞았다. 주로 원주민을 사탕수수밭의 값싼 노동자로 이용했지만 그 인원이 부족해지자 많은 흑인 노예를 사들였다. 그 때문에 혼혈인 메스티소가 더욱 늘어났다.

브라질에서도 예외 없이 원주민에게 가톨릭 신앙을 강요했다. 그에 따라 가톨릭과 전통적인 샤머니즘이 융합해서 가톨릭이나 샤머니즘이나 모두 크게 변했다. 현재 브라질 인구는 약 2억 1천만 명으로 세계에서 여섯 번째로 인구가 많다. 그 가운데 메스티소, 즉 원주민과의 혼혈이 약 40%나 된다. 순수한 원주민은 1%도 안 된다고 한다.

더욱 깊은 정글로 숨어든 아마존의 부족들은 예전과 다름없이 문명과 동떨어진 원시생활을 하고 있다. 비교적 접근이 쉬운 아마존강 연안의 몇몇 부족은 관광상품이 돼서 관광객을 상대로 생계를 유지하지만, 대부분은 조상 대대로 살아온 방식을 고수하며 샤머니즘을 철저하게 유지하고 있다. 대다수가 수십 명 단위의 소규모 부족으로 쪼개지고 흩어져 살기 때문에 부족수가 얼마나 되는지 정확히 파악하기도 힘들다.

오세아니아

오세아니아는 태평양에 있는 무려 1만여 개의 크고 작은 섬과 대륙으로 이루어져 있으며, 오스트레일리아와 뉴질랜드를 비롯한 14개국이 있다. 오세아니아(Oceania)는 Ocean 즉 큰 바다, 넓은 바다라는 뜻이다. 그에 따라 한자문화권에서는 대양주(大洋洲)라고도 한다.

드넓은 태평양의 한복판에 이스터섬이 외롭게 떠 있다. 모아이(Moai) 석상으로 잘 알려진 이 섬은 남아메리카의 칠레에서 서북쪽으로 무려 3,600킬로미터나 떨어져 있지만 칠레의 영토다. 남아메리카의 에콰도르에서 서쪽으로 1,000킬로미터 떨어진 곳에 갈라파고스섬이 있다. 찰스 다윈이 진화론의 근거를 얻은 곳으로 유명한 이 섬은 에콰도르 영토다. 그런데도 오세아니아에 포함된다.

오세아니아는 크게 오스트레일리아와 뉴질랜드, 폴리네시아, 멜라네시아, 미크로네시아 등의 네 지역으로 구성되어 있다. '~네시아(nesia)'는 여러 개의 섬으로 이루어진 제도(諸島)라는 뜻이다.

오세아니아 원주민은 물론 백인은 아니고, 피부는 옅은 갈색으로 흑인종에 가깝지만 흑인도 아니며, 노란 머리와 곱슬머리가 많은 것을 보면 황인종도 아닌 독특한 종족이다. 그들의 대다수는 어떤 경로로든 아시아 대륙에서 건너갔다는 것이 일반적인 견해지만 인류학적으로 연구해 볼 가치가 많은 종족이다.

오세아니아를 대표하는 오스트레일리아 그리고 조금 북쪽에 있는 섬 뉴기니에는 동남아시아의 여러 종족이 배를 타고 건넜다는 학설이 있으며, 인도네시아 원주민이 해난사고를 당해 우연히 도착했다는 견해도 있다. 하지만 『총·균·쇠』를 쓴 재레드 다이아몬드의 견해는 다르다.

그는 동남아시아나 인도네시아에서 우연히 건너간 사람들이 원주민이 된 것이 아니라 이미 3만~4만 년 전에 원주민이 살고 있었다고 주장한다. 그 증거로 오스트레일리아, 뉴기니 등에는 대형동물이 없다는 것을 지적했다. 원주민이 대형동물을 먹거리로 잡아먹었기 때문에 멸종했다는 것이다. 그 때문에 오스트레일리아나 뉴기니에는 가축화할 동물이 없다고 했다. 약 7천 년 전까지 오스트레일리아와 뉴기니섬은 서로 붙은 하나의 대륙이었다고 한다.

재레드 다이아몬드의 견해가 상당한 설득력을 얻고 있다. 인류학적으로 살펴보면 아프리카를 떠난 현생인류의 한 갈래가 동남아시아 해안을 따라 이동을 계속했다. 그들 대다수가 동남아시아에 정착했지만, 한동안 머물다가 이동하는 생활을 반복한 일부 무리가 3만~4만 년 전 오스트레일리아 대륙까지 이동했다. 그 당시에는 말레이반도~인도네시아~오스트레일리아가 육지로 연결돼 있었을 것으로 추측한다. 설령 서로 떨어져 있었더라도 거리가 짧아서 오스트레일리아까지 이동하는 데는 큰 어려움이 없었을 것으로 보고 있다.

오랜 세월에 걸쳐 이렇게 이동한 부족이 아주 많았다. 유럽인이 이 지역에 진출해서 살펴본 자료에 따르면, 약 250개의 서로 다른 언어가 있었다고 하니까 적지 않은 부족이 이동했던 것 같다. 이들이 오스트레일리아 원주민이다. 오스트레일리아의 수많은 원주민 부족을 다 합쳐 '애버리지니(Aborigines)'라고 부른다.

그러나 오스트레일리아 원주민에 대한 기록은 별로 없다. 17세기에 에스파냐와 네델란드 등의 탐험가들이 이 지역에 찾아들고 18세기에 영국이 오스트레일리아를 식민지화하기 전까지 오세아니아는 유럽인에게는 미지의 대륙이었기 때문이다.

유럽 열강이 아메리카 대륙을 인도로 착각했던 것처럼 오스트레일리아 북쪽의 큰 섬을 발견하고 이름을 뉴기니(New Guinea)라고 붙였다. 원주민의 피부가 검고 아프리카인을 닮아 아프리카의 서쪽에 있는 '기니'와 비슷해서 뉴기니라는 이름을 붙인 것이다.

하지만 애버리지니의 창세 신화는 전해지고 있다. 대략 간추려 보면 다음과 같은 내용이다. 태초에 많은 신이 하늘을 떠돌아다녔다. 그러다가 이 신들이 하늘에서 내려오자 바다가 생기고, 땅이 생기고, 자연이 만들어지고, 그것에 생기를 불어넣자 동물과 식물이 창조됐다. 또한 다산의 신인 모신(母神)과 남성 생식기 신이 서로 합쳐 최초의 인간을 만들었다.

유럽의 열강이 오스트레일리아에 도착할 당시만 하더라도 애버리지니는 여전히 석기시대 문화였으며 대부분 수렵으로 생계를 이어가고 있

오스트레일리아 원주민. 이들을 가리키는
애버리지니(Aborigine)는 Australians Origin을
축약한 말이다.

었다. 서로 다른 언어를 쓰는 여러 부족은 저마다의 정체성과 고유한 관습을 계승하고 있었다. 창세 신화에서 알 수 있듯이 그들은 자연을 숭배하고 여러 신과 정령을 믿었다. 거기에는 당연히 신을 숭배하는 의례·의식과 그것을 주재하는 샤먼이 있었을 것이다. 샤머니즘이 그들에게 전파됐다기보다 인간 능력의 한계를 넘어선 초자연과 초능력을 기대하는 인간 본성에 따라 자연적으로 발생한 듯하다.

오세아니아에서 애버리지니보다 더 잘 알려진 종족이 뉴질랜드 원주민 마오리족이다. 뉴질랜드는 오스트레일리아보다 조금 늦게 네덜란드의 탐험가가 발견했지만, 그곳에는 이미 1천여 년 전부터 사람들이 살고 있었다. 그들이 마오리족이다. 마오리족은 폴리네시아의 타히티섬 인근에 살았던 폴리네시아인이 카누를 타고 이주하여 형성된 부족이다. 세월이 흐르면서 여러 부족이 뉴질랜드로 이주했기 때문에 영역을 두고 부족들 사이에 전투가 끊이지 않았다. 하지만 그들은 자신의 전통문화와 토속신앙에 대한 애착이 무척 강했다.

마오리족의 민속과 전통문화는 현재 뉴질랜드의 대표적인 관광상품으로 뉴질랜드를 찾은 외국 관광객을 대상으로 공연하고 있다. 갈색 피부와 노란색 곱슬머리의 건장한 체격을 가진 마오리족은 쾌활한 성격이며 강인하고 용맹하고 호전적이라고 한다. 어쩌면 바다가 생활 터전이어서 자연의 재앙에 굴복하지 않고 꿋꿋이 맞섰던 강인함과 부족들 사이의 끊임없는 투쟁에서 용맹성과 호전성이 체질이 된 듯하다. 부족 사이의 그러한 영역 다툼에서 기인한 고정관념 때문인지 그들은 지금도 토지소유권에 무척 민감하다고 한다. 마오리족은 폴리네시아에 널리 퍼진 애버리지니의 창세 신화를 믿었다. 따라서 애버리지니와 다름없는 자연발생적 샤머니즘을 신봉했다는 것은 의심할 여지가 없다.

17세기에 오스트레일리아와 뉴질랜드에 유럽인이 도착한 후 18세기에 오스트레일리아가 영국의 식민지가 되자 유럽인이 대량으로 몰려왔다. 처음에는 영국에서 죄수들을 이곳으로 유배시켰다. 이어서 선원들이 정착했다. 이후에 오직 유럽인이 수없이 유입되면서 오스트레일리아는 백인우월주의가 팽배했다.

나중에는 오스트레일리아에서는 백인이 우월하다는 '백호주의(白濠主義)'까지 생겨서 다른 인종과 종족을 배척하고 인구가 적고 광활한 영토를 가졌는데도 정책적으로 백인 이외에는 이민을 받지 않았다. 그에 따라 애버리지니도 백인에게 크게 박해를 당하고 학살당했다. 그뿐만 아니라 백인이 천연두, 결핵 등의 전염병을 옮겨 애버리지니의 숫자가 크게 줄었고, 현재 오스트레일리아 인구의 10%도 안 된다.

이와 달리 뉴질랜드에서는 원주민인 마오리족을 멸시하거나 차별 대우하지 않았다. 뉴질랜드가 원래 마오리족의 땅이란 것을 인정한 것이다. 마오리족 대표들이 유럽인과 당당하게 협상에 나섰다. 그리하여 1840년에는 자신들을 보호해주는 조건으로 뉴질랜드 영토를 영국에 양도했다. 그에 따라 뉴질랜드도 오스트레일리아와 함께 현재 영연방국가가 됐다.

현재 뉴질랜드에서 마오리족은 전체 인구의 약 8%를 차지한다. 그런데 마오리족의 약 80%가 도시에 살고 있어서 그들의 정체성과 전통문화·토속신앙은 관광상품으로만 남아 있을 뿐 거의 사라지게 됐다. 뉴질랜드에서는 마오리족을 차별하지 않지만 높은 지위에는 오르지 못하고 대부분 도시 노동자로 생활하고 있다.

멜라네시아
미크로네시아
파푸아뉴기니
마셜
하와이
솔로몬제도
키리바시
바누아투
피지
오스트레일리아
통가
폴리네시아

뉴질랜드

오세아니아

　　폴리네시아는 타히티, 사모아, 쿡 제도 등이 포함된 태평양 중동부
의 넓은 해역에 있는 섬들이다. 이곳의 많은 섬에도 3천~4천 년 전부터
사람들이 살았는데 그들을 가리켜 폴리네시아인이라고 한다. 이들이 어
떻게 드넓은 태평양의 외딴섬들에서 살게 됐는지, 그 기원에 대해서는
여러 학설이 있다.

　　오랫동안 지금의 타이완에 살던 부족들이 4천~5천 년 전에 바다를
건너 이주했다는 것이 통설이었다. 그런데 인류학자들의 연구 결과, 이
미 6천~8천 년 전에 오스트레일리아 북쪽의 뉴기니섬을 비롯한 여러 섬
에 사람들이 살았다는 것이 밝혀졌다. 그 가운데 일부가 거리가 멀지 않

은 폴리네시아로 이주해서 정착했다는 것이 요즘의 통설이 되고 있다.

어찌 됐든 폴리네시아인의 조상은 아시아계 종족이다. 왜냐하면 뉴기니섬이 포함된 멜라네시아의 종족 대부분은 아시아에서 건너간 종족들이기 때문이다. 따라서 폴리네시아인은 전통적인 샤머니즘을 물려받았다. 가족이나 혈연 단위로 나누어진 부족들에는 그들을 통치하는 족장이 있었는데, 부족 안에서 명망이 있고 신분이 높아야 했으며 종교적 능력이 있는 인물이 족장이었다. 바꿔 말하면 샤먼이 족장을 겸했다.

족장은 세습이었으니까 세습무 샤먼이었을 것이다. 샤먼은 주술을 통해 신과 소통하며 부족의 공적·사적인 모든 의례를 주재했다. 그들의 신은 여럿으로 다양하며 모든 생물과 무생물에는 초자연적인 '마나(mana)'가 있다고 믿었다. 마나가 곧 흔히 말하는 정령이다.

마나는 인간의 잘못된 행동으로 손상되거나 사라지기도 한다고 생각했다. 그리하여 자연의 신성함을 더럽히면 마나의 도움을 받을 수 없으므로 금기사항이 많았다고 한다. 특히 여성은 자연의 신성함을 더럽히기 쉬운 존재로 더욱 많은 금기사항이 주어졌다고 한다. 워낙 규율이 엄격해서 그들의 사회적 규칙이 됐으며 금기사항을 많이 어겼을 때는 사형에 처하기도 했다고 한다.

신이나 마나에 대한 의례·의식도 철저했다. 샤먼의 주술이 핵심을 이루는 의례·의식은 바다가 그들의 생활 터전이었기 때문에 풍어제나 안전한 항해 그리고 자연재해가 없기를 기원하는 의식, 다른 부족과의 전쟁에서 승리를 기원하는 의식, 패배해서 큰 손실을 입었을 때는 복수를 다짐하는 의식 등이 끊임없이 이어져 그들의 중요한 일상생활이 됐다고 한다.

이러한 의식에는 반드시 신과 정령에게 제물을 바쳤는데, 드물지만 부족에 따라서는 인신공양도 있었다고 한다. 폴리네시아인인 뉴질랜드의 마오리족의 민속에서 볼 수 있듯이, 이들의 샤머니즘 의식에는 부족의 단결과 신의 축복을 기원하는 춤과 향연이 뒤따랐다.

지금의 폴리네시아는 대부분 미국령이다. 이곳에서 기독교의 선교사들이 폴리네시아인의 관습이자 신앙인 샤머니즘을 타파하려면 샤먼(족장)을 개종시켜야 했는데 샤머니즘의 뿌리가 너무 깊어 애를 먹었다고 한다. 선교사들은 이곳의 사회규칙이 된 샤머니즘의 금기사항을 중요한 것이 아니라며 집중 공략했다고 한다. 그 결과, 엄격한 샤머니즘의 형식과 형태가 많이 변화했다고 한다.

멜라네시아는 뉴기니섬(서쪽은 인도네시아령이고 동쪽은 파푸아뉴기니)을 포함한 오스트레일리아 북동쪽 태평양의 많은 섬으로 이루어져 있다. 이곳에도 일찍이 사람들이 살았는데 대체로 두 갈래로 이곳에 이주해 온 종족들이다. 한 갈래는 애버리지니처럼 현생인류의 이동에서 동남아시아를 거쳐 곧바로 이동해 온 종족이고, 또 한 갈래는 필리핀과 인도네시아 등에서 이주한 종족이다.

그것은 멜라네시아인이 사용하는 언어에 잘 나타난다. 오스트레일리아 토착어를 쓰는 종족이 있는가 하면, 필리핀과 인도네시아 토착어를 쓰는 종족이 있다. 수적으로는 필리핀과 인도네시아에서 건너온 동남아시아의 문화적 관습을 가진 종족이 많다고 한다. 멜라네시아의 Mela는 '검다'라는 뜻으로, 원주민의 피부색이 검어서 그런 이름이 붙었다고 한다.

청동기가 지나고 철기시대에도 여전히 석기시대를 살았던 멜라네시아인 대부분이 동남아시아에서 건너간 종족으로 아시아의 문화적 관습을 가졌다면 그것은 당연히 샤머니즘이다. 태평양의 다른 종족들과 같이 바다를 삶의 터전으로 하는 해양민족이라면 더욱더 샤머니즘에 충실했을 것이다. 수많은 신이 안전과 안녕을 지켜줄 것으로 믿었을 것이다. 그리고 그런 신들과 소통하는 샤먼의 주재 아래 자연을 숭배하는 의식을 가졌을 것이다.

미크로네시아는 태평양의 가장 서쪽에 있는 작은 섬들을 일컫는 말이다. 이들 섬에 사는 부족도 필리핀과 인도네시아 등에 오랫동안 정착하다가 약 6천 년 전에 바다를 건너간 부족들이다. 어떤 이유로 건너갔는지는 알 수 없지만, 7천 년 전까지도 많은 섬이 붙어 있거나 바다의 거리가 짧아서 이주하는 데 큰 어려움은 없었을 것이다. 더욱이 미크로네시아인은 카누를 만드는 기술과 항해술이 뛰어난 부족이었다. 그들은 동남아시아에서 이주했으며 역시 석기시대를 살았다면 멜라네시아와 크게 다를 것이 없다.

누군가 샤머니즘을 '인류의 문화복합체'라고 했다. 고등동물이지만 연약했던 인류는 항상 두려움 속에서 살아왔다. 번개, 천둥, 가뭄, 홍수 등 자연현상들을 두려워했고 순식간에 목숨을 앗아가는 맹수들을 두려워했다. 그리하여 자연을 숭배하며 모든 자연현상을 신적 존재의 뜻이라며 숭배했다. 또한 동물과 식물에도 정령이 있다고 믿었다.

그에 따라 애니미즘과 토테미즘이 생겨났고 좀 더 체계화된 샤머니즘이 태어났다. 그리고 한 걸음 더 나가서 전통 종교가 탄생했다. 하지만 모두 본질은 같다. 신적 존재를 믿고 숭배하는 것이다. 또한 인류와 자신이 소속된 공동체의 안녕과 번영을 빌지만, 그보다는 자신의 복을 비는 기복신앙(祈福信仰)이 본질이다.

문명과 문화는 끊임없이 발전하고 시대도 쉴 새 없이 변화하지만, 인간의 본성인 기복신앙은 변하지 않는다. 기복신앙이 있는 한 아무리 미신·무속으로 폄하해도 샤머니즘은 어떤 형태로든 존재할 것이다.

본래 뜻을 찾아가는 우리말 나들이

알아두면 잘난 척하기 딱 좋은 **우리말 잡학사전**

'시치미를 뗀다'고 하는데 도대체 시치미는 무슨 뜻? 우리가 흔히 쓰는 천둥벌거숭이, 조바심, 젬병, 쪽도 못 쓰다 등의 말은 어떻게 나온 말일까? 강강술래가 이순신 장군이 고안한 놀이에서 나온 말이고, 행주치마는 권율장군의 행주대첩에서 나온 말이라는데 그것이 사실일까?
이 책은 이처럼 우리말이면서도 우리가 몰랐던 우리말의 참뜻을 명쾌하게 밝힌 정보 사전이다. 일상생활에서 자주 쓰는 데 그 뜻을 잘 모르는 말, 어렴풋이 알고 있어 엉뚱한 데 갖다 붙이는 말, 알고 보면 굉장히 험한 뜻인데 아무렇지도 않게 여기는 말, 그 속뜻을 알고 나면 '아하!'하고 무릎을 치게 되는 말 등 1,045개의 표제어를 가나다순으로 정리하여 본뜻과 바뀐 뜻을 밝히고 보기글을 실어 누구나 쉽게 읽고 활용할 수 있도록 하였다.

이재운 외 엮음 | 인문·교양 | 552쪽 | 28,000원

역사와 문화 상식의 지평을 넓혀주는 우리말 교양서

알아두면 잘난 척하기 딱 좋은 **우리말 어원사전**

이 책은 우리가 무심코 써왔던 말의 '기원'을 따져 그 의미를 헤아려본 '우리말 족보'와 같은 책이다. 한글과 한자어 그리고 토착화된 외래어를 우리말로 받아들여, 그 생성과 소멸의 과정을 추적해 밝힘으로써 올바른 언어관과 역사관을 갖추는 데 도움을 줄 뿐 아니라, 각각의 말이 타고난 생로병사의 길을 짚어봄으로써 당대 사회의 문화, 정치, 생활풍속 등을 폭넓게 이해할 수 있는 문화 교양서 구실을 톡톡히 하는 책이다.

이재운 외 엮음 | 인문·교양 | 552쪽 | 28,000원

우리의 생활문자인 한자어의 뜻을 바로 새기다

알아두면 잘난 척하기 딱 좋은 **우리 한자어사전**

《알아두면 잘난 척하기 딱 좋은 우리 한자어사전》은 한자어를 쉽게 이해하고 바르게 쓸 수 있도록 길잡이 구실을 하고자 기획한 책으로, 국립국어원이 조사한 자주 쓰는 우리말 6000개 어휘 중에서 고유명사와 순우리말을 뺀 한자어를 거의 담았다.

한자 자체는 단순한 뜻을 담고 있지만, 한자 두 개 세 개가 어울려 새로운 한자어가 되면 거기에는 인간의 삶과 역사와 철학과 사상이 담긴다. 이 책은 우리 조상들이 쓰던 한자어의 뜻을 제대로 새겨 더 또렷하게 드러냈으며, 한자가 생긴 원리부터 제시함으로써 누구나 쉽게 익히고 널리 활용할 수 있도록 했다.

이재운 외 엮음 | 인문·교양 | 728쪽 | 35,000원

영단어 하나로 역사, 문화, 상식의 바다를 항해한다

알아두면 잘난 척하기 딱 좋은 **영어잡학사전**

이 책은 영단어의 뿌리를 밝히고, 그 단어가 문화사적으로 어떻게 변모하고 파생 되었는지 친절하게 설명해주는 인문교양서이다. 단어의 뿌리는 물론이고 그 줄기와 가지, 어원 속에 숨겨진 에피소드까지 재미있고 다양한 정보를 제공함으로써 영어를 느끼고 생각할 수 있게 한다.

영단어의 유래와 함께 그 시대의 역사와 문화, 가치를 아울러 조명하고 있는 이 책은 일종의 잡학사전이기도 하다. 영단어를 키워드로 하여 신화의 탄생, 세상을 떠들썩 하게 했던 사건과 인물들, 그 역사적 배경과 의미 등 시대와 교감할 수 있는 온갖 지식들이 파노라마처럼 펼쳐진다.

김대웅 지음 | 인문·교양 | 452쪽 | 22,800원

신화와 성서 속으로 떠나는 영어 오디세이

알아두면 잘난 척하기 딱 좋은

신화와 성서에서 유래한 영어표현사전

그리스·로마 신화나 성서는 국민 베스트셀러라 할 정도로 모르는 사람이 없지만 일상생활에서 흔히 쓰이고 있는 말들이 신화나 성서에서 유래한 사실을 아는 사람은 많지 않다. '알아두면 잘난 척하기 딱 좋은 시리즈' 6번째 책인 《신화와 성서에서 유래한 영어표현사전》은 신화와 성서에서 유래한 영단어의 어원이 어떻게 변화되고 지금 우리 실생활에 어떻게 쓰이는지 알려준다.

읽다 보면 그리스·로마 신화와 성서의 알파와 오메가를 꿰뚫게 됨은 물론, 이들 신들의 세상에서 쓰인 언어가 인간의 세상에서 펄떡펄떡 살아 숨쉬고 있다는 사실에 신비감마저 든다.

김대웅 지음 | 인문·교양 | 320쪽 | 18,800원

흥미롭고 재미있는 이야기는 다 모았다

알아두면 잘난 척하기 딱 좋은 **설화와 기담사전**

판타지의 세계는 언제나 매력적이다. 시간과 공간의 경계도, 상상력의 경계도 없다. 판타지는 동서양을 가릴 것 없이 아득한 옛날부터 언제나 우리 곁에 있어왔다.

영원한 생명력을 자랑하는 신화와 전설의 주인공들, 한끗 차이로 신에서 괴물로 곤두박질한 불운의 존재들, '세상에 이런 일이?' 싶은 미스터리한 이야기, 그리고 우리들에게 너무도 친숙한(?) 염라대왕과 옥황상제까지, 시공간을 종횡무진하는 환상적인 이야기가 펼쳐진다.

이상화 지음 | 인문·교양 | 360쪽 | 19,800원

철학자들은 왜 삐딱하게 생각할까?

알아두면 잘난 척하기 딱 좋은 **철학잡학사전**

사람들은 철학을 심오한 학문으로 여긴다. 또 생소하고 난해한 용어가 많기 때문에 철학을 대단한 학문으로 생각하면서도 두렵고 어렵게 느낀다. 이 점이 이 책을 집필한 의도다. 이 책의 가장 큰 미덕은 각 주제별로 내용을 간결하면서도 재미있게 설명한 점이다. 이 책은 철학의 본질, 철학자의 숨겨진 에피소드, 유명한 철학적 명제, 철학자들이 남긴 명언, 여러 철학 유파, 철학 용어들을 망라한, 그야말로 '세상 철학의 모든 것'을 다루었다. 어느 장을 펼치든 간결하고 쉬운 문장으로 풀어낸 다양한 철학 이야기가 독자들에게 철학을 이해하는 기본 상식을 제공해준다. 아울러 철학은 우리 삶에 매우 가까이 있는 친근하고 실용적인 학문임을 알게 해준다.

왕잉(王穎) 지음 / 오혜원 옮김 | 인문·교양 | 324쪽 | 19,800원

인간과 사회를 바라보는 심박한 시선
알아두면 잘난 척하기 딱 좋은 **문화교양사전**

정보와 지식은 모자라면 불편하고 답답하지만 너무 넘쳐도 탈이다. 필요한 것을 골라내기도 힘들고, 넘치는 정보와 지식이 모두 유용한 것도 아니다. 어찌 보면 전혀 쓸모없는 허접스런 것들도 있고 정확성과 사실성이 모호한 것도 많다. 이 책은 독자들의 그러한 아쉬움을 조금이나마 해소시켜주고자 기획하였다.

최근 사회적으로 이슈가 되고 있는 갖가지 담론들과, 알아두면 유용하게 활용할 수 있는 현실적이고 실용적인 지식들을 중점적으로 담았다. 특히 누구나 알고 있을 교과서적 지식이나 일반상식 수준을 넘어서 꼭 알아둬야 할 만한 전문지식들을 구체적으로 자세하고 알기 쉽게 풀이했다.

김대웅 엮음 | 인문 · 교양 | 448쪽 | 22,800원

옛사람들의 생활사를 모두 담았다
알아두면 잘난 척하기 딱 좋은 **우리 역사문화사전**

'역사란 현재를 비추는 거울이자 앞으로 되풀이될 시간의 기록'이라고 할 수 있다. 그런 면에서 이 책 《알아두면 잘난 척하기 딱 좋은 우리 역사문화사전》은 그에 부합하는 책이다.

역사는 과거에 살던 수많은 사람의 삶이 모여서 이루어진 것이고, 현대인의 삶 또한 관점과 시각이 다를 뿐 또 다른 역사가 된다. 이 책은 시간에 구애받지 않고 흥미와 재미를 불러일으킬 수 있는 주제로 일관하면서, 차근차근 옛사람들의 삶의 현장을 조명하고 있다. 그 발자취를 따라가면서 역사의 표면과 이면을 들여다보는 재미가 쏠쏠하다.

민병덕 지음 | 인문 · 교양 | 516쪽 | 28,000원

엉뚱한 실수와 기발한 상상이 창조해낸 인류의 유산
알아두면 잘난 척하기 딱 좋은 **최초의 것들**

우리는 무심코 입고 먹고 쉬면서, 지금 우리가 누리는 그 모든 것이 어떠한 발전 과정을 거쳐 지금의 안락하고 편안한 방식으로 정착되었는지 잘 알지 못한다. 하지만 세상은 우리가 미처 생각지도 못한 사이에 끊임없이 기발한 상상과 엉뚱한 실수로 탄생한 그 무엇이 인류의 삶을 바꾸어왔다.

이 책은 '최초'를 중심으로 그 역사적 맥락을 설명하는 데 주안점을 두었다. 아울러 오늘날 인류가 누리고 있는 온갖 것들은 과연 언제 어디서 어떻게 시작되었는지, 그것들은 어떤 경로로 전파되었는지, 세상의 온갖 것들 중 인간의 삶을 바꾸어놓은 의식주에 얽힌 문화를 조명하면서 그에 부합하는 250여 개의 도판을 제공해 읽는 재미와 보는 재미를 더했다.

김대웅 지음 | 인문 · 교양 | 552쪽 | 28,000원

그리스·로마 시대 명언들을 이 한 권에 다 모았다
알아두면 잘난 척하기 딱 좋은 **라틴어 격언집**

그리스·로마 시대 명언들을 이 한 권에 다 모았다
그리스·로마 시대의 격언은 당대 집단지성의 핵심이자 시대를 초월한 지혜다. 그 격언들은 때로는 비수와 같은 날카로움으로, 때로는 미소를 자아내는 풍자로 현재 우리의 삶과 사유에 여전히 유효하다.

이 책은 '암흑의 시대(?)'로 일컬어지는 중세에 베스트셀러였던 에라스뮈스의 《아다지아(Adagia)》를 근간으로 한다. 그리스·로마 시대의 철학자, 시인, 극작가, 정치가, 종교인 등의 주옥같은 명언들에 해박한 해설을 덧붙였으며 복잡한 현대사회를 헤쳐나가는 데 지표로 삼을 만한 글들로 가득하다.

데시데리위스 에라스뮈스 원작 | 김대웅·임경민 옮김 | 인문·교양 | 352쪽 | 19,800원

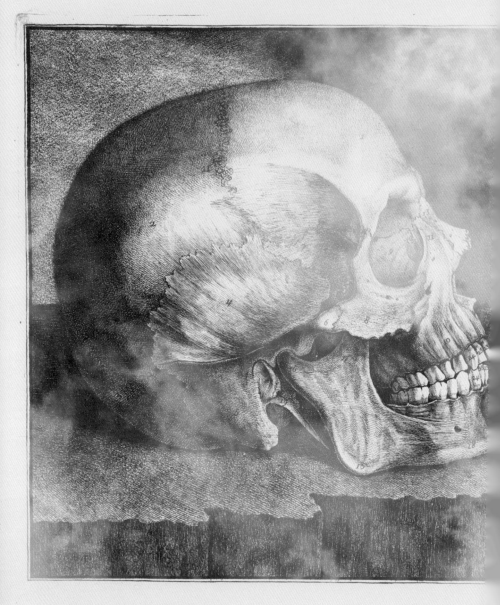

알아두면 잘난 척하기 딱 좋은

샤머니즘의 세계
The world of the shamanism
A Perfect Book for Humblebrag